法意

(上)

Spirit of Laws

孟德斯鳩
Montesquieu 著
嚴復 譯

臺灣商務印書館

救亡圖存，富國利民

臺灣商務印書館重印嚴復先生翻譯名著叢刊序

祖父嚴幾道先生，身當清末衰頹之世，首先有系統的把西方的觀念和學說引進中國，因為他看到了中國面對的危機，必須救亡圖存，全盤維新。祖父的一生，他的所學、所思、所為，離不了憂國之心，愛國之情。

祖父譯述之西方名著，包括《天演論》、《原富》、《社會通詮》、《群己權界論》、《法意》、《群學肄言》、《名學淺說》、《穆勒名學》等八部巨著，原先已由商務印書館出版，稱「嚴復先生翻譯名著叢刊」，絕版已久。現臺灣商務印書館決定重新編排發行這八本書，以饗讀者。囑我為序，謹識數語，以表我對祖父的思慕。

一八九四年甲午戰爭之敗，給祖父的刺激最深，當年十月他給長子嚴璩的書信中痛心的說，清廷「要和則強敵不肯，要戰則臣下不能」，國事敗壞至此，非變法不足以圖存。他接著在一八九五年發表了四篇充滿血淚的文章，「論世變之亟」、「原強」（原強續篇）、「闢韓」、「救亡決論」，提出中國振衰起敝的辦法，強調必須認清中國人自己的缺點，吸收西方的優點，以「鼓民力」、「開民智」、「新民德」，再造富強，所以有學者認為嚴復是清末維新運動中一位最傑出的思想家和言論家，誠可信也。

祖父是一位典型的中國知識分子，他對時代具有強烈的使命感，以天下為己任，企盼國家富強，人民安樂。他服膺孟子「民貴君輕」的主張，所以他的「闢韓」論，駁斥韓愈「原道」中所謂「君者，出令者也……民者，出粟米麻絲，作器皿，通貨財以事其上者也。」他說韓愈只「知有一人而不知有億兆」人民。祖父希望發揚的是西方自由主義啟蒙思想的民主概念，以「新民德」，而臻富強。

祖父一生，處於國力積弱、戰亂頻仍的時代，在政治上難以發揮，轉而引介西方學術思潮，從事中西文化的整合與重建工作，對中國現代化具有深遠的影響。

祖父的譯述工作，提出了「信、達、雅」之說，用力甚勤，故梁啟超曾說：「近人嚴復，標信達雅三義，可謂知言。」清末桐城派文學家吳汝綸也說：「文如幾道，可與言譯書矣！」又說：「自吾國之譯西書，未有能及嚴子者也。」今臺灣商務印書館重印祖父譯書八本，當可印證其歷久常新也！

祖父翻譯西方名著，重在思想之傳播，而非僅僅文字之傳譯，他認為「一理之明，一法之立，必驗之物事。物事而皆然，而後定之為不易。」所以他在譯書中也會表達自己驗證的意見，希望真正做到富國利民，以達不朽。

嚴倬雲　謹識

嚴復先生與商務印書館

一九二〇年代以前，商務印書館編譯所在創館元老張元濟的主導下，出版了許多介紹外國新知識的翻譯書，對中國的現代化產生重大的影響，其中影響最大的，應該是嚴復譯介英國學者赫胥黎（Thomas Henry Huxley）的《天演論》（Evolution and Ethics）。

翻譯《天演論》，影響深遠

達爾文（Charles Darwin）在一八三一年乘坐小獵犬號探險船環球旅行五年，蒐集有關物種進化的證據。回到英國後，又花了二十年的時間加以研究整理，到一八五六年開始寫作，一八五九年出版《物種原始》（Origin of Species），提出物種進化的證據，引起學術界和宗教界一片嘩然。

赫胥黎本來是反對物種進化理論的，當他看完達爾文的《物種原始》後，恍然大悟，從此非常積極支持進化理論，甚至於一八六〇年在牛津大學講堂，與威博佛斯大主教（Bishop Samuel Wilberforce）公開辯論，威博佛斯譏笑赫胥黎的祖父母是否來自哪一個猿猴？

赫胥黎從此努力研究進化論，甚至提出人類進化的證據，證明猿猴與人類的大腦構造是相同的。他把有關的研究寫了許多本書，其中《進化與倫理》（Evolution and Ethics）是討論有關進化的倫理問題，提出物競天擇、適者生存等理論，於一八九三年出版。

留學英國，譯介西方名著

嚴復於一八五四年陽曆一月八日在福州出生，家中世代以中醫為業。十三歲喪父，遂放棄科舉之途，十四歲進入福州船政學堂學習駕駛，四年後成為學堂的第一屆畢業生，先後分發在「建威艦」、「揚武艦」實習五年。

一八七二年，他取得選用道員的資格（正四品，可以擔任地方主官），乃改名嚴復，字幾道，於一八七七年三月前往英國格林威治皇家海軍學院（The Royal Naval College, Greenwich）學習。兩年後學成返國，在他的母校福州船政學堂擔任教習，翌年升任天津水師學堂總教習，一八九〇年升為總辦（校長），但與李鴻章意見不合，有意另謀發展，一八九五年甲午戰後，開始在天津「直報」發表文章，主張變法維新。

一八九六年，張元濟進入總理衙門服務，開始勤讀英文，認識了嚴復。次年，在嚴復的協助下，張元濟創辦西學堂（後改名通譯學堂），傳授外國語文，聘請嚴復的侄兒嚴君潛擔任常駐教習。這一年（一八九七年），嚴復與夏曾佑等人在天津創辦「國聞報」，宣揚變法維新以圖存的主張，並開始連載刊登他所翻譯的《進化與倫理》，改名為《天演論》，介紹西方最新的「物競天擇、適者生存」理論。

一九〇五年《天演論》由商務印書館出版。嚴復在自序中說：「赫胥黎氏此書之恉，本以救斯賓塞任天為治之末流，其中所論，與吾古人有甚合者，且於自強保種之事，反復三致意焉。」可見嚴復翻譯此書，正是要引介外國新潮流來啟發國人。

一八九八年，張元濟與嚴復都獲得光緒皇帝的召見，談到變法維新的問題。可惜百日維新在九月二十一日隨著「戊戌政變」而失敗，張元濟被革職，永不錄用，當年底回到上海，次年獲聘為南洋公學譯書院院長。梁啟超從天津搭船逃往日本，「國聞報」因為詳細刊登政變經過而被查封停辦。

商務出版《原富》等世界名著

一八九九年六月，嚴復將他翻譯的《原富》（即《國富論》，Adam Smith, An Inquiry into the Nature and Cause of the Wealth of Nations）寄給張元濟，南洋公學決定以二千兩銀子購買版權，嚴復同意，一九〇一年由南洋公學分冊出版。後來因為版稅沒有正常給付，嚴復再將《原富》交給商務印書館出版。

一九〇〇年義和團之亂起，嚴復離開天津避居上海，參加正氣會發起成立的中國議會，容閎被選為會長，嚴復被推舉為副會長。

張元濟在一九〇二年為商務印書館創設編譯所後，出版了很多本嚴復翻譯的書，除了《天演論》、《國富論》外，還有《群己肆言》(Herbert Spencer, The Study of Sociology, 1872, 商務在一九〇三年出版）、《群己權界論》（John Mill, On Liberty, 1859, 商務在一九一七年購得版權）、《穆勒名學》（John Mill, A System of Logic, 1843, 商務在一九〇三年出版）、《社會通詮》（Edward Jenks, A History of Politics 商務在一九〇三年出版）、《法意》（Montesquieu, Spirit of Law, 1750 Thomas Nugent 英譯本，商務一九〇六年出版）、《名學淺說》（William Stanley Jevons, Primer of Logic, 1863, 商務一九〇九年出版）。（《勇往向前—商務印書

館百年經營史》，臺灣商務出版）

《穆勒名學》上半部在一九〇五年由南京金粟齋木刻出版，一九一七年十一月二十七日由張元濟購得版權，並請嚴復繼續把書譯完。

商務印書館也曾在一九〇四年出版嚴復編寫的《英文漢詁》（英漢辭典），提供讀者另一本研讀英文的工具書。

《天演論》是影響最大的一本書，銷行很廣，從一九〇五年到一九二七年，這本書共印行了三十二版，對當時的知識份子產生很大的刺激與影響（劉學禮，〈達爾文學說在近代中國〉）。後來馬君武等人也將達爾文的《物種原始》翻譯出書。臺灣商務印書館在臺刊行北京商務印書館新譯的《物種原始》，列入OPEN系列。《天演論》在臺灣仍然一再發行。

嚴復在一九一〇年曾獲宣統皇帝賜予文科進士出身，並擔任海軍部協都統、資政院議員。一九一二年京師大學堂更名為北京大學校，嚴復擔任首任校長，但到十一月間即辭去校長職務，次年擔任總統府外交法律顧問，發起組織「孔教會」。一九一四年曾擔任參政院議員，參與憲法起草工作。

一九一六年袁世凱死後，嚴復避禍於天津。一九二〇年氣喘病久治無效，回到福州養病，一九二一年十月二十八日病逝，享年六十九歲。

嚴復一生最大的成就是，致力翻譯介紹西方思想，商務印書館全力協助出版，對中國的現代化產生了重大的影響。他所翻譯的書，提倡「信雅達」，以半文言寫作，至今仍然流傳在世。

臺灣商務印書館自九十七年（二〇〇八年）起，推動臺灣商務的文化復興運動，要將商務歷年出版或已絕版的知識好書，重新增修編輯發行。「嚴復先生翻譯名著叢刊」的重新編輯出版，正是為了推介嚴復當年翻譯西方文化名著的成就，同時也希望新一代的讀者能夠重新閱讀世界文化名著，共同創造我們這一代的文化復興。

臺灣商務印書館董事長　王學哲　謹序

二〇〇八年十一月十二日

嚴復先生翻譯名著叢刊總目

第一種天演論
Thomas Henry Huxley: Evolution and Ethics

第二種原富
Adam Smith: An Inquiry into the Nature and Cause of the Wealth of Nations

第三種社會通詮
Edward Jenks: A History of Politics

第四種群己權界論
John Stuart Mill: On Liberty

第五種法意
Montesquieu: Spirit of Laws

第六種群學肄言
Herbert Spencer: The Study of Sociology

第七種名學淺說
William Stanley Jevons: Primer of Logic

第八種穆勒名學
John Stuart Mill: A System of Logic

嚴復先生翻譯名著叢刊例言

一　嚴幾道先生所譯各書，向由本館出版，久已風行海內，茲特重加排印，彙成一套，並將嚴先生之譯著，向由他處出版者，亦徵得原出版處同意，一律加入，以臻完備。並精校精印，版式一律，既易購置，尤便收藏。

二　本叢刊共分八種，乃輯合嚴先生所翻譯之著作而成，至嚴先生之著作，不屬於譯本之內者均未輯入。

三　嚴先生之譯名，為力求典雅故，多為讀者所不能明瞭，且與近日流行之譯名不盡同，本叢刊在每冊之末，均附有譯名對照表，一面將原文列出，一面將近日流行之名詞，附列於後，使讀者易於明瞭。

四　凡書中所引之人名地名，均分別註明，以便讀者易於查考。

五　書中各名詞之用音譯者，則將其原文引出，以便讀者知其音譯之本字為何。

臺灣商務印書館謹識

譯例言

譯事三難信達雅。求其信已大難矣。顧信矣不達。雖譯猶不譯也。則達尚焉。海通已來。象寄之才。隨地多有。而任取一書。責其能與於斯二者則已寡矣。其故在淺嘗。一也。偏至。二也。辨之者少。三也。今是書所言。本五十年來西人新得之學。又為作者晚出之書。譯文取明深義。故詞句之間。時有所傎到附益。不斤斤於字比句次。而意義則不倍本文。題曰達恉。不云筆譯。取便發揮。實非正法。什法師有云。學我者病。來者方多。幸勿以是書為口實也。

西文句中名物字。多隨舉隨釋。如中文之旁支。後乃遙接前文。足意成句。故西文句法。少者二三字。多者數十百言。假令仿此為譯。則恐必不可通。而刪削取徑。又恐意義有漏。此在譯者將全文神理。融會於心。則下筆抒詞。自善互備。至原文詞理本深。難於共喻。則當前後引襯。以顯其意。凡此經營。皆以為達。為達即所以為信也。

易曰脩辭立誠。子曰辭達而已。又曰言之無文。行之不遠。三者乃文章正軌。亦即為譯事楷模。故信達而外。求其爾雅。此不僅期以行遠已耳。實則精理微言。用漢以前字法句法。則為達易。用近世利俗文字。則求達難。往往抑義就詞。毫釐千里。審擇於斯二者之間。夫固有所不得已也。豈釣奇哉。不佞此譯。頗貽艱深文陋之譏。實則刻意求顯。不過如是。又原書論說。多本名數格致。及一切疇人之學。倘於之數者向未問津。雖作者同國之人。言語相通。仍多未喻。矧夫出以重譯也耶。

新理踵出。名目紛繁。索之中文。渺不可得。即有牽合。終嫌參差。譯者遇此。獨有自具衡量。即義定名。顧其事有甚難者。即如此書上卷導言十餘篇。乃因正論理深。先敷淺說。僕始繙巵言。而錢塘夏穗卿曾佑病其濫惡。謂內典原有此種。可名懸談。及桐城吳丈摯父汝綸見之。又謂巵言既成濫詞。懸談亦沿釋氏。均非能自樹立者所為。不如用諸子舊例。隨篇標目為佳。穗卿又謂如此則篇自為文。於原書建立一本之義稍晦。而懸談懸疏諸名。懸者乎也。乃會撮精旨之言。與此不合。必不可用。於是乃依其原目。質譯導言。而分注吳之篇目於下。取便閱者。此以見定名之難。雖欲避生吞活剝之誚。有不可得者矣。他如物競天擇。儲能效實諸名。皆由我始。一名之立。旬月踟躕。我罪我知。是存明哲。

原書多論希臘以來學派。凡所標舉。皆當時名碩。流風緒論。泰西二千年之人心民智係焉。講西學者所不可不知也。茲於篇末。略載諸公生世事業。粗備學者知人論世之資。

窮理與從政相同。皆貴集思廣益。今遇原文所論。與他書有異同者。輒就譾陋所知。列入後案。以資參考。間亦附以己見。取詩稱嚶求。易言麗澤之義。是非然否。以俟公論。不敢固也。如曰標高揭己。則失不佞懷鉛握槧。辛苦迻譯之本心矣。

孟德斯鳩列傳

孟德斯鳩。法國南部幾奄郡人也。姓斯恭達。名察理。世為右族。家承兩邑之封。凡二百餘年。曰布來德。曰孟德斯鳩。世即以其一封稱之曰孟德斯鳩男爵云。生公元一千六百八十九年一月十八日。當名王路易第十四之世。當是時。法戰勝攻取。聲明文物冠諸歐。然值政教學術。樂新厭古。人心物論。窮極將變時。於是論治道者。英有郝伯思、洛克，義有墨迦伏勒。而法有孟德斯鳩。則導福祿特爾。盧梭輩先路者也。家於西土僅中貲。以善治生。未嘗窘乏。地望勢力。高不足以長驕。卑常足以自厲。然約情束欲。安命觀化。幼而好學。至老弗衰。常語人曰。吾讀書可用蠲忿釋悁。雖值拂逆。得開卷時許。如迴溫泉以銷冰雪。扇清風而解熱煩也。其姿之近道如此。年二十五。入博爾都郡議院為議員。法舊制諸郡議院。法家所聚。民有訟獄。則公享之。先是其季父入貲。為其院主席。父子冠假髩。衣黑衣。時以為寵。逾二載而季父捐館舍。遺命以其位傳猶子孟德斯鳩。俸優政簡。時事國論。多所與聞。然而非其好也。視事十稔。年幾四九。又以其位讓人。退歸林墅。蓋自茲以往。至於沒齒。都三十年。舍探討著述之事。無以勞其神慮。而舍歷史政治。又無以為其探討著述。若孟德斯鳩者。殆天生以為思想學問者歟?其著書甚蚤。年方廿齡。有神學論。又嘗考羅馬宗教所與治術關係者。然不甚求知於人。世亦不知重也。年三十二。成波斯文錄。借彼土之文辭。諷本邦之政教。移情剡目。通國為譁。而教會深銜之。方其罷博爾都議院主席也。適巴黎國學有博士闕待補。孟德斯鳩甚欲得之。而翊教伏烈理使謂其長曰。波斯文錄於國教多微辭。今國學顧容納其作者。王將謂何?其長懼而不敢。孟德斯鳩乃以書抵之曰。足下辱我已甚。吾計惟出奔他國。庶幾棲息餘生。自食其力。所不能得諸同種者。猶冀遇諸他人耳。伏烈理不得已罷攻。而孟德斯鳩補博士。已而游奧之維也納。更匈牙利。盡交其賢豪。踰嶺度威匿思。入羅馬。謁教王。教王禮遇有加。不以文錄為意。北旋。登瑞士諸山。溯來因之水。北出荷蘭。渡海抵大不列顛。居倫敦者且二稔。於英之法度尤加意。慨然曰。惟英之民。可謂自繇矣。入其格致王會。被舉為會員。最後乃歸法。徜徉布來德、巴黎間。一千七百三十四年。成羅馬衰盛原因論。論者稱其裁勘精究。斷論切當。於古得未嘗有者。顧所發憤。乃在法意一書。當此時。屬稿者已六七年矣。前論特其嚆矢而已。精銳綆修。窮晝夜矻矻。凡十有四年。而法意行次世。遐搜遠引。鈎湛矚幽。凡古今人事得失之林。經緯百為。始終條理。於五洲禮俗政教。莫不籀其前因。指其後果。既脫稿。先以示同時名碩海羅懷紂。海羅懷紂歎曰。作者宇宙大名。從此立矣。印板既布。各國迻翻。一載間板重者二十二次。風聲所樹。暨可知矣。福祿特爾嘗稱曰。人類身券，失之久矣，得此而後光復。拿破崙於兵間攜書八種自隨。而法意為之一。後為其國更張法典。勒成專編。近世法家仰為絕作。而法意則其星宿海也。年六十有六。卒於家。時為一千七百五十五年二月十日。方其彌留也。以宗教有懺悔之禮。神甫輩以孟生平於其法多所誹毀。頗欲聞其臨終悔罪之言。然卒不可得。但叩之曰。孟德斯鳩。若知帝力之大乎？對曰。唯。其為大也。如吾力之為微。

譯史氏曰。吾讀法意。見孟德斯鳩粗分政制。大抵為三。曰民主。曰君主。曰專制。其說蓋原於雅理斯多德。吾土縉紳之士。以為異聞。慮叛古不欲道。雖然。司馬遷夏本紀。言伊尹從湯言九主之事。注家引劉向別錄。言九主者。有法君。專君。授君。勞君。等君。寄君。破君。國君。三歲社君。凡九品。是何別異之眾耶。向稱博極群書。其言不宜無本。而三制九主。若顯然可比附者。然則孟之說非創聞也。特古有之。而後失其傳云爾。

目錄（上冊）

孟德斯鳩列傳

第一章　法律通論……001
第二章　論治制之形質……012
第三章　治制之精神……031
第四章　論教育宜與治制之精神相表裏……049
第五章　論為國立法必與其治制之精神相得……070
第六章　論公私刑律之繁簡。訊鞫威儀之文質。刑罰所加之重輕。所緣諸治制精神而異者……119
第七章　論衣食宮室之度數。僭奢侈靡之風俗。婦人女子之貴賤。所緣諸治制精神而異者……157
第八章　論三制精神之敝……178

第九章　論法之為守護而立者……208
第十章　論法之為攻取而立者……219
第十一章　論自繇法律之關於憲典者……249
第十二章　論法制之關於小己自繇者……299
第十三章　論賦稅重輕關係自繇之理……333
第十四章　論法典與其國風土之對待……353
第十五章　論國有奴制原於風土……373
第十六章　論妾婢之制原於風土……396
第十七章　論國群奴隸與其風土之關係……411
第十八章　論法之繫於土壤肥磽而異者……422

第一章　法律通論

第一節　一切法與物之關係

法、自其最大之義而言之。出於萬物自然之理。蓋自天生萬物。有倫有脊。既為倫脊。法自彌綸。不待施設。宇宙無無法之物。物立而法形焉。天有天理。形氣有形氣之理。形而上者固有其理。形而下者亦有其理。乃至禽獸草木。莫不皆然。而於人尤著。有理斯有法矣。（希臘古德布魯達奇云。法者。一切人天之主宰也。）

復案。儒所謂理。佛所謂法。法理初非二物。

有為氣運之說者曰。宇宙一切。成於無心。凡吾所見者。皆盲然而形。偶然而合。因於無心。結此諸果。不知此謬說也。夫謂含靈有知之果。乃以塊然無所知之氣運為之因。天下之謬。有過此乎。

是故有至道焉。為萬物主。而所謂理所謂法者。即此與萬物對待之倫脊。與夫物物對待之倫脊也。

是故宇宙有主宰。字曰上帝。上帝之於萬物。創造之者也。亦維持之者也。其創造之也以此理。其維持之也亦以此理。天生烝民。有物有則。

其循此則也。以其知之之故。其知此則也。以其作之之故。其作此則也。以即此為其知能故。

靜觀萬化。其力質二者之交推乎。顧以二者為有靈。必不可也。以不靈之力質。而為長久之天地。其變動不居。非法為之彌綸張主。必不行也。雖有世界。異於吾人之所居。顧其中不能無法。無法之世界。必毀而不存。

造化若無所待者。然一言造。則理從之。彼操氣運之說者。曰無主宰。雖無主宰。有前定者。天理物則。亦前定者也。若曰造化御物。乃無法則。立成謬論。何以故。無法則。必不存。法則何。一定不易者也。力質交推。成茲變化。顧物之動也。或驟或遲。或行或止。其力其質。時時有相待之率。可以推知。然則其參差者。其一定也。其變化者。其不易也。

有靈物焉。能自為其法度。雖然。法度之立。必有其莫之立而立者。蓋物無論靈否。必先有其所以存。有所以存。斯有其所以存之法。是故必有所以存之理立於其先。而後法從焉。此不易之序也。使有謂必法立而後有是非者。此無異言輻有長短。得輪而後相等也。

復案。孟氏意謂。一切法皆成於自然。獨人道有自為之法。然法之立也。必以理為之原。先有是非。而後有法。非法立而後以離合見是非也。既名為輻。其度必等。非得周而後等。得周而後等。則其物之非輻可知。其所言如此。蓋在中文。物有是非謂之理。國有禁令謂之法。而西文則通謂之法。故人意遂若理法同物。而人事本無所謂是非。專以法之所許所禁為是非者。此理想之累於文字者也。中國理想之累於文字者最多。獨此則較西文有一節之長。西文法字。於中文有理禮法制四者之異譯。學者審之。

所不可不明者。公理實先於法典。法典者。緣公理而後立者也。民生有群。既入其群。則守其法。此公理也。以一有知之物。受他有知之物之惠養。理不可以不懷感也。以有知之神明。造有知之人類。則人類之於神明。理不可以畔援明矣。終之以有知之類。而加害於有知。則其讎可以復。凡此皆先法典而立之公理矣。

有心靈之世界。有形氣之世界。心靈之守法。遠不逮形氣之專。心靈雖有法且實不可易。顧其循之也。不若形氣之不可離也。此其所以然有二。天之生人也。其靈明為有限而非無窮。故常至於謬誤。一也。又以其具靈之故。云為動作。天常俾以自繇。二也。以是二之故。其奉生常不能無離道。道也者。太始之法也。且不僅離道而已。即其所自為之法制。亦往往自作而自叛之。

禽獸下生之叫鳴飛走。果有大法行其間乎。抑為他動力之所馭者。此不可得而知者也。雖然。有可知者。其為物不靈。無異無生之金石。無覺之草木也。雖有覺感。其為用微。捨所以接距外物者。無可言矣。

其自存也以逐欲。其存種也以逐欲。有感覺。無心知。其類之相與也。有天設之大法。無自立之成法。直於天設之大法。亦不盡合而無離。盡合而無離。其惟草木乎。草木無心知。亦無感覺者也。

禽獸下生。無吾人之所貴者。然亦有其長。而為吾人之所短。人有希望。禽獸無之。而禽獸無煩惱。無恐怖。禽獸有死。其生也。不知其有死也。其求自存。過於人類。顧其從慾發忿。無若人道之已甚者。

人之為物也。自其形氣而言之。猶萬物然。有必信之法。不可以貳。自其心靈而言之。則常違天之所誡矣。且變化其所自為者矣。其奉生也。必自為其趨避。以其為有盡之物也。故拘墟篤時。而遇謬著。其智慧非完全者也。乃即此有時而忘。常為其嗜慾戾氣所驅使而不自知。夫如是之物。宜常忘其本來矣。故宗教之說起。而教法著焉。教法者。天之所以警人者也。又常忘其一己。而不知其生之可貴也。故哲學之說起。而道法著焉。道法者。先覺之所以警人者也。人、群蟲也。又常忘其同類。而或出於害欺。故治制之事興。而國法著焉。國法者。經世法度之家。所以設之隄防。使無至於相害也。

第二節　形氣自然之法

雖然。有先於前三者焉。則形氣自然之法是已。所以謂之形氣者。蓋其物以吾之有生與形而遂見也。將欲明是法之本原。必觀人道於未成群之始。惟未成群。而後形氣自然之用。可以見也。

法之稟於自然。而關於人道最重者。莫若知天人之交。然而重矣。以云首立。斯大謬矣。太始之人。具其能知之才。未有所知之事。其心所有之觀念。必非以慮而得之。所急者在保生。而其生之所由來。不暇計也。如是之人。彼所自見者。至弱極僾而已。故其怖畏之情。亦過吾人遠。此觀於山林野人。可以證也。一樹之搖。為之戰慄。一影之見。乃必狂奔。（自注。當英王若耳治第一之代。有於德之韓諾華山澤間得毛民者。其為狀正如此後致之英。）

夫如是之人類。無平等之思也。而恆視己為不及人。自居於弱。常相畏而無相攻。則隤然相安而已矣。故相安者。第一見之自然法也。

往者英人郝伯思。謂人道喜相侵陵。根於天性。此不根之說也。夫臨馭之制。一統之規。乃人心極繁之觀念。且必待他觀念之興而後有。其不能為人類最初之思想甚明。既不能為最初之思想。則非先見之自然法矣。

郝伯思曰。人道之不相得而相攻。使非秉於自然之性。則蠻夷之出必挾兵。居則固其扃鐍。是何為者。不知如是以云。乃以已入群之民德。推之未入群太古之民也。蓋民必既群。而後攻與守之事騷然起耳。次於知弱。則莫先於知所乏。故相率求食以自養。又自然之法也。

夫惟知弱。故多恐怖。恐怖故相避。雖然。初民之恐怖。所同有也。同有故樂於相救。而合群之事以興。且人之與人。固同類也。同類則相附之愛力。終勝於相避之抵力。故其為合也易。況乎男女之愛。離群則思。然則天然和合。乃根於形氣之第三法也。

耳目視聽之感覺。飲食男女之嗜慾。所與禽獸同有者也。而人有異焉。以能積智。智之積也。宜於通而不宜於孤。此又其樂群之因也。是故知識之合。則根於自然之第四法也。

復案。孟氏所標之自然公例四。一曰求安。二曰自養。三曰相助。四曰愈愚。其求安由於恐怖。其自養由於空乏。相助者形氣之合。所與禽獸同焉者也。愈愚者性靈之合。所與禽獸異焉者也。而四者之驗效。則成於合群。此其在當時。可謂精辨矣。顧以比近世群學法典諸家之所得。

則真大輅之椎輪。璇宮之采椽也已。

第三節　人為之法典

自人群既合。則向者自知儳弱之怖畏以亡。群合而有強弱眾寡之殊。其平等之形亦泯。怖畏意亡。平等形泯。而人類之競爭興矣。**復案**。孟氏於人類所以為群之德。可謂見之真。而能言其所以然之故者矣。其謂爭之與群。乃同時並見之二物。此人道之最足閔歎者也。郝伯思有見於此。故以專制為太平之治。盧梭亦有見於此。故謂初民有平等之極觀。而其實則法典之事。即起於爭。使其無爭。又安事法。國之與國。人之與人。皆待法而後有一日之安者也。

於是國與國自負其強固。而邦國之戰興。人與人自恃其權勢。而私鬬之爭亟。凡皆自營意深。欲據人間之美利而獨享之耳。

以人群有如是之二境。而一切法生焉。夫大地為行星之一。立其上者不一國也。將欲使之為交通而無衝突。於是乎有國際之公法。國不一民。州居萃處。而或立之君。將欲明天澤事使之義。而可以久安。於是乎有君民對待之國法。民之與民。各有畛畔。將欲奠其所居。以無相侵奪也。於是乎有國人相與之民法。三者其大經矣。

復案。西人所謂法制。殆盡於是三。國際公法。其源蓋古。然自虎哥覺羅狹。始有專論之書。自邊沁始為之專名。曰列國交通律也。至其餘二法之分。由來亦舊。而大備於羅馬。蓋泰西希臘。為哲學文章最盛之世。而羅馬則法學極脩之時代也。此書所謂國法。即社會通詮所言之公律。所謂民法。則私律也。（見論刑法權分）西人法律公私。為分如此。吾國刑憲。向無此分。公私二律。混為一談。西人所謂法者。實兼中國之禮典。中國有禮刑之分。以謂禮防未然。刑懲已失。而西人則謂凡著在方策。而以令一國之必從者。通謂法典。至於不率典之刑罰。乃其法典之一部分。謂之平涅爾可德。而非法典之全體。故如吾國周禮、通典及大清會典、皇朝通典諸書。正西人所謂勞士。若但取秋官所有律例當之。不相侔矣。皇帝詔書。自秦稱制。故中國上諭。與西國議院所議定頒行令申正同。所謂中央政府所立法也。

所謂國際公法者。義本人心固有之良。以謂國與國之為交也。當其和睦。宜盡所能為。俾人類福祉之繁植。即不幸而至於戰。亦宜盡所能為。使禍害輕減。不致過烈。所期無損戰家利益而已。

然而國而與人戰。其所祈者。己國之榮華也。以祈榮華。故不可以不勝敵。敵不可以不勝。以不如是。國且不足以自存也。執此義以與上節之所云云者合。則一切國際公法由之立矣。

凡國。雖在蠻夷。莫不有其所以為交際者。野若伊魯夸。戰而食其所虜者。可謂兇殘矣。然亦有交通之信使。而和戰之義務權利。彼亦未嘗不知也。所病者。彼雖有軍賓之禮典。而其義或不可通行耳。

合諸國之相通。則有交際之公法。就一國之君若民而言之。則有其相治。與其所以為交者。夫一群之民。固不可以無君。君者何。所以治此民。出政之原是也。故孤拉威訥（義大利之文章法學家）有云。惟小己之合力。成國群之治體。此可謂言近旨遠者矣。

主一國權力。以一人可也。以不止一人可也。或曰。家有嚴君。天然之制。由此觀之。則國權以一人顓制者。其理固最順也。雖然。此不堅易破之說也。夫謂以家之有嚴君。故治國當由元后。不知此特一傳之事耳。使其父死。兄弟固平等也。至於再傳。群從兄弟又平等也。積人而成家。積家而成國。其力既以眾積而後成矣。則主此力者由於有眾。未見其理之不順也。

總之。政府者。求善民生而立者也。知此。則建國創制之事。惟以最合其民情。最宜其民德者為歸。此其順理。過前說遠矣。

欲合一國之民力者。必先聯一國之民志。孤拉威訥又曰。眾建之國家者。聯一國之民志為之。至當之說也。

國有法制。所以齊民者也。廣而言之。人心之理也。為國法。為民法。皆人心之理。見於專端者耳。

國法民法。為民而作。宜有以相得。不可以相暌。故甲國之法。而合於乙國之用者。至不常之事也。

國有治制（如君主民主）國法者。所以成此治制者也。民法者。所以翼此治制者也。故其立法也。不可以不察其治制之形質精神而為之。（形質精神之分見後兩章。）

國有風氣之寒燠。有土壤之肥磽。有幅員之廣狹。有所宅之形勢。至於其民。有居業之殊異。耕乎獵乎牧乎。其自繇之程度。緣其治制而不同。其是非所折衷。從其宗教而異準。此外若民之好惡。若國之財力。若戶口。若懋遷。若禮文。若風俗。凡若此者。皆作則垂憲者。所從以為損益之端也。且國民二法。又有相資之用焉。自夫二者之所由興。與制作者當時之用意。至所約束整齊之秩序。是皆宜博考周諮。而後能通其意也。

今不佞此書。所欲講明。即在此數者。必一一焉。各審其指歸。而得其相維相劑之理。此則不佞所謂法意者矣。故不佞所論者。法意也。而非法也。論法意而不及法。故無取於析國民之法而言之。蓋法意為物。存乎制與所制者之對待。而非一二其法之所由立。遂可得其微旨也。是故法非不侫之所論也。

惟治制之形質精神。與所立之法。有絕大之關係。故欲明法意。必先即二者而深窮之。苟於此而有明。其於一切法也。不啻恃源而往矣。故此書所論。先言法之不同。由治制形神不同之故。次乃及其他端。法所由以為異者。此吾言不可紊之秩序也。

第二章　論治制之形質

第一節　立國三制

治國政府。其形質有三。曰公治。曰君主。曰專制。欲知三者之為異。舉其通行之義足矣。蓋通行之義。其中函三界說。而皆本於事實者。其義曰。公治者。國中無上主權。主於全體或一部分之國民者也。君主者。治以一君矣。而其為治也。以有恆舊立之法度。專制者。治以一君。而一切出於獨行之己意。

是三界說者。所謂治制之形質是已。知其形質矣。其次則求其本形質而立之法典。蓋本於形質而立者。固根本之法典也。

第二節　民主形質（與雅理斯多德治制論第六章第二節所發明民主法制可以參觀）

公治之制。更分二別。曰庶建。曰賢政。庶建乃真民主。以通國全體之民。操其無上主權者也。賢政者。以一部分之國民。操其無上主權者也。

庶建之國。其民以所治而兼主治。故其民於一方為君王。於一方為臣庶。

雖然。主治矣。而所以行此主治之權者。又難事也。於是有投甌眾決之制焉。捨此則散立之權。末由用也。惟投甌以決。而後眾志章。眾志之所決。主權之所行也。故民主之法。莫重於正投甌決事之權利。夫投甌決事權利之所及。其於民主也。無異君主之定一尊也。其在君主。神器必正其所歸。出令必審其乖合。則於民主也。前之權利。誰職其分。以畀誰某。用之如何。所得問者何事。皆必鄭重分明者矣。

聞之李盤奴曰。雅典之民主。方其會而決事也。外人闖入其中者。其罪死。蓋若此人者。實篡其國之主權者也。（然李謂此法之設。乃雅典民主所以防機密之外洩。與孟稍異。）

又必定其國會之人數。不然。則探丸出占之眾。為通國之民乎。抑其一部分乎。舉不可知矣。斯巴達國會。定數萬人。獨羅馬之法大異。國會之人。從無限制。夫羅馬之興廢。殆有天焉。起於極微。至於極盛。盈虛消息。靡所不經。其所謂羅馬者。有時總城邑郊鄙之民而為之。有時盡義大利之諸部。且遠及於所屬之諸國。其無外之規如此。雖然。羅馬衰敗。即此其一大因緣也。（孟尚有羅馬盛衰原因考。前說見第九篇也。）

無上主權。既集於國民之全體。則於國事無不當問者。然亦有事為專業。非常眾所能為。於是乎治之以有司。有司。公僕也。夫國民而能有此公僕。必權力有以命此公僕而後可。故民主之法。有司廢置。必由國民。其所謂有司非他。自總統以下。於國有職守者。皆有司也。

又必有為之諮謀參預機密者焉。故樞府出政之官。不獨君主有此制也。而民主亦有之。然欲其可恃。而無至於私國之權也。其選立又必由國民而後可。故雅典之考溫斯爾。（譯曰諮議。）皆其民之所舉者。而羅馬之沁涅特。（或譯內閣。）則縣官之所舉。而國民舉縣官焉。

夫一國之民。固多庸眾。然使之舉人而畀以權。其智尚足任也。蓋其所擇者。皆己所諳悉。而耳目聞見不可熒也。譬有人焉。身經累戰。而為常勝之家。此宜將帥者也。又有人焉。廉公慎勤。為有眾所稱道。此宜尉正者也。乃至身家之富有。居室之閎麗。尤易見也。司空將作。真其選矣。夫使觀人必資於事實。彼國民地位平等。處闤闠市府之間。觀聽所周。固有過於高拱深宮。出蹕入警者。獨際事情詭變一髮千鈞之頃。務當機立決。晏然因應。乃有以措一國之勢於至安。則國民之才。誠有不逮。抑亦勢有不可者矣。

設聞者以知人則哲為難能。謂國之眾民。為不足任選舉。則吾與之觀歷史之事。彼雅典羅馬之民。所明揚側陋而為國得聖賢人者。誠不止一二書。凡此豈皆偶合也耶。必不然矣。

案羅馬之法。雖推舉賤族所不禁。然公舉廷推之日。民未嘗一或用之。至於雅典。亞理斯泰氏法。載推舉縣官。不問出身為何等。顧舉人任事。未聞或黜其國之榮名。而置邦基於鼿杌也。學者觀芝諾芬之論。可以明矣。

蓋聚中材之眾以成國民。以言其小己。往往其人雖不足舉。而以舉。則有餘。以論其全體。雖不足以當官。而以察治事之官則甚裕。

國家之事。公事也。其進止有一定之儀節。過急則躁。太遲則慢。惟躁與慢。皆足害成。不幸以全體之國民。而與治公事。其躁與慢。必有一焉。蓋國民一巨物也。有時或鼓其千臂。則當其前者。無不碎矣。有時或拄之以千足。則其行也。若蟲豸之蠕蠕。

民主之民。有異等之籍。誰為此等者。則立法布典司執憲權者之所為也。為之得其道。則其國安以久。是故疇民之等。民主法家之一大事也。為此。其主義各異。有從其平等者焉。有從其貴貴者焉。塞維圖烈之分羅馬民也。行其貴貴主義者也。李費及氏阿尼修二史皆載其事。著其所以畀選舉之權於大姓者。塞氏分羅馬之眾為百戶者。凡一百九十三。而著其民為六等。國之富厚。為數自寡。則首列之。次及中產之家。為之多數。而窮簷貧賤之家。著於末籍。至於有所推舉。其投匭也。每百戶予之一占。故其決擇之權。隱操於財產。而人之眾寡所不論矣。此塞氏疇民之法也。

唆倫分雅典之民為四等。則以平等為主義者也。其用意所重。非舉人之人。而在於其所舉者。故其立法。既許人人以選舉之權矣。然理官則四等之民皆可舉。令尹則必求諸前三等之中。蓋前三等民。皆有恆產者也。（此事見於雅理斯多德治制論之第二卷十二篇。）

定公治舉權之誰屬。固為最重法典。而既得舉權。用之何若。亦法典之未可苟然者也。

用舉權之術有二。有用鬮者。有用選者。鬮。均平齊等。而無所擇者也。選。人懷所尚。而有所擇者也。庶建之制樂用鬮。賢政之制利用選。此其異也。

故用鬮之制。於人無心。若虛舟之運物。而國民人人懷事國之意。（沙方曰。舉選於民德有可慮者。蓋見屏者常懷其恥辱。而受辟者或長其驕矜。唯求免此。故不得已而用鬮。使得失者皆自處於偶然。偶然故得者不足榮。而失者亦不足辱也。）

雖然。其法之不良而有弊。易見也。故立法之家。又不能不圖其所以救弊者。

於是唆倫之於雅典也。則謂軍官將帥。其封拜宜以選。至沁涅特理官之屬。則仍用鬮。

唆倫又謂。凡令尹治民之官。其供職常有大費。非人而勝者也。故其為舉也。亦宜以選。而其餘則用鬮。然此猶未足以救用鬮之弊也。乃又為之法曰。凡有所舉。必擇於其人之自進者。(蓋猶今吏部之投供。)既得舉。則理官察試之。而國之人人可以議其當否。夫如是。則其始雖以鬮。而其終也無異選矣。不寧惟是。為令尹者。期終而受代。又有考績之法焉。以此。故闒茸不肖者。雖縈於好爵。而其始之自進。有不能不迴翔審顧者矣。(按古雅典民之舉令尹也。常於一職而為兩占。蓋以備其一之報罷而用其次。此無異吾國保人之常有正陪者矣。又法家苦列威爾言其法議事用兩占。至選令尹則受占如其人之數。此又一說也。)

且國民所以伸其舉權。有可論者。其出占也。將明揚之於眾乎。抑謹而密之乎。(按此猶吾國之有明保有密保矣。)凱克祿謂羅馬民主。其叔季舉人皆用密占。然此實其衰敗之由。(按羅馬國會決事法用二簡。名曰法簡。其一於其上作字母A。隱安狄可安狄可者。吾不從也。其一於其上作字母UR。隱烏狄洛加。烏狄洛加者。如汝所欲也。蓋以是為左右袒。）雖然。明密占同。而古民主所以用二占者大異。此不佞所得而論者也。

夫既畀國民以舉權。則其出占也。自宜明而不宜密。（按雅典民以舉手為和同。）此民主一定之法也。何以言之。蓋愚賤居其多數。而賢者恆在上流。使其明揚。則上流常有左右多數之勢力。而大人長者之凝重。有以鎮其飛揚妄躁。而納之於儀軌也。自羅馬變明揚而為陰舉。致小民自用其愚。往往濫舉召烖。有不自覺。無君子焉。為之發蹤指示故也。雖然。使眾舉之事。行於賢政之朝。或行於民主之沁涅特。則所謹防者。上下其手之姦而已。意既主於防姦。斯其為舉也。又不可以不密。（自注賢政之極敝。如見於古之威匿思。及雅典所傳之三十民賊。當是時其舉法皆用明者。而一切以其意指揮之。）

夫姦謀陰計。伏於沁涅特之中。或見於貴族豪右之曹偶。則於國最不利。至於顓愚。驅於忿好之私而已。無慮此也。民之於國本無權。往往盲起飇發。名圖利於國家。實則為奸人所陰驅而不覺。是故公治政制之敗壞。常見於陰機罷運之餘。或以財賄。或以恩私。既收其民大半為之羽翼。當是之時。彼蚩蚩者顧利而已矣。於國之利害。所不暇詳也。視政府之所為。自以為無與吾儕小人之事。安靜馴服。視利之所在。而為之服勞。詭謀無所用已。

舉錯之權。於民主固甚重。而尚有宜重者。則立法議制。必由此至尊之民也。顧其國權常操於沁涅特。雖有良法。非有沁涅特之明文。則不得立。有時有試行之法焉。試之而宜。乃著為令。此皆古所有者。雅典羅馬之法。其民主之最為美善者乎。沁涅特之條教。皆先行一年。其勢力與國憲均。一年之後，乃由國民察其宜否。出占投匭。以公定之。斯乃為永立之國憲。

復案。沁涅特者。公治最尊之國會也。可謂政府。可謂內閣。可謂元老院。可謂上議院。雖然。諸譯無一脗合者。蓋其員數之多。過於內閣。而其權又重於元老院上議院諸制。選於貴族豪宗。秀民富戶。而兼有議法行法之二權。其眾為國民所公舉。而員數常多。是則沁涅特而已矣。

第三節　賢政形質

賢政者。以一國之少數。臨馭其多數者也。向所謂無上主權。盡歸此少數者之掌握。議制之權。行政之柄。二者皆操之。而自餘之國民。其對此少數。猶獨治之國之臣民。對其君上矣。

賢政治制之決事命官。其出占無用匭者。蓋深知其法之不便也。夫於一國之衆。彼既為之君子小人之分矣。貴者恆貴。賤者恆賤。民雖疾之。無由反也。乃於出占之時。獨用鬮焉。以著其用法之平等。蚩蚩之衆。誰復信之。且下之所以疾視其上者。以其貴也。非以其官也。

使國中貴者衆多。其勢又不足以相治。則必為之沁涅特焉。以決衆貴之所不能決者。或蒐討分疏之。以待衆貴之會決。若此。則通國之人可列為三率。沁涅特之視衆貴。猶衆貴之視其齊民。而齊民乃同於無物。

假有術焉。能使齊民之勢力稍增。而不至竟同於無物者。此賢政治制之幸福也。其政府尚賴以不傾。此如嵇奴亞之賢政。以國中聖佐治板克由齊民主持之故。於政府常有左右之力。嵇奴亞遂以此而興盛長存焉。（英文家安狄生於義大利遊記常論及之。）

沁涅特議員之分合除補。尤不宜使其衆有自主之權。有之則腐敗立至。羅馬初制。實為賢政。沁涅特有闕。不自補也。其新員必由申蘇爾（主督察檢校之事。漢之司隸似之。）所薦達者。（考羅馬最初沁涅特員。實由各都護所命。）

公治之國。所最可畏者。有人起私家而竊國柄。則專制勢成。而其害烈於獨治之君主。此其故易明者也。蓋君主之獨治也。創業守文。有一切法令。以與之相得。而事天臨民之際。又有典章輔弼。以範圍之。使不得過。公治之國。無此具也。是故國權既竊。其行事若洪水之無津涯。國之舊法。未嘗計及此也。一切不為制防。甚可畏也。(自注。羅馬之衰敗即由於此。論見羅馬衰盛原因考。)

雖然。有不可概論者。以公治之制。有時須特設之有司。而畀以莫大之威柄。此如羅馬之狄克達佗。(譯云司命。)又如威匿思之嬰圭什陀(譯云都檢點。)是已。此二者皆國民所建立。而具至大之柄者。奮其威勢。常有以復國民垂喪之自繇。撥昏亂以歸於治。二者皆公治之官制也。顧其用意有大異焉者。蓋羅馬之法。所以保賢政之餘勢。以遏不靖之國民者也。而威匿思之法。所以尊賢政之事權。以排群貴之相軋者也。是故羅馬狄克達佗之設立。嘗限之以極蹔之時。取以遏蠭起之變而有餘民嚚之興。鮮有深謀遠慮者。其拜之也。必為之炫耀張皇。庶有以震讋一時之民志。而非必窮治姦惡。為剿絕誅夷之事者也。故其無限之權。所施者僅存於一二事。忽焉起伏。以與所治之事機相應。至溫匿思之嬰圭什佗。乃大異此。狄克達佗。蹔立者也。嬰圭什佗。永建者也。羅馬之所防。民訩也。威匿思之所防。豪猾也。豪猾之為謀。嘗處心積慮以為之。故其為姦也。時行時止。時伏時見。其始以一二人包藏禍心。繼乃受之以一族矣。俄而徧之於一部矣。此非有甚重之權。常有以待之。固不可耳。姦之伏也。若雌之抱卵。禍之發也。常遲而大。是故嬰圭什佗之設。必察於無形。必聽於無聲。及其未萌而折之。至於既形。斯無及已。總之是二制者。皆以公治之吏。具無限之權。顧其一乃以鋤未起之國奸。其一乃以遏既形之寇虐。而其意取於無俟刑而威則一而已。

國家之設官也。大抵權盛者其任期不可以過久。故之法家。常以一年為之通法。過之則國危。不及。則乖於治體。蓋為時過暫。則官事之不克舉者多矣。此其立法之意也。獨俄臘古沙國。其總統以月為任。次者旬而易之。城堡守將。踐更以日。顧此法之行。必小國而介於強大者。蓋富強之鄰。餂人以利。稍久則以財役奸。勢甚易耳。

賢政之極善者。必其國不操憲權之人為數至少。使當國之眾。無所利以施其壓力。故安狄巴屠之為雅典立法也。民產惟不及二千都連者。乃不得與於國議。無出占決事之權。此令行。雅典遂為古今最盛之賢政。蓋所謂二千都連。為數極輕。由此而國中不能與議之民至寡。市府之內。稍有地望之家。無見屏者。

賢政者。貴族行權之治制也。苟為善國。則所謂貴族者。必有不驕不泰之風。以力求其與齊民齒。賢政愈近民主。則其制愈良。反而觀之。其愈近君主者。其為制愈不善矣。

最不善之賢政。其國中受治之齊民。大抵皆出令者之世僕僮奴。如波蘭是已。其中緣畝耕作之民。皆有爵者之隸役也。然而效可覩矣。

復案。五洲治制。不出二端。君主民主是已。君主之國權。由一而散於萬。民主之國權。由萬而匯於一。民主有二別。用其平等。則為庶建。真民主也。用其貴貴賢賢。則曰賢政。要之是二者。於亞洲皆不少概見者也。東譯姑以為共和。然共和見於周。乃帝未出震之時。大臣居攝之號。此與泰西公治之制。其實無一似者也。嘗謂古民主之治。特利用於小國之間。若夫廣土眾民。非政由一君必不可。若今世美洲之合眾國。歐洲之法蘭西。皆造於十八世紀之末。文明大進之秋。前此所必不能者也。故希臘以民主而并兼於馬基頓。而羅馬之轉為帝國也。則不待日耳曼峨特之犄角。其國權已統於沃古斯達。其非磐石之勢明矣。夫五洲治制。皆宗法社會之所變化者也。顧東亞則以宗子而成繼天立極之至尊。西歐則於游牧之時。已著民族之平等。此其所以然之故。又不能不求於地勢。與所行宗教間也。嗚呼。可異也已。

第四節　君主形質

有承宣翊贊事使統系之局。而後成有法君主之治制。蓋君主者。以一人當陽。右準繩。左規矩。以宰治其群者也。一國之權。集其一身。而一身為眾權之所由出。故曰君主。然而君不能獨御也。則必有承流宣化者焉。有其承流宣化者。則不可以無法度。使其為治。惟其意之所欲。法度有常之物。又烏從興。故君主者。名為一人之治。而其所用者。則承宣翊贊事使統系之眾權也。

用承宣翊贊之眾權。勢最順者。其國之貴族乎。故君主之制。眾貴成之。故建言曰。無國君。無貴族。無貴族。無國君。雖然。彼國君而專制者。有之矣。（案福祿特爾曰。此語出於法王顯理第四。而英之察理第一亦曰。無畢協。無國君。其言類此。則政教並立之旨也。）

輓近歐洲諸國。有欲廢貴族之權者。不悟所為。即向者英倫議院之所為也。蓋使於君主治制之中。而絕世家之權力。毀宗教之名位。除市府之條規。其所餘者。即民主耳。不然。則專制耳。

又有歐國朝廷。嘗致力累年。欲去拂特教會二者世傳之權力。行此者皆一時之英君察相也。此其是非。吾不具論。第為此之餘。其舊制之所存者幾何。當為天下所共見耳。

設謂不佞左袒教會。欲其所席舊勢之常存。失吾恉矣。雖然。竊願教會權限有所定也。蓋今之所爭。非問教會已具之權。為邪正也。乃教會之權。果定立否。所謂教會之權者。果於國為典要乎。於國之法度。已相得而不牴牾歟。夫政教者。國之兩戒也。向謂其權宜不相統者。無亦可使相資而相得歟。吾黨身為君主治制之民。所出死力以保朝廷之權利者。固尊主忠君之天職也。然而宗教之權。振古洎茲。若不可廢。則為之制其分限。使可明守。獨非國民義務所宜並重者哉。

夫使其國為公治之制。則宗教神權。誠有時為之鉅梗。顧於君主。不可廢也。至於專制。愈不可廢。向使宗教權力。不伸於斯巴尼亞波佗牙之間。則法敝以來。專制淫威。疇為圉之。夫法制披靡之秋。存其一防。皆中流之砥柱。天下古今。為人類之大虐者。夫非專制獨斷之政府歟。有其式遏之者。皆生民之所待命者也。奈之何並此區區而撤之。

如大海然。巨浸狂流。若噓噏山澤。而不知其所屆矣。而沿海之濱。白葦黃蘆。流沙小石。雖若荏柔散漫。然其勢足以止之。人主之威勢。其無限而不可圉。猶海流也。而式遏之者。亦以此甚微之沮力。其憤驕而不可係固也。而有為之呼籲禱祈者。其暴戾恣睢。亦從之以稍殺也。（案此節喻詞。使出諸學塾之兒童。且將為其師之所呵。不圖鴻哲如孟。而其言之童騃。乃如此也。福祿特爾僅疑其說為不然。不加抨擊。亦重其名耳。）

英人之唱自繇而復民權也。則取君與民中間之權力。所謂承翊輔相。於以成其君主之治制者而悉去之。夫英民之保持自繇。惟恐失墜。有由然矣。若前所為。脫一旦不幸。並此區區而失之。吾恐英人之為奴隸而遭踐踏。雖甚於五洲之民可也。（案福祿特爾評曰。孟氏此言為無驗矣。夫英民固極力剗削貴族教會之權力矣。然而其治未嘗傾也。豈唯不傾而已。且使教俗二途之群貴加守法焉。而民權則由以日長。孟氏之言為無驗矣。）

羅約翰於君民二主之法制。實皆毫無所知。顧生平所為。其獎成專制之君權。於吾歐為僅見矣。慓悍輕銳。以變為能。欲君民為直接之治。乃去中間承權施治之貴爵。政黨國會。一切在所掃除。操理財興利之說。以餂各國之君。埶無實之鈔幣。名以酬世家而收其爵壞。一若專制之政。為不貲之財所可購造也者。嗚呼。不亦異歟。（案羅約翰與孟為同時人。曾司法國財政。造國銀號。立密錫西比公司者。其後竟敗。事見斯密原富。鄙人曾考其身世崖略。著之後案。茲不復贅。）

君主之國。雖有承翊之分權。未足也。夫既有一王之法矣。則必有人焉。為守司其法典。使無至於諐忘。守司法典。莫便於無上法廷之理官。使為之宣布其新成。而彌縫其舊闕。爵貴世家之子弟。庸闇闒宂。若秉自然。惰窳而驕。不耐文法之繁瑣。是故國之法典。苟無人焉為之守司。使之脩而用之。則年月之餘。其不遺忘堙散者寡矣。且為此者。亦非王朝左右之所任也。左右之所謹者。王者隨時之意向耳。成憲舊典。非所重也。其在位不常。其曹僚較寡。其人非國民之所倚信而不疑。以是之故。不足以當疑難。扶顛越。使群下奉法而泯譸張。

大抵專制之朝。無制治不可搖之國憲。無制治不搖之國憲。則亦無事於守典之官司。當此之時。民之所恃者。惟宗教耳。宗教者。自有典常。不以朝代為興廢者也。即不然。亦有舊時謠俗。為民所重。埒於憲章。則無法之法者矣。

第五節　專制形質

夫專制者。以一人而具無限之權力。惟所欲為。莫與忤者也。雖然。如是之君其主權多旁落。蓋其人以藐藐之躬。建於億兆之上。覺一切由我。我以外所謂民者。乃同無物。則敖惰恣睢愚昧諸敗德。常不期而自叢。況既愚且惰矣。又益之以放恣之情。則其不樂以國事自敦。又必然之數也。將責政事於一切之具官。其勢又分而無所統。且人懷媚主之心。莫不欲為一人之下萬人之上者。如此。則機詐紛然起矣。機詐紛起。則人主欲無親持其銜轡又不能。凡此皆非能享有國之逸樂者也。欲享有國之逸樂。計莫若委一切之柄於所愛信之一臣。而聽其權力之埒已。此所以亞洲之國。君王而外。莫不有其維齊。然則建立維齊者。專制國綱紀之法度也。

復案。沙丁曰。東方回部之王。皆有維齊。其權決一國之事。而於王為大奴。其制與中國之丞相稍異。顧中國之宰相。有時直維齊耳。

又案。此節所論。恨不令申不害李斯見之。上蔡欲專秦之權。為之維齊。乃有督責書之上。不意後之為維齊者。又乃趙高而非己也。或曰。如孟氏之說。則專制云者。無法之君主也。顧申韓商李皆法家。其言督責也。亦勸其君以任法。然則秦固有法。而自今觀之。若為專制之尤者。豈孟氏之說非歟。抑秦之治。固不可云專制歟。則應之曰。此以法字之有歧義。致以累論者之思想也。孟氏之所謂法。治國之經制也。其立也。雖不必參用民權。顧既立之餘。則上下所為。皆有所束。若夫督責書所謂法者。直刑而已。所以驅迫束縛其臣民。而國君則超乎法之上。可以意用法易法。而不為法所拘。夫如是。雖有法。亦適成專制而已矣。且學者須知孟氏為十七稘此學開山。故其說多漏義。即所立三制界說。亦不皆完全。讀其書。掇其菁英焉可耳。勿遂視為定論也。

俗傳一羅馬法皇。以次當立。自知才德之不任。固辭之。然以群下勸進之多且殷也。不得已受法冠。（西名旁狄非加特。）而飭其從子治教事焉。行之旬月。乃自詫曰。吾乃今知教皇之貴而易為也。彼東方之人君。正如是耳。方其少日。在帷牆之中。猶囹圄焉。閹寺小人。蠱其心志。而樂其無知。必以術為之。使無一隙之明而後快。洎夫舊朝之宮車晚出。嗣子誕膺大寶。南面受朝。未嘗不汗流面赤。茫然於國之如何治也。瞬乃建其私昵。大司馬冢宰總攝朝政。大錄萬幾。而冲人得從此放浪於宮闈禁籞之中。嗜慾無窮。禽獸不翅。率無恥不蠲之近侍。所逐逐者。極意豪奢。為生人至暫之樂而已矣。於是始恍然自詫於為君之無難。而曩者獨未嘗夢見也。

是故其國之幅員彌恢。其租賦彌盈。其宮禁彌廣。其後宮彌多。其嗜慾彌無涯。其責任彌隆。其所宿留之國政彌寥寥。其待決之端彌寡。是則專制之君而已矣。

復案。孟氏之所以言專制之治者。可謂痛心疾首者矣。若以是而加諸中國之治制。不必盡如其言也。亦不必盡不如其言。夫法度之朝無論已。上有宵衣旰食之君。下有俯思待旦之臣。所日孳孳者。皆先朝之成憲。其異於孟氏此篇所言者超乎遠矣。雖然。及其叔季。若東京之桓靈。若陳隋之寶廣。乃至有明之世。其君或十餘載不闚朝堂。閹人口銜天憲。

宰輔以封事自通。則亦何以異於孟此篇之所言者。故使如孟氏之界說。得有恆舊立之法度。而即為立憲。則中國立憲，固已四千餘年。然而必不可與今日歐洲諸立憲國同日而語者。今日所謂立憲。不止有恆久之法度已也。將必有其民權與君權。分立並用焉。有民權之用。故法之既立。雖天子不可以不循也。使法立矣。而其循在或然或不然之數。是則專制之尤者耳。有累作之聖君。無一朝之法憲。如吾中國者。不以為專制。而以為立憲。殆未可歟。

又案。孟氏所分治制。公治獨治專制三者。其所稱之獨治。於中本無民權。亦非有限君權。但云有法之君主而已。使譯人知立憲之目。常以稱英德奧義諸邦。名經久用。意有專指。便不宜更譯此書之蒙納基為立憲。以致學者誤會也。乃操譯政者。既翻之為立憲矣。其意中必懸一英德奧義之勝制。於是遇原文所及獨治之微辭。輒奮臆私。篡為褒語。其失真乃益遠矣。不佞見立憲二字。意義葛籐如此。遂於此譯。悉屏不用。遇原文蒙納基。則如其義。但翻君主。或翻獨治。誠有所不得已也。

第三章　治制之精神

第一節　形質精神之異

前章所論之法典。皆由於治制之形質而生。乃今所論。將及其由於精神而立者。

治制有形質。有精神。所謂形質。乃其物之所由立。所謂精神。乃其物之所由行。形質以言其體。精神以著其用。體立而後制度形。用明而後人情著。（自注。形質精神乃極要之區分。得此而後可及其餘。法之以此為關鍵者。不可殫述。）

一法之立也。不徒於治制之形質。有其相繫者也。於其精神。不可不合。故不佞此章。於治制精神之法。將特詳焉。

第二節　三制精神

吾於前章不既云乎。民主之制。國之主權。散於國民之全體。或其中之數家。君主之制。其主權必執於一人。其有法典。為行政所必循者。謂之憲政。其無法典。行政惟一人之所欲者。謂之專制。凡此皆治制之形質也。由治制之形質。而吾以理勢之必至。推言三者之精神。請先言庶建之民主。

第三節　庶建民主之精神

君主之治。無論為憲政。為專制。其所恃以立者。不必有至德要道之可稱也。憲政之君主。其道齊而奠定之也以法。專制之君主。其讋服而彈壓之也以威。威伸法行。足以治矣。獨至民主之國。非有一物為之大命則不行。道德是已。

凡不佞所前言。皆徵之歷史而可見者也。蓋物理所必然者。君主之制。其治民也。雖以法度。顧高高在上。自以為超於法度者也。惟民主之制不然。民主之吏之行法也。非自律於法度不可。此民主之所以不可無道德也。

復案。拉哈布曰。甚矣世俗讀書之不審也。俗嘗謂必民主而後有道德。猶之必君主而後有尊榮。此言出於孟德斯鳩。乃相與訾議其不審。不知孟氏原書具在。彼固未嘗為此言也。使孟氏而為此言。是亦謬悠之辭而已。孟氏豈其然哉。

尚有易明者。使獨治之人君。忕於邪臣之說。或以一己之倦勤。而不知責法。則叢脞從之。然欲改為。非難事也。彼則謀於其良。抑去其當躬之怠。足矣。乃民主不然。民主法之不行。必國民之朋興作慝而後爾。朋興作慝。是其國亂而將亡也。烏從救乎。

觀英國之已事。又可見已。當前稘之中葉。英之欲為民主者屢矣。顧終以民德不厚而無成。方是之時。執國柄者。非有德之人也。徒以輕剽敢為之故。（此指克倫謨爾等而言。）起輒有功。其民觀之。從以益奮。雖然。一國之內。民氣未和。分崩離析。政府築室道旁。民徒苦於政法之紛。處板蕩之朝。而不知舟流之所屆。公產合眾之制。雖建之不堅也。終之其國所經之震蕩。為前古所未有。而去危就安不能。已乃復其所深惡痛絕之舊制。

方古羅馬之失其自繇也。錫拉嘗欲為之光復矣。而孰知如是之幸福。非無祿之眾所克膺也。風俗陵夷。雖有凱撒、泰比流、覺羅紂、宜祿、多密甸之數君者為之震撼。其民不克自拔於坎窞也。而其國之拘囚益至。蓋亦有為其鋒起霆擊者矣。顧所仆者特民賊耳。而賊民之法制。則無有能革之者。

古之富於自治者。其惟希臘之民乎。為民主之制。以自厚其生。知其所恃為長城者。民德而已。顧今日其國之眾又何如。有製造。有通商。有國帑。有富厚。有豪奢。其所相尚者。如是而止。

蓋道德既為所屏除。斯其國賢者競於上人而已。而通國之眾。則相率為貪惏。其祈嚮之鵠已遷。往者之所尚。乃今以為不足貴。向者以奉法守典為自繇。今也以亂法干紀為自繇。民惡其上。若奴虜之逃其主人。理之正者。乃以為苛矣。行之所必由者。乃以為拘閡矣。意之所必恪者。乃以為怯懦矣。勤儉以為生。非渴財也。而或則笑之為好利矣。向也合通國小己之資。以為公產之藏富。今也各私其所有。而以財相雄。秉國之眾。以朘削而致憤爭。其所謂國力者。特一二之顓權。與眾人之放恣僭奢已耳。

方雅典之衰。而見役於敵也。其所具之國力。與雅典全盛而役人之時。為量差相若也。其始也嘗以二萬戶之齊民。拒波斯之侵暴。與斯巴達狎齊盟。而蹂躪昔昔里矣。及其衰也。法勒盧為數奴頭於市中。其為數亦二萬。方腓立白南馳而叩雅典之關也。希臘之後於斯巴達者。特時而已。顧吾輩居今。讀德摩沁尼之辭檄。知疲薾之民。雖與之大聲疾呼。無益也。蓋彼所畏於腓立白者。非自繇民權之見奪也。慮將奪其恆舞酣歌。沮其為樂之方而已。夫雅典非名都歟。往者軍旅雖經數敗。城市雖經數墟。常能起於灰燼之中。而或愈於其故。乃自芝倫尼一蹶之後。中興之望。遂絕於斯。雖腓立白釋其所係虜者而歸之。而無如其歸者之非男子也。於希臘又何裨乎。蓋雅典嗣茲以降。其以力之易為勝。猶往者以德之難為降也。讀史者可勿思其故歟。（案是時雅典議院著令。有欲以戲圃之資移為兵事之用者。其罪至死。然則孟慮奪歌舞之娛云云。非過論也。）

則更觀古之加達支。夫與羅馬逐歐南之鹿。而爭地中海之權者。非加達支歟。方韓尼伯之舉為布理陀（譯言都尉）也。當官行權。欲懲守令之貪墨。而奸民轉赴愬之於羅馬。嗟乎。不肖無俚之民。且不惜自毀其巢。以為天地之窮鳥。意可挾其所有。以焜耀於滅種之仇讎。然而羅馬俄乃索上戶之三百人以為質矣。浸假又令加達支獻其軍儲與船艦矣。終之乃宣戰焉。噫、當彼之時。加達支以孤立無援之圍城。而守者猶飲血登陴。雖斷脰陷胸不顧。然則使用完全之力。而輔之以德。亦何功不可就也哉。

第四節　賢政民主之精神

民主非德不立。是固然矣。即賢政之制。亦以仁義為之基。特其在賢政也。不若民主相需之殷耳。

其齊民之於群貴。有天澤之分焉。齊民之治。治於群貴之法也。治於群貴之法。而非所自為之法。故其需德也。未若民主之殷也。雖然。是群貴者將約束之以何物乎。等貴而比肩。使法必行於其儕偶。則無異以法自律者矣。故賢政之立。必執政者果賢而後可。不然。敗矣。何則。其制使之然也。

賢政之為治。有蘊力焉。為民主所無有者。貴者相引以為曹。有必伸之權。有相保之利。故其防民也必周。但有法焉。使貴者得行其權足矣。賢政之治民也易。而群貴之相治也難。其為制也。若置其眾於法中。而又免其身於法外也者。蓋其制之形質誠有然。(自注。往往治公罪而不問其私。公罪、群貴之所共疾者也。私罪、群貴之所共護者也。故曰。其相治難。)

是故賢政之群貴其所以自束者。有二途焉。其至優之德。視其身與齊民為平等。賢政也若可為其民主。此一道也。其次。則德雖未優。而可與其曹為平等。政府之中。不相齮齕。此亦一道也。下斯以往。欲其制之有立。難矣。

是故禮讓為國者。賢政治制之精魂也。且吾所謂禮讓者。必基於生人之德心。出於葸瑣苟偷者。不足濟也。

第五節　道德非君主之精神

君主之治制。其了大事也常以術。術則無取於道德矣。若至精之機器然。以製造者之巧也。齒輪懸纙。釋揢彈簧。皆歸於簡。國之立於天地也。以民寶愛其國土故。以渴慕種族之尊榮故。以人人能捨己以為群故。以能捐至重之私利以利國故。君主國家。其為立也。舉無待此。凡前古豪傑所為之至行。吾人所慨慕而流連者。存諸口耳之間而已。

德之所以亡者。法之所以用也。夫德非真亡也。以法之既行。無所事德也。法、治其所可見者也。德、行其所自將者也。是故法行。而行之成於獨知者。無果效之可言也。

民之罪惡。未有不涉於公者。雖然、罪固有公私之可言。私罪、害及小己者。公罪、害及國群者。

民主之國。民之私罪皆公。以其害於公制。過於其害私人也。君主之國。民之公罪皆私。以其害於私人。過於其害公制也。

不佞非好詆諆也。所言皆可證之於歷史。嗟乎。君主之治。求有德之人君。固已少矣。而有德之民。愈益寥寥。居獨治君主之下。民欲保其常德誠至難。此不佞所欲為天下後世動色正告者也。（自注云。所言者公德。公德非他。以私德為其公益者耳。但今不暇言私德。至於宗教之道德則尤所不遑。此事於後第五章之第二節當更明之。庶不佞之意有以共喻。）

今若取各國前古之史書。而考朝宁宮闈之軼事。更即私家紀載。草野風謠。觀各國之民所以道其君臣者何若。則知吾茲所論。非虛揣懸搆之淫辭。乃耳目聞見之事實。所證以古今人不幸可悲之閱歷。而莫不同者。

好上人而志惰。中卑陋而氣矜。富貴則爭人先。勞險則居人後。所不喜者。直諒也。真理也。所樂受者。便辟也。諂諛也。約言則爽食之矣。禮法則輕蔑之矣。所患畏者。其主之有德而嚴正也。所願望者。其君之無知而愚闇也。且總此而更有進者焉。則遇守正之士。必加之以戲侮詈謔之詞。而己之苟賤詭隨。且相矜為得計。此無論所居之何世。所仕之何邦。其環於人主之身。而為其左右之親貴者。夫非以前之所云云。為其常德也耶。親貴者。固居民上而為其民所具瞻者也。世安有居其上者為小人。而責居其下者之為君子乎。亦安有居其上者。長為欺人之奸。而望居其下者。常為受欺之蠢蠢者乎。嗚呼。必不然矣。

以天地之善氣。不絕於人間。而其下有守道好德之民焉。猶嘉禾之濯於稂莠。然而李恊旒。（以上座神甫為法路易十四之宰相）政書有言。如是之人。必抑之使不得以倖進矣。（自注。李云。草野之人最難登進。蓋不知朝廷自有體制。往往自用其愚。迂拘方鯁。難與趨變適時。用人者不可不慎也。）故吾云。君主之朝。治國精神。不由道德者。即謂之不刊之論。可也。非必其惡而絕之也。以其物於君主之朝。無所可用故耳。

復案。酷矣。孟德斯鳩之論君主也。使非生於狹隘酷烈之朝。而又值公理將伸之世。彼又烏能為此言哉。夫君主。以言其精神則如此。以言其形質又如彼。而吾中國自黃炎以至於今。且以此為繼天立極。惟一無二之治制。君臣之義。無所逃於天地之間。詈桀紂。頌堯舜。夫三代以前尚矣不可考已。則古稱先者。得憑臆以為之說。自秦以降。事跡分明。何治世之少而亂世之多也。且春秋所載二百餘年。而國策所紀七國之事。稽其時代。皆去先王之澤未遠也。顧其時之人心風俗。其為民生幸福又何如。夫已進之化之難與為狉榛。猶未闢之種之難與跂文明也。以春秋戰國人心風俗之程度而推之。向所謂三代。向所謂唐虞。祇儒者百家。其意界中之製造物而已。又烏足以為事實乎。思囿乎其所已習。而心常冀乎其所不可期。此不謂之吾國宗教之迷信。殆不可已。

第六節　君主治制以何物承道德之乏

雖然。不佞之言。可以止此已。不然。人將謂我有所憾於君主之治制。而為是發憤之謗書。雖然。此非不佞之恉也。蓋君主之治制。雖誠有所闕。而亦不無其所長。所長惟何。彼之為治。以榮寵為之精神是已。名位。爵祿。著其等差。而人心遂以是而相慕。而有以激發其自致之情焉。是故道德雖乏。而居上者亦有以用其鼓舞。成巍巍之功。建赫赫之業。所以然者。為榮寵耳。使人主者。用之而得其術。則合之法制之修明。嘗有以致治功之極盛。道德雖闕。未為病也。

復案。儒者之治天下以禮。又曰惟名與器。不以假人。蓋亦知其所以然之故矣。

是故際乎君主治制之極盛也。其國可以為多良民。而不可以為多君子。君子小人。判於心術者也。君子之愛其國也。以利於國而致其愛者也。小人之愛其國也。以利於己而致其愛者也。（自注。所謂君子小人。皆自國民之公德而言。）

第七節　君主治制之精神

如前節言。則君主之制。所以為之要素者。名位爵祿。與門第之崇卑而已。蓋其民既以榮寵相矜矣。則未有不爭求獲上。以邀此一命之榮者。故曰其治制以此為精神也。

復案。福祿特爾曰。旌表封誥章綬。與一切君主國家所以優異人之名器。其在羅馬民主之朝。其視之也。直不啻後日王朝之視土苴也。制改之日。凡前朝之章服。如旂幟儀品節鉞。其價值與婦人之巾帨相等云。雖然。此何足異。使名器而濫。即在當時。大將軍告身。有不能博一醉者矣。矧乎其朝代制度之既易也。

躁進患得而貪權。此在民主。為害大矣。顧君主之世。使善馭之。則有良效。蓋國家所以礪世摩鈍。鼓舞群倫。正賴有此具耳。且有其利而無其害。可也。何則。予奪之權。操諸上也。

君主之治制。其法天運者耶。有離心之力焉。有毘心之力焉。執名器以奔走天下矣。而即以其物集天下之力於國家。總眾私以為公。人人皆事國者也。而人人實皆卹其私。故自大道真理而言之。君主治制之所貴者。非良貴也。其所榮者。非真榮也。雖非良貴。雖非真榮。而其有利國尊主之用也。猶良貴真榮之有以廣大其身心。

今夫不威愓。不利疚。臨大難而不苟免。履紛亂而不可惑者。夫非人事之至難。而德操之至不易立者歟。而其究也。曰不過以邀一時之榮。數語之褒而已。此何異持豚蹄而祝滿家。所責望於人倫者。無乃過歟。

第八節　榮寵非專制之精神

專制之朝。且無所謂榮寵者也。故不得以之為精神。人主而外。人人皆其奴隸而已。皆奴隸。皆平等。其勢不足以相尊也。故曰無榮寵也。

且使榮寵而有鼓物之用也。則必為之法則焉。為之等衰焉。且既榮矣。則不可以復辱。既寵矣。則其人有自擇之權。凡此者、皆非奴隸人之所克有也。是故榮寵而果榮寵也。必其國之有典常而議事以制者而後可。

復案。此節所言。即中庸九經賈誼治安策之微旨。蓋孟所謂榮寵。即中國所謂禮。禮之權不僅操於上。而亦臣下所可據之以為進退者也。

專制不能與榮寵並居。其一以不惜死為至矣。而其一以致人之死為能事。榮寵不能受專制鈐軛。其一有法者也。有其必伸自我者也。其一無法者也。一伸而無不屈者也。

復案。孟子曰。趙孟之所貴。趙孟能賤之。又古語曰。美女不敝席。美男不敝輿。信斯言也。則孟德斯鳩之言。未為過已。

是故專制國家。其下無榮寵。甚且其國語亦無相合之名詞。必言榮寵。其惟有法度之君主乎。榮寵者。君主治制之精神也。其為治之全體以此。其立法制以此。甚至徵道德之有無亦以此。

復案。所謂徵道德之有無者。則如中國之生有號死有謚是已。士生今日。雖有孔墨之賢。但使姓字不升。號謚不加。亦與草木同盡而已。孟氏之言。豈不信哉。

又案。榮寵之寵字。與寵愛義別。漢書司馬遷傳。以為宗族交遊光寵。又蕭望之傳。出入傳呼甚寵。所用寵字。義與此同。曩頗有西人言。中國無與翁那爾相當之字。顧其字本有歧義。有時可譯節操。有時可譯體面。有時可譯勳業。有時可譯貴顯。有時可譯名位。有時且可譯權勢。獨與名譽無涉。名譽西語曰伏嬰蒙。或曰荷理標得顯。非翁那爾也。而東譯既誤於前。轉譯者又遂非於後。甚可怪也。

第九節　專制君主之精神

猶民主之不可無道德。君主之不可無榮寵。斯專制之君主不可以無刑威。夫既以專制為治矣。則無所用其道德。而使用榮寵以馭其下。又至危之道也。

專制之人主。有帝天之尊。有雷霆之威。顧其為國也。不能不擇所親信而畀之以權也。假用榮寵為治。則其人能自為其聲價。使其身見重於朝野。若是者皆足以生患也。故必資威刑行督責之術。使惴惴然救死之不給。夫而後其氣伏而馴。無敢為非常之慮者矣。

復案。三制精神。若其論出於吾人。則必云太上之民主以德。其次有道之君主以禮。其次無道之專制以刑。所謂榮寵。即禮也。所謂恐怖。即刑也。至此節能自為其身價云云。則榮寵之為禮。尤可見也。蓋有道之君主。為人臣者尚得進退以禮故也。

第使君主矣。而不純於專制。則有時雖弛其束濕之具。而行寬大之政。未必敗也。蓋有法令為之維持。而人心未去也。獨至專制之朝。一旦人主威令不行。權臣在位。則去易姓受代之時為不遠矣。何則。彼所以馭其下者。威力而已。而下所以報其上者。恐怖而已。威之不行。怖之無有。尚安能制眾而保有其民也哉。則此時之民。謂之無主可也。

復案。尚武之賢政。亦往往有此。不僅君主也。

土耳其之喀迪思。謂土皇雖與人為盟誓要約。但使所言為限制其至尊無上之權力者。他日背之可也。蓋其宗旨。亦謂專制之君。威不可屈耳。（自注。見李戈之鄂圖曼國史。）

考其國之制。謂刑律者。所以待小民者也。乃至貴近臣鄰。其榮辱死生。宜純出於人主之喜怒。是故議事以制。科罪以律。小民則然。而霸夏（霸夏猶言大人。回部之尊稱也。）不如此。然則小民之身命。尚有以安全。而霸夏首領。時時可以不保。法之窮奇。言之使人毛戴矣。近者波斯之索斐。（索斐。波斯王也。）為彌理威子馬哈默所廢。告人曰。吾蚤知有今日之顛隮。以吾於人血。過於吝惜故也。（自注。神甫竺薩稣為波斯史。言其亂甚悉。）

多密甸之君羅馬也。史言其所為至暴虐。然諸部節督。墮膽寒心矣。而民獲蘇醒。此猶一片郊原。其半則激湍怒流。懷山逼日。其半則草樹茂密。垂穎鋪棻。亦奇境已。（自注。多密甸以尚武立國。乃於專制之中自成特別者。）

第十節　兩君主治制責下服從之異

專制之國家。其臣民舍奉令順旨而外。無他義也。君上有所欲為。至於宜為詔令。則在所必行。則必責其事效。

無限域。無增損。無轉接。無期時。無代易。無斥議。總之惟君所命。一出則莫與易而已。君上至尊無對者也。其所欲為。必行而無可議者也。其臣若民。天生以奉君上者也。故一切主於恪受而盲服。

天有過乎。曰有之。大水溢。火山流。民之丁之。曰此吾運之蹇也。君有過乎。曰有之。害生理。滋厲階。民之逢之。曰此吾辰之衰也。之二者。皆命也。命故無可議。無可違。無可先事而豫計。惟民之分。若禽獸然。其遇。其從。其罰。

天性之不可移。人理之不可悖。父母之慕、妻子之恩。節義廉恥之所閑。罷病殘疾之不可以勉。舉不足以訴於君命既行之餘。令如是矣。斯如是已。

波斯之法。凡王之所誅。勿得更稱其名氏。亦不得為營救。王即醉。若瞀惑。詔書下。則必行。不行是戲語也。王者無戲語。自太始以來。其國之思想常如此。故當亞哈敘祿之令盡殺猶大人也。澳汗之號。不可卒復。乃更令猶大人之抵禦以自衛也。(案此令逾時罷。德調賓云。非更令猶大人抵禦自衛也。特縱令互殺而已。仇家可以殺猶大勿論。猶大之殺仇家亦勿論已。而猶大所殺傷者大過當。至今立記念日相慶。所謂漂林節是已。)

然有一物焉。可用之以與其君命相抗。則宗教是已。以王之命。使之棄其親可也。使之殺其親可也。然且以為大義。獨至使之飲酒。則以宗教之約而不行。蓋宗教之約天條也。雖王者為其所約束。而父子之親。人倫也。王者非人也。故人倫之說。有所不必行。(自注。見沙丹約翰史。)

復案。於此可見宗教當古昔盛時。其所以救政治之酷烈。為不少矣。

至於有道之君主。其臨御之精神以榮寵。榮寵以名位。名位以禮。禮行。而君上之威有限域矣。彼之所持以畜其君者。非教約也。使其持之。且以為笑。故立憲之國。臣子所以蓄其君者以禮。而即是以為其服從之限域。雖然。禮者因時而可以人意為損益者也。代有因革。故其御物也。不若道德之有恆。

復案。吾讀此篇。然後恍然於老子道德仁義禮刑遞降為治之說。而儒者以禮為經世之綱維。亦此意也。孔子曰。君使臣以禮。又曰禮讓為國。蓋君主之制。極之由禮而止。蔑以加矣。而君主之國。其民所以無自繇者。亦以此已。

雖然。是二制之君主。其下所為服從。即有本於禮刑之異。而出力之原。則一而已。若橋衡然。一為其君之所居。則此俯而彼仰。俯為仰主。重為輕君。其不得不服從者勢也。然則其異又安在乎。曰、有道之君主。有為之保傅。其臣下多才。其於國政也達。以比專制之臣。過之遠矣。

第十一節　總論前篇

所謂三制精神具如此。非曰民主之制必道德。君主之制必以禮。而專制之國必以刑也。雖然。真民主者必尚德。真君主者必崇禮。真專制者必重刑。脫不盡然。其治制為不純。而非吾說之有失也。

復案。孟氏此書於治制。所謂提絜之論是已。提絜之論。故其所指者。皆物之原行。而不及其雜質。雖然。世間之物。原行少而雜質多。歷史五洲之治制。大抵皆其雜者。而所雜三制之多寡。則天時人事為之。不可執一以為論也。必指某之治為民主。某之治為專制。則未有不謬且誤者。且制亦在所宜而已。若此書所言之專制。可謂治之至為狹隘酷烈者矣。顧使民風甚敝之時。而得亶聰明首出庶物者為之主。將見大為斯人之幸福。而為民主所必不可及者可也。是故其制之所以危者。亦以遇合之難。非其物之必不可用也。是二者皆學者之所宜明者也。

第四章　論教育宜與治制之精神相表裏

第一節　教育之制

吾人所受範於外物。最初者其惟教育乎。且教育者。教之育之。將以入群也。是故私家之所為。必受成於其國。國者積家而為之。使其國有所謂精神者。則其散之私家。亦必有其精神也。是故教育之制。國以不同。隨其治制。其在君主。將使之知求榮。其在民主。將使之知尚德。其在專制。將使之知畏威。

第二節　君主治制之教育

君主之民。其最重之教育。非行之於學校庠序者也。自其交於國人。而教育之事乃始。蓋必交於國人。而後所謂榮寵者見。榮寵者。國民之導師也。隨其人之所居。皆以是為之趨向。

有格言三。為國人所時時稱道者。曰心德期於崇高也。行己為其真率也。接物有其禮文也。

然而心德。其所教者。本於尊己之意多。而本於及人之意寡。非導之使親於其群也。乃修之以自別於庸眾。

其論德行也。不課其隱微。而貴其諠赫。不嚴其公私。而重其俊偉。常歆其奇瑰。而不道其中庸。

使吾有加人之尊行。而為國人所表彰也。則為理官之所見許者也。為辯士之所曲恕者也。

復案。此節及下數節。原文皆有晦澀處。姑順其文譯之。

輕婧而嫖姚。男女燕私。與軍旅好勝之容也。是故他俗諱之。而君主之國則不忌。求言行端謹如民主者。不可得已。

使所圖者遠。所全者大。雖由其譎道。用其險機。所不訾也。政黨外交。陰謀祕計。時時有之。而其俗不以為罪也。

若夫諂瀆。愈不禁已。然使所圖者非其大利。而自居者在於下流。則亦所惡也。

夫君主國人之心德。所可論者既如此矣。乃若其民之言行。固尚其真率坦蕩者也。顧真率坦蕩必以誠。君主之教育。果以求誠乎。殆不然矣。彼之為誠也。特以謂開口見心。不隱情愫。有邁往之氣。磊落之風而已。若是之民。其所重者恆存乎名實。而受之以何道。則未暇詳也。

是故尚真率矣。而如彼之真率彌足貴。斯平民之真率彌足羞。平民者。真率而外。別無餘物者也。

終之君主教育之所重。尤在乎接物之禮文。人、群蟲也。必群而後能樂者也。使有人焉取雍容之禮法而蔑之。則所與接者。必訝其麤鄙而薄其為人。雖欲有為。何可得乎。

雖然。自其大較而言之。則習為禮文者。其用心不如是之精白也。彼之習為禮文者。欲自見耳。折矩旋規。槃辟都雅。則觀者曰。是出於鐘鼎簪紱之家。而非生於蓬戶席門者所可貌似也。則沾沾然自喜之心著矣。彼所以使之好禮而善為容者。亦本於驕矜之一念也。

不寧惟是。今夫善趨蹌美音制者。宮廷之產物也。高高在上者一人。斯其下皆蟣蝨已。惟其皆蟣蝨。是以相人偶。是故禮容之事。不徒受者欣也。而施者亦以之自憙。其操之至熟。所以見其人之必近君。即不然。亦雖遠而宜使近者耳。

朝人（人主之左右侍從通曰朝人）之風氣。在視無實之巍巍。如有實者。（如天子雖愚必稱堯舜。朝廷雖小必曰帝天。乃至相謂必以尊稱。卑官為之顯號。皆此風之行也。）夫無實。非彼之所惡也。其喜之也。過有實者。貌為卑牧。而鄙夷之意。得隱寓於其中。彼愈無實。此乃益驕。其驕矜之意。常與其去實之程度為乘除。而不自覺也。

陳設翫好衣食居處之事。宮廷之選擇必精。其神味必輕倩而嫌醲拙。蓋奉生行樂。饒衍饜飫。消為醲拙。則不可耐。其取精宏。其涉想紛。此其所以易勌厭也。勌厭故多棄擇。

右之所言。皆陶鑄貴人之教育也。貴人者何。性情德行。與君主治制相須而宜者也。

總之。君主之國。其風俗之成。無往而非為榮寵。入於瘖寐思想之微。凡以鼓舞其精神者。皆此一物而已。

夫其俗既以無實之榮寵為精神。故其論道德也。亦無定程。而但視其時之所尚。高下從心。制為法令。以使民從。其於民義也。或縱之。或謹之。所以為宗教。所以為治道。所以為德行。皆如是而已矣。

雖然、有一義焉。為君主所最重。而必漸摩其民於至深者。張皇之以法典、可也。緣飾之以宗教、可也。誘進之以爵位、可也。皆使其民知尊君死長。為唯一無二之義務而已。是故君主者。托於禮教名義。以扶植其獨伸之柄者也。第既以禮教名義率其下矣。則無禮不義之事。必不可以求諸其下也。使其求之。是自壞其綱維。而下且無以事其上也。故往者吾法有古喜恩者。王使之刺公爵吉思。古喜恩不奉詔。而自請與約鬬焉。（蓋西俗以約鬬相死為義。而行刺之行為不武。禮之所禁者。於榮寵為反對也。）又巴拓洛苗之變。法王察理第九、詔州郡盡殺許高奴（誓反新教徒號。）當是時。多爾特子爵。持節督貝潤納部。上書曰。臣所部州民及陛下軍。皆無能為陛下辦此事者。以其民皆不欺而好義。其兵皆果敢而武威。臣今率所部兵民。合辭願陛下收回成命。其有可行之事。臣與兵民。斷不敢為陛下惜死云云。壯哉多爾特。其靈魂高尚而慷慨。直以此苟賤不武之行。為非人之所為也。

國俗既以榮寵相高。則舊家門子。常樂從戎。以此為事君之貴職。且以此為貴族專門之業者。無足訝也。蓋軍旅之事。功績最高。其冒鋒鏑。犯死亡。勝固榮矣。即敗有不可以為辱者。此真貴人豪士之通塗也。而究其所為。亦為榮寵而已矣。雖然。既為榮矣。則其人進退之際。不可以自汙。脫有蹉跌。退焉可也。

然則君主之國。仕與隱必聽其人之自繇者禮也。夫如是之自繇。雖千駟萬鍾不可與易矣。

是故君主之國。有三箴焉。教育者之所重也。其一曰。知有富貴之價值。不知有性命之價值。

其次曰。視富貴之奉。若固有之。慎勿妄自菲薄。而以為非所克堪。

其三曰。寧犯國律。毋傷榮寵。榮寵之所禁。雖國律之所不禁。相與厲其禁也愈嚴。（自注。所列三箴。祇載其所用。而非載其所當用者。夫榮寵非有物也。特人人之所心成者耳。宗教大行。或變其俗。）

復案。所謂寧犯國律。毋傷榮寵。至今西俗尚有然者。試為舉譬。假如甲乙兩貴人為博。甲勝而乙負。乙雖弗償。甲不得訟而索之也。博進、非國律之所問也。故曰榮寵之債。然乙之償此。亟於可訟之債矣。又假甲乙違言。而約鬬相死。立儐介。置期會。使及期而其一不來。法不之責也。豈惟不之責。實且禁其相死。而與於其事者為有刑。雖然。及期必至。無逃免者。何則、寧犯國法。不傷榮寵故也。

又案。美矣。孟德斯鳩之論君主教育也。使學者於此而有悟。則於西俗之本原。無難知其故矣。蓋嘗論之。君主之為治。西之與東。同焉者也。顧其異者。東之君主以儒。西之君主以俠。以儒。故秩序之等明。以俠。故廉恥之風競。而其終也。國俗之剛柔判矣。孟原文造意至深。往往猝讀不知何語。必反覆玩味而後得之。即不佞斯譯。亦不敢謂盡知其意也。乃觀近人所譯。如萬法精理等編。大抵不知而作。羼以己意。誤己誤人。於斯為極。原文具在。來者難誣。即令譯者他日反觀。而不面赤汗下者。未之有也。

第三節　專制君主之教育

君主之教育。猶足進人心於高明也。乃若專制則相與趨於卑陋而已。蓋其為教也。勗人人以屈伏。屈伏。不僅其下然也。即上者亦以是為心德。未有專制之君而非奴隸者矣。

至順者。其愚昧之徵乎。不獨奉令承教者然也。其發號施令者。亦如此耳。無所擬議。無所疑殆。無所尋繹。曰吾欲云云足已。（德調賓曰。孟德斯鳩所謂至順者。猶盲從也。）

專制之民。家自為政而不相謀者也。顧教育之道。則基於合群。專制無群。故專制無教育也。即有之。不過使民知畏而已。餘則使誦宗教戒律之寥寥。為服膺而已。蓋學術本其上之所毒也。而為學不能無競爭。競爭又危道也。若夫德育之事。則雅理斯多德嘗言之矣。奴隸無所謂德也。（或問此何謂耶。曰有德必先有志。志、自主之心能也。怒無志。故無德。）由此言之。專制之治。雖有教育。亦至隘已。

是故專制之民。本無所事於教育也。將成其一德。則盡其一切德而褫之。彼將使之為奴才也。必先使之終於為愚民。

且專制何取於敝精傷財。而被其民以教育乎。將欲使之為疏通知遠者乎。是覺悟之。使盡然痛其所居之桎梏也。將欲使之知愛國乎。則彼之所圖。將莫亟於求去其君之壓力也。使民為是而不得。然則其身亡也。使民為是而得。然則其身其國與其君。皆將措諸至危之地也。專制誠何所利而教其民乎。

復案。吾譯是書。至於此節。未嘗不流涕也。嗚呼、孟氏之言。豈不痛哉。夫一國之制。其公且善。不可以為一人之功。故其惡且虐也。亦不可以為一人之罪。雖有桀紂。彼亦承其制之末流。以行其暴。顧與其國上下。同遊天演之中。所不克以自拔者。則一而已矣。賢者覩其危亡。思有以變之。則彼為上者之難。與在下者之難。又不能以寸也。必有至聖之德。輔之以高世之才。因緣際會。幸乃有成。不然。且無所為而可矣。吾觀孟氏此書。不獨可以警專制之君也。亦有以戒霸朝之民。嗚呼。法固不可以不變。而變法豈易言哉。豈易言哉。

第四節　古今教育之異效

古人之所居。大抵皆尚德之政府。方其盛也。人民所為。皆今日所不概見者。而今人以識量之卑狹。往往遂詫以為奇。

且古之教育。尚有勝於今者焉。則一受其陶成。終其身無有與相反者。使之化其故以從其新也。額巴米囊達之將死也。其視聽言動之則。與在勝衣就傅之年。匪有異也。

乃今之教育。又何如乎。言吾人一身之所受。大抵有三變焉。而皆若不相謀者。所受於親者也。所受於師者也。所受於國人者也。使其新者是。則其舊者非矣。使其後者庸。則其前者廢矣。而其中之牴牾。所由於宗教之旨。與身世之閱歷者為多。而古人無此事也。

復案。此節之言。與斯賓塞群學肄言學詖篇。可資相發。而達泠白曰。孟之意蓋謂景教禁仇暴而獎仁慈矣。而各國之所實施。又若欲從其教而不可者。此其多所牴牾者也。雖然。景之道。未嘗使雄者雌而勇者怯也。每見信教最篤之人。其於國也常最忠。於戰陳也常最勇。是可以知其教之精神矣。

第五節　民主治制之教育

然則有事於教育。而待教育最亟者。其惟民主乎。何則。專制以怖畏為精神者也。怖畏之生。取之以刑威焉足矣。君主以榮寵為精神者也。榮寵。好勝而貪者之所尚也。好勝而貪。固不俟學。獨至民主。其精神為道德。道德。克己之業也。克己之業。常勞苦而困難。使非教育。疇能至之。

復案。此仁義桮棬之說也。率天下而禍道德者。必孟德斯鳩之言歟。故往者達泠白嘗駁其說矣。其言曰。孟氏所謂民主之道德者。質而言之。愛國而已。愛國固有事於克己。然而是克己者。非必於己有所失也。方其一國之氣。烝為太和。起視所居。有泰山之安。其民有熙皡之樂。有以自奮則神怡。無所屈伏則氣王。學術日富。則樂方愈多。商旅棣通。則珍奇日至。身為自繇最貴之民。故其身與子孫。常若有無窮之希望焉。他若宗教之清真。美術之微眇。其樂尤非不自繇之民所能夢見者矣。是惟人人愛國而後有此。此曷嘗勞苦而困難也哉。雖然。言各有攸當耳。彼孟氏之言。亦自有其不可廢者。

夫民主之道德非他。守法而已。愛國而已。守法而愛國者。不以己之私利。先其國之公益也。不以私害公。道德之真。正如此耳。

樂守法而愛國家。如是之情。民主之民之所獨也。蓋惟民主之民。而後法為其所自為。而國家為其所公有也。夫必寶愛其物。而後其物可長有者。國家豈異於他物也哉。

有君主之帝王。而不愛其朝廷者乎。有專制之人主。而惡其莫予違之權勢者乎。

是故眾治之國。必使其民知愛國者。愛國萬事之原也。動之以愛國之誠者。教育之本務也。然而其所以教育其子弟者。有必驗之術焉。則為父母者。必以身作則焉而已矣。吾有意想。而達之於吾子弟。人所大抵能也。吾有感情。而通之於吾子弟。人所尤能者也。設有不能。其故無他。彼之所受於家者。為外物所移奪故耳。然則無曰風俗之陵遲。後進之不肖也。必長者之先腐敗。而後其少年從之。未有典型尚存。而小子先從於惡也。

第六節　希臘學制

古者希臘之民。知欲用公治之制。民必不可以無德也。則為一切之法。以漸摩浸漬之。使民有以持其制於不墮。自後人觀之。有甚可異者。夫亦各適其治而已。來格穀士者。希臘賴思第猛立法之人也。（案斯巴達古名賴思第猛。）乃今讀其傳記。雖所載者一皆事實。然以詭異之故。一若讀舍華浪卑之歷史。（案舍華浪卑。法人達賴所著。寓言乘槎遍歷異化者。）蓋斯巴達古制。即因革雷特之所用而損益之。而他日柏拉圖又脩明之。以為主客論之公治篇也。

雖然。吾黨勿獨異之而已。則試思彼立法持世之人。必具何等之才識。始能如彼之遠矚高瞻。獨運陶鈞之上。損除舊染。正譎並施。於以成一國之規。使千秋萬世。咸震於其所為如此也。蓋來格穀士之法。能使民雖為盜賊。而不可以為無良。雖日勞於胥靡之刑。而不可以為刼制。極剛戾忍詢之情矣。而又有禮讓優柔之實。此其所以奠國基而保彈丸之國者也。方來格穀士之行法也。若取民所愛戀者。一切而棄之。若技巧之可欣。若貿易之致富。既禁絕矣。甚而至於三品之圜法。亦以為誨盜滋姦而不用。百雉之堅城。亦以為示弱不武而墮之。國之人民。未嘗無歆羨之情也。然不以是而縈情於富厚。未嘗無骨肉親親之愛也。而父子兄弟夫婦。乃盡絕其牽戀之私。所尤可異者。其法之於女子也。既取其掩抑葳蕤謹嚴羞惡之意。凡所謂婦容女德者而盡去之矣。而又不可以為非貞潔而遂即於淫也。凡來格穀士所以使斯巴達強立張皇者具如此。彼意有所祈。則為之制禮焉。為之立法焉。洎乎禮用法行。斯所祈者無不至。且其入於民心也至深。雖越數百年。有國焉能以兵力勝斯巴達矣。獨不能取其法而變之。亦則雖勝猶未勝耳。（自注。斐洛皮芒所以必變斯巴達教育子弟之法者。亦知不變則無以去其豪邁俠烈之風氣也。事見布魯達齊古豪言行錄。）

復案。來格穀士生周秦間。殆與吾國之申商韓李同一期人也。為斯巴達王弟。讓國於遺腹兄子。南奔革雷特。見其禮俗法制。意大善之。未即歸。已而遊安息之愛阿尼。察其治俗。道埃及。得其兵制。以來格穀士之賢也。王與國民爭迎歸之。使為國相。至則大變舊法。生聚教訓。一主於強兵。略言所為。則立二十八人之泌涅特。以主國議也。平分一國土田。使一夫所受。不得過七十石也。以財為啟爭之媒。則收三品之幣。而用鐵錢也。以奇技淫巧為耗民之力。則禁之而罷通商也。制公餔之禮。使一國男子。必相呼會食也。而尤重者。則在教育。其一國之子弟。使必任執兵以捍國土。欲為之必得其效。故謹之於有生之初。而男女嫁娶之禮。乃著令矣。歲以時為令節。令及笄未嫁者。相聚廣場。裸而舞歌。其所歌。大抵稱揚男子臨陳之勇烈者。而揶揄其敗怯者。王與國之長年。臨相其禮。令男子縱觀之。至於擇對。則必取其壯偉。生子則必驗其強弱。強者舉之。弱者不舉也。男子八歲以上。率之以差長之少年。群趨演場。以兵為戲。教以服從之義。金鼓之容。又欲其習智計也。故使必竊而後得食。乃至樵蘇。莫不如此。窮而不善。被發覺者。雖大創之無怨也。其女子亦習勞苦。以致壯強。女雖有夫。見健男則求與臥。曰為國乞種。男遇頎婦。則請諸其夫。曰為種擇田。兩無忤也。蓋來格穀士常曰。人於犬馬。尚知求善種而畜之。獨至於身不然。是不謂之貴畜賤人得乎。一國之民皆兵也。其次則有農工。惟商賈求財。斯為污處。名曰賤業。其平居。習質确勞苦。獨至於戰。法得美衣豐食。厭飫優游。故其民以戰為餔。相與樂之。雖然。其法誠屢侵人國。曰、恐所侵者將從此而習戰事也。又禁其民出游外國。交通外人。曰、恐忘國習。而歸亂法也。來格穀士之法既行。知其國之不可敗也。則告其王與民曰。吾將禱於德爾毗之明神亞波樂。必若為吾誓。方吾未歸。勿亂吾法而後可。王與其眾交為誓。來格穀士既禱於德爾毗。乃不食死。遺命焚其屍颺之於海也。

論曰。此越句踐之故智。而蠡種二大夫之所已行者歟。夫以蕞爾國介於異種群雄之間。其勢莫亟於求存。故其所為。往往而合。秦用商君。卒并天下。六合之內。莫與爭存。其所亟者。世守私權而已。故務弱其民。男秉義程。女守潔清。而寄猳逃嫁。皆大罪矣。嗚呼。立法者方相時之宜為操縱。而或以是為地維天柱之不可以搖。何見之囿也。歐亞百年之間。法家並出。隨其所遇。為術不同。天之生才。若相應者。斯已奇爾。

革雷特與拉恭尼。皆以來格穀士之法為憲法者。試觀馬基頓鞭笞四鄰。而斯巴達之折入最後。羅馬薦食亞歐。而革雷特為降國之殿。（自注。革雷特以彈丸小島。被兵三年。能守國憲不墮。稱自主。李費史謂其民之拒羅馬。雖大國名王輸其勇也。）閃匿提用來格穀士法以教其民。終之羅馬雖強。經二十四勝而後克服之。強立之效。可以覩矣。

自茲以降。至於近古。文勝質微。無足道已。然而希臘奇正相參之法制。其流風遺俗。猶可見於粃糠塵腐之中。近今百年。歐美之間。有賢人起。章志貞教。亦以法造獨異之國民。其俗之知方。無殊斯巴達民之有勇。則彭維廉氏其人也。即謂今之彭維廉。無異於古之來格穀士。蔑不可已。彭所以開一世之太平。來所以圖一國之強立。是誠有異。顧皆以制擾民。使矯然立於自治人民之上。破除舊染。而咸與維新。屈抑情私。而急圖公益。則二賢之能事。吾不知其孰甲乙者矣。

復案。彭維廉者。英之白爾克思人也。生於千六百四十四年。父為海軍提督。早歲受學於鄂斯福。為宗教戰栗黨人。是時國人方創同仁會。維廉身為領袖。宣道宗法。與政府忤。乃適美洲。建費拉府。與墨人立條約。主客二種。遂相安也。

歷史中以法導民。前二事而外。則見於巴拉奎者。又可言也。（巴拉奎南美洲民主。居巴支之南。阿占逢之北。於千五百三十六年為斯巴尼亞人所得。已而耶穌會教士主其地也。）葉殊奕教會人治其地。為立法布憲。乃世人為娟嫉之言曰。彼教中人。所最娛者。身為民上。而總一切之權。雖然。此非平心之論也。夫為政而心乎民。知一切禮刑。所以求下民之福祉者。皆大人不朽之業矣。其為術也。將使下國之民。知宣教行仁。不為兩事。是則教會之所為而已。往者斯巴尼亞之蹂躪是邦。可謂絕於人理矣。乃教會撫循而噢咻之。棄寇讎而得石交。此無異取前人所淫夷之瘢者。而敷之以膏釁也。所造固不大耶。

當此之時。巴拉奎視葉殊奕教會人。亦至微讓耳。而葉殊奕教會人。亦自有其所必爭之勳績。爭勳績。篤宗教。此兩者合。故自任以事業之重如彼。而其為之也。亦卒有其成功。夫取猺獠於森林深箐之中。使免於阻飢。而有以蔽其袒裸。是其功亦足載已。向使由是而益進焉。為人類更廣所居之業。千秋嘉譽。非幸而致也。

繼自今。其有人焉用若前之法制者乎。則所以體國道民者。必若柏拉圖所著於公治篇者而後可。蓋其民必具服教畏神之意也。必屏異俗。以無使其德之或漓也。必廣其懋遷。然必公為之。而不可以私服也。可以畀其民以巧。而勿畀其民以淫。可以修其所可願。而必勿張其嗜欲。

又必若古之人然。禁泉幣之為用也。蓋泉幣之果。徒使封殖日深。過於天設之分限。日積而多。於國無用。徒使民嗜欲日滋。夫天之所以予人者。本至儉質也。民之為性。本寧靜而澹泊。乃今必化之以為文奢。則無怪嗜欲之炎。而人類始相賊矣。

復案。孟氏此言。置之老莊中。殆不可辨。然則孟氏主社會主義者耶。抑亦知其難行。姑為行古之制者。言其必如是耶。是不可得而知矣。

古之額比但奴（今名杜拉咀。在土耳其之歐部中。）民。覺與蠻夷居。則其德日益下。乃設之有司。使判質劑為貿易。以代民與相接焉。由此言之。則通商固不必害於政體。而政府亦不必取通商而禁之矣。

復案。或曰。雖然。如孟之言。則無所競。無所競。無通商矣。

第七節　若前之制度以何國家而後可用

若前節來格穀士等所布立之制度。必在民主而後須之。蓋民主固以道德為精神者也。若夫君主以榮寵馭其下民。專制以刑威刦其愚賤。則無取於為是之煩擾也。

其次。其法必國小者而後可行。蓋國小而後耳目可以周。有以責溥通之教育。上之教誨其民。無異一家之子弟。

若古之邁訥斯（革雷特立法之王。相傳其死為下界冥王。）來格穀士。柏拉圖。其所立法制。使其果行。必一國之民。視人事若己事。而互相稽察而後可。若遇廣土眾民。機繁而緒眾。雖欲如是。不可得爾。

夫前不云乎。行如是之法者。泉幣之用。在所必廢。顧使所治者為上國大群。以其民之繁。其事之廣。其機之逼迫。其效果之重繁也。皆非無財所可取具。又況交易之棣通。物產之相較。皆有待於公量。(案孟氏所謂公量。即計家所謂易中。)為上者。將欲植立推廣其權力。又必具所以代表權力之資。其物為人類所同認者。不然。不可用也。

第八節　古人以樂輔治之說

波里彪者(此言多生。希臘史家。西漢時人。見俘於羅馬。)古之信史也。嘗謂欲進雅開田(波里彪所產部)之民於禮讓雍容。而去其鷙陵之氣者。不可不資樂。雅開田之於希臘。固寒慘之區也。又謂凱聶特(亦希臘之一部)以不用樂導民之故。遂使其俗為全希之最獷者。其豪侈淫縱。為國中他邑之所無。柏拉圖之論公治也。且曰、國未有其樂已更。而政不變者。至其傳衣弟子雅理斯多德之著治制論也。於其師說。十八九皆不合。獨至言樂之為用。足以移風易俗。則二人若合符節焉。他若德倭化斯拓。(雅理斯多德高足弟子。生於漢初。著本草九書。)布魯達奇諸哲。精思熟議。所論皆同。亦謂樂者治道所必資。著之令甲。見諸施行者也。

復案。中國謂三代唐虞之治。必遠過秦以來。此其說誠有不可盡信者。

顧以一二事之確證。知古人之說。不可誣也。則有如吾古人之重樂。試取樂記諸書讀之。其造論之精深。科學之高邃。不獨非未化者之所能窺。而其學識方術。亦實非秦以後人之所能跂。此節言樂。吾見往古二洲聖人之合轍也。

夫古人言樂之重如此。其立法之不謀而合又如此。此其故必有可言者矣。不佞則以謂希臘古以市府合邦。凡牟利營財之術業。皆以為非自繇之民之所尚而禁之。其以武節立國者。此風尤甚也。故芝諾芬之言曰。百工之業。能使執之者筋緩而體駑。夏則必息於陰。冬則必熅於火。晝夜汲汲。無一頃之間。親故之私覿。軍國之公會。皆所未暇。是故以自繇之民。而淪於匠作者。古皆見於民主衰壞之時。不然、無此事也。雅理斯多德治制論曰。凡民主之市府。使其中政教修明。則執技售業之氓。必不得與自繇之齊民齒也。（治制論又曰。狄阿芳特法。凡雅典之工師。皆國民之奴隸。）

復案。持此以與社會通詮所言宗法社會之制對觀。則東西二治之發源。其大略可以見。民主之市府。以百工為之奴隸。宗法之社會。以百工為在官。由此而演。故後世雖民主之總統。亦為公僕。而泰東之官吏。猶曰臣工也。

乃至耕農之業。亦奴隸之所操也。往往以其所戰勝俘虜之民為之。此如賴思第猛之有希洛氏。革雷特之有辟里鮮。德沙利之有比尼斯特。大抵皆民主之軍之所係累者矣。（自注。柏拉圖雅理斯多德論法。皆立田奴之制。夫田固不必皆奴耕。且雅理斯多德亦謂齊民自耕。為公治之最善。然希臘古無此制。以皆賢政貴族之治。必其治既散。降為民主。乃成齊民自耕之俗也。）

總之。一切卑污貨殖之事。皆希民之所羞。彼謂執此。則必伺候於豪家之奴隸。與夫羈旅異族之人。此意與希民所謂自繇之義。若不並立者。故柏拉圖之法曰。有自降於賈人之污處者。國之人得共罰之。

由此則希臘公治之執政。有其難為者矣。農工商三者之業。既皆以為污辱而害治。不許其國民親執之矣。然又責其民之習勞。而不得自暇逸。夫如是。其所得為。必盡於練身習戰二者。而其餘則皆法之所不許者也。是以希臘者。擲鬪佽飛之社會也。今夫樂鬪爭者其氣必驁。習擊刺者其志必慘。是非有以柔其氣而善其志焉不可也。（雅理斯多德治制論言。斯巴達民以幼稚習武之故。常粗獷暴慢而難馴。）由音聲之道。欲以馴伏其心。此樂之所以有取耳。蓋武健之習。為之而過則暴。文思之業。治之而篤則偷。斟酌二者之間。而有以通其郵者。其惟樂乎。顧或曰樂之感人深。有進德之效。此吾所不知。特用以救武治文勝之末流。使心神之間。有以得教育之和節。則誠非外樂而可求也。

今設有民。其俗好獵。而以是為唯一之業焉。斯其風氣悍勁。殆無可就。然又使藹然有好樂之風。則其俗必殊於初。又可決也。故希臘習其民以武事。其所得於民者。盡於一類之感情。曰猛毅兇虐而已。乃至於樂。非無發揚蹈厲之感情也。而悱惻慈良。與之俱至。君等疑樂之神乎。則試觀今日言德育者。其論俳優戲劇之害於人心。可謂切至。此德育之反也。然善推理者。就所言而觀之。則知樂之移人至矣。

然使社會之所謂樂者。不逾笳鼓之嗷噪。則彼所以為移風易俗之具者。將無較既精之樂。六音調八音奏者。滋為難乎。是知古人求柔民之效。有不盡假於樂者。又有以也。

或曰。物之悅心而移情者。不僅一樂也。何吾子唯樂之為稱。曰、凡悅心而移情者。必假道於官竅。假其官竅。常恐傷其神明。夫悅心移情。假官竅而無傷其神明者。惟樂能之。故足尚也。且子不聞布魯達奇之言乎。羝卑之國。欲其民之柔良也。求他術不得。則著於法令。使民得恣用其一情。而不知其所用之一情。乃他國之所禁。而吾黨至今讀布魯氏之書。所猶為面赤者也。

第五章　論為國立法必與其治制之精神相得

第一節　本章大義

上章所論。乃謂國之學制。必與其治制之精神相得而後行。乃今所論。則謂一切制度。理亦同此。蓋制度必與其精神相得。而後國之基扃愈牢。而精神亦以制度為之張皇。而後其民之宗旨乃愈定也。是猶力學中所言往復之理。甲力之施於乙者為幾許。乙力之報於甲者亦幾許。宇宙之力。無往不復久矣。

此章所尋繹而微論者。即此精神制度相關之理。始以公治。終於專制。夫公治固以道德為精神者也。

第二節　何者為國家公德

公治所需之道德。乃極易簡之物。非奧衍難言者也。一言蔽之。相與寶愛其公治之國家而已。故其公德。本於吾心之感情。非學而後得之。惟其為感情。故其德為貴賤智愚之所同有。且愚賤之情。常顓而篤。每見常民。守一嘉言彝訓。其持循純固。實勝於學士文人者。即由此理。風俗之澡散。與愚賤無訧。何則。事非始彼也。且愚賤者。以其心不明於其理之所以然。因而守其法制舊俗之所當然者轉固。則誠有之矣。

民以愛國而其德以淳。又以德淳而其愛彌摯。德不淳者。私欲害之也。私欲之地不自縱。則其所縱在公德矣。不觀教會之僧侶乎。以何因緣。而篤其宗門如彼。其所由然。以戒律精嚴。若不可勝故。戒律既取一切嗜慾情感而絕之矣。其所餘而使彼趨之如嗜慾。發之若情感者。乃僅在其所以防己者。故戒律益嚴。私欲愈屈。其用情於所餘之一事。亦愈深也。

復案。此心靈學之理也。而孟言之若稍晦已。人心之情。必有所用。方無所禁。以散用而不專。及有所禁。以獨用而見摯。所用者雖有公私淑慝之殊。其出於心。皆情而已。愛國之民。自國之餘。利祿榮寵。若無所愛。餘無所愛。故其於國也益專。

第三節　何者為民主之愛國

民主之愛國。以其平等而後有愛者也。

民主之愛國。又以其儉約而後有愛者也。蓋其民既平等矣。則所享之幸福宜同。所得之利益宜同。由是所尋之歡樂。所懷之希望。罔不同者。

使不由於至儉之途。是固不可得。明矣。

以其民之各愛其平等也。是故雖有雄心。不可以逞。而皆束之於一途。而以是為可欲可樂。是何耶。求利國家。痡於同國也。夫民固不必於國皆有功。而其願樂於事國。則一而已。民若從其有生即有大負於其國。而永永未嘗釋負然者。

民主者。從其平等而生別異。其為別異。以其人有大功故。以其人有殊能故。必殊能大功。而後生別異者。乃真平等也。

所謂以儉約為愛國者。蓋惟儉約。而後有以制其貪多務得之情。為私家求其所需。裁足斯可矣。為公國致其所饒。有餘則同享之矣。封殖無所用也。蓋封殖將與之以不可施之權力。施則平等之勢傾矣。又封殖將與之以不宜享之佚樂。享則平等之義亡矣。

故至治之民主。民各以私家之約。而致公國之饒。若古之羅馬雅典。入其都。富麗而崇閎。流溢而有餘者。皆其民之所積累者也。宗教言凡祭天神。必用精絜無點之供。而民主之法亦言。凡欲供其國家。亦必用制節謹度之所餘也。

國所以為人人之知識與福祉者。視其民之才力恆產經數何如。蓋民主者。其法以經數常格。律通國之民者也。故使主公治者為賢智之民乎。將所立者皆賢智之法矣。又使主公治者為悅豫之民乎。將其國之悅豫尤無極也。

第四節　欲民愛平等而崇儉約必遵何術而後得之

凡社會。其立法以平等儉約為宗旨者。其民之愛平等。崇儉約。即以平等儉約。可愛宜崇之故。無他為也。

其在君主之國。乃至君主而專制。國中無民求為平等者。人人皆欲上人。平等之意。未嘗一慨於其心也。雖極卑賤。亦欲得出一頭地。出一頭地者。不徒榮顯云也。實欲陵駕其等夷者耳。

所謂儉約之德亦然。夫曰好尚儉約者。必躬行而心樂之而後可。是非饜飫佚樂者之所能也。夫使其事本性生而盡人能然。則向之雅爾西比亞。不足專美而見稱矣。亦非有忮求之心者之所能也。彼之心目中。徒有富人。與乎貪財無厭與彼類者。則即其所為而惡之。至於貪夫之所為。彼固未嘗有愛。亦未嘗有知也。

復案。此段原文。最為晦滯難解。姑如其文翻之如此。俟得作者真旨所存。當再改竄也。

是故公治之國。欲其民必愛平等而崇儉約者。必先端其本於法中。常以是為宗旨而後可。

第五節　民之治制其立平等之基何如

古之法家。若來格穀士。若羅妙魯。皆有均田之制。夫均田以正經界。非盡國可為者也。有之必在新立公治之國。抑其國本公治之舊。中經侮奪。經界蕩然。已而人心思治。貧者起而責索。富者願棄其有餘。以為救傾之計。夫而後有此政耳。

且田不可徒均也。必有法焉為之輔。使其無法。則其制將朝為之而夕已移。曲防而事制。有一隙焉。不為彌縫。將并兼不平之弊。從之而入。入則經界制壞。所謂民主公治者。不可以終日矣。

由是嫁女之奩資。親朋之劄畀。子孫之承業。奴僕之錫予。與乎一切契約質劑之所為。皆不可不為之定制。夫而後均田口分之實。得相引而長也。不然。土田授受之際。任民自為。將其制之亂可立俟也。

彼雅典唆倫之所為。可謂背其古制。且自亂其例者矣。蓋唆倫嘗令民無子者。得畀其田於所愛之任何人也。其背古制者。以制明言田不得去其宗也。其自亂其例者。以唆倫嘗令民焚券捐逋。以求平等也。

法禁一夫不得承兩田之業。此民主最合之制也。（雅理斯多德治制論言。歌林特之斐羅拉立法於雅典。國中土田之數與傳業之數永遠齊均也。）此其制即緣均田而後有作。蓋田疇既均之後。一夫法不得受兩田也。

以女子傳業者。則必嫁其家最近之男。其法之立。蓋亦由此。古猶太均田而後。亦循此制。柏拉圖公治篇。其制亦以均田為治始。故亦立此法。其後雅典循而用之。

雅典尚有一法。其意後人未盡喻之。如法云。異母兄弟。得為嫁娶。同母兄弟。不得為嫁娶。（自注云。此法沿於最古。故亞伯拉罕謂沙拉曰。彼固吾妹。然乃吾父之女。非吾母之女也云云。此法他國亦有行者。）此俗蓋由民主之國。以平等為之基。一夫既不得受二田。一子自不得承二業。娶異母之兄弟者。以其一父。故不得承兩田。娶同母之兄弟者。使女父無男子。則其家將承兩田也。

懷路曰。雅典之法。同父異母。許為婚嫁。其同母異父者不許。而賴思第猛（即斯巴達。萬法精理作馬基等大誤。）之法則反是。許同母者而禁同父者。此其言不必誤也。吾讀斯托拉保書。其中言凡女子適其兄弟者。則分男之半產為奩資。此法乃以救前法之窮。顯然可見。蓋欲女家之產。不至悉歸諸男。故取其兄弟之半。以與女為奩資也。

塞揑加以司拉那之娶其同產也。曰雅典此事。須特許而後可為。至於亞歷山地利。則國俗矣。蓋君主之國。於均產一事。固非所措意者耳。

民主欲守均田之制。令民有數子者。則擇其一承業為冡子。而令餘子出贅。為他人父。如此。故國中夫田之數。二者常均。此固當時良法也。

嘉錫棟之法麗亞以所居之國。民產業至不平。乃欲創新法以平之。其法使富人嫁女則出貲。貧人嫁女則受之。富者無所取。貧者無所與。以是為之挹注。雖然。吾未聞古民主有果行是法者。果其行之。其民必怨。蓋其法之苛細雖所期在平等。而民之惡之。以為轉不如其不平也。夫立法皆有所祈。而有時於其所祈者。不可以徑遂如此。

今夫真平等者。民主之靈魂也。然而極難致。必精密以求之。其於治不皆便也。是故求其可稽足矣。蓋可稽。斯民產之相去也有定程。而不可以大過。而後為特別之法焉。為之斟酌挹注。使自趨於平可也。有如富者重其職任。貧者輕其力役。皆此道矣。雖然。彼低首下心。受如是之裒益平施。而無辭者。必中產之家而後如此耳。若夫連阡越陌。貫朽盈溢之家。則於政之不助成其權力。不增長其榮華者。且皆以為害己者矣。烏有甘心就範者乎。

民主之國。其中有不平者乎。曰有之。其所以不平者。固皆由於政制。且有時即起於平等之義。此如其中小民。有勞力而食者。則以力役供國而加貧矣。或緣此而應盡之義務有不能盡者矣。乃若執平等之說。而工人匠作。有敖惰之容。自繇新民。陵轢舊族。凡此皆可慮之患。假其有是。為國家長計。暫廢平等之說。不用可也。雖然。是所廢者。亦名平等耳。非真平等也。何則。夫使民以力役事國而受損。是其身不得與其儕偶均勞逸也。又使其人緣此而應盡之義務有不能盡者。是其儕偶不得與其身均勞逸也。凡此皆不平也。故曰所廢者非真平等也。

復案。由此觀之。則中國古之井田。固民主之政矣。而其時有諸侯君主者。蓋緣宗法社會而兼民主之制也。季氏之伐顓臾。并兼之事也。故孔子曰。有國有家者。不患寡而患不均。不患貧而患不安。蓋均無貧。和無寡。安無傾。凡此皆民主平等之法言。而孔子舉而誦之耳。

第六節　民主治制其維儉約之風又何如

至治之民主。民受田不但宜均也。其輪冪又宜小。此羅馬所舊行者也。故古理阿戰勝。以地分其士卒。或嫌所分之過小。乃言曰。國民受地。既足以養其生矣。而猶以為小。天之所厭也。

蓋國民之於財產也。惟其均。故可以儉。亦惟其儉。故可以均。是二者、雖非同物。而不可以分見。有互相為用者焉。不儉則不均。不均則不儉。是故亡其一而民主之制不立。

或曰民主也。而以懋遷商業為之基。其民可至富而德不漓。此亦有時而信。蓋商賈之事興於儉勤安業守法。而思深慮遠。惟其如是。是以雖富可以不淫。所患者。衣食饒衍充溢之後而侈心生。則所以為商德者廢。而不均之弊。始大見矣。

欲持其恭儉之風。使之不墜。其國中商業。宜令豪民上戶為之。其所祈嚮而講求者在此。而國法之所維持而著意者亦在此。其為法也。民之財產。即視其營業衰盛以為分。民雖貧。其勢常足以自立。經營操作。不至後人也。民雖富。其求益必由於作苦。趨時保業。常與人同也。

祖父所締造。則均分之於其子孫。此商業民主之良法也。蓋祖父所積雖多。然財以分而見少。其勢常有以勸其勤儉。雖然。惟商業之民主。乃如是耳。假令民主而非商國。則立法者之用意。固當大異於前也。（自注。若後之民主。其女子分財宜至有限。）

古希臘中。有兩民主。而其法大異。斯巴達者。以兵立國者也。雅典者。以商立國者也。以兵立國。故後工商。舍講武。其民靡所操作也。以商立國。故禁遊閒而趨勤苦。唆倫之立法也。民惰者有刑。而其所以治生者必報其上。備考察焉。其不同如此。善治之民主。民之日用。大抵刧刧無餘。以是故易足。脫其不然。浮濫之費。又安從出耶。

復案。中國滿漢之民。其始與古之斯巴達雅典。殆無以異。祖宗立法。所以朂其同種者。不仕則兵。固欲存尚武之精神。而倚之駕馭勝種者也。不幸數傳之餘。其意漸失。且使居齊民之上。無異使狼牧羊。狼則肥矣。然因肥而得弱。弱種流傳。獅熊洊至。往者之狼。亦羊而已。向使守來格穀士之成憲。雖至今雄長東洲無數也。

第七節　鼓舞民主精神之餘術

均田之制。非一切民主之所能用者也。有為事勢所限。而其制必不可行。行之則危。而有時反其立國之道。故道國之事。有不得盡用其極者。此類是已。夫均田所以為平等。平等所以防國俗之僭侈。是固然矣。乃有時而不可用焉。則安得不更求他道乎。

則為之立一眾焉。以為國民之型表可也。如國中之沁涅特。入其中者。必齒德動望俱隆之人。蓋師尹百僚。在具瞻之地。為民所仰。有若神明。於此而精選之。其於民德。風行草偃矣。

且國家所以立沁涅特者。固使之為國守典者也。豈徒自守之而已。亦以率一國之臣庶。使無愆忘焉。是則泌涅特也已。

率循舊典者。正所以使民德之勿漓也。蓋腐敗之民。其行事嘗至不足道。奇節瑰行。所不為也。合群動眾。無此事也。城邑端里則不修。規則典章則多廢。是故制度官司之立。每在民風淳樸人情長厚之時。其後人守之。非徒守其法也。守其清白純粹之風而已矣。

就令國家變革。景命方新。然此皆經無窮之險艱勞苦而後成。非呰窳僭奢之民。所能至也。故往往親為變革之人。轉以舊章為可寶。彼蓋以復古為維新。舊章即其所藉手以為變革者也。是故約而論之。古法常有以救民。而末制多成於害俗。守成繼統。累世之餘。漸成叔季之風而不覺。若夫祛穢俗。進馨香。非有奮厲鞭辟之風。固不可耳。

或問所謂民主之沁涅特。凡所選以為其曹者。宜命之終身耶。抑為流官有期任耶。則應之曰宜命之終身無疑。此其制若羅馬、斯巴達、雅典皆如此矣。（自注。羅馬令尹之選以年。沁涅特之選則以終身。斯巴達沁涅特例選高年。蓋不徒以供國事。且欲使國人知重長年而敬老也。）獨雅典之沁涅特稍異。有常法三月一易者。有雅里孽加者。以其為國人矜式之故。命之終身焉。（案雅理孽加者。蓋希臘議院之理官也。）

其暫立永建之所以異。大致可兩言盡也。使所立之沁涅特。將以為國民儀準。國典守藏。凡若此者。宜永建。又使所立者將以責吏職。執樞機。則暫立可耳。

雅理斯多德曰。聞云人之精神。與年俱老。不獨形質也。然此可以論一官。而不可言一曹之沁涅特也。

雅典之設官也。雅里孼加而外。尚有監察風俗。糾正刑憲者。斯巴達之制。凡國中高年。皆有糾察之責。其在羅馬。則選兩令尹為之。糾察之官曰申蘇爾。沁涅特察民者也。申蘇爾。察民而兼察沁涅特者也。風俗之侈靡。民風之苟偷。職事之曠溺。官司之過差。皆其事矣。獨至大奸顯罪。而後士師治之。此其大經也。

羅馬法。凡論犯姦。必在公廷共見之地。此其防民維俗之意。有足稱者。蓋如此其婦人懷眾著之羞。而家長有約束之責者。亦由是而深防閑也。法嚴長幼之序。使幼者必受制於高年。此亦善俗防民之至術也。蓋有交相檢束之用焉。幼者敬憚高年。而高年亦以有表率後生之責。不敢自恣也。

使下民必受制於官長。則其國之法紀。因之以尊。吾聞支諾芬之言曰。來格穀士之立法以治斯巴達也。所大異於希臘之餘邦者。即在民極奉法之故。斯巴達之官長。召其民必趨。若夫雅典之俗。假有告其巨室者曰。爾之身家。乃待命於官長。則必有怫然不悅者矣。

其次則重嚴父治子之權。亦維持國俗之一大事也。由來民主公治之國。其法紀之嚴威。必遜於他制。故其立法。必有以救其所亡。嚴重父權。正為此耳。

羅馬之法。凡為父者之於其子也。生殺可以自主。乃至斯巴達。則高年之人。皆可教飭國中之子弟也。自羅馬公產制毀。而父權亦衰。君主之國。其風俗無取於至淳。其治民之柄。則皆操之於官吏矣。

欲少者之必聽命於其長也。故羅馬民。成丁之限最遲。此法吾國率而循之。不必合也。蓋君主之治。無取於父權之約束也。

立法不可以不相得。故民主之為父。終身得為其子主財。此亦羅馬之舊俗也。然亦無當於君主之精神。

復案。孟氏此節之所列。意以為此法家維持風俗。而鼓舞民主精神之餘術也。不知所言者。乃古宗法社會之遺風。而與民主治制。實為無涉者也。社會未去宗法之時。其父兄之權皆重。君主民主。所不論矣。是故中國君主也。而有三綱。美洲民主也。而父子兄弟平等。孟氏之作。固為體大思精。然以法學開山。如斯密氏之計學。故往往所論。精確不逮後賢。此讀是書者所不可不知也。

第八節　賢政之法典所與其精神合者何如

用賢政民主之治制。苟其民德敦厚。則所享幸福。與庶建之民主無殊。其國家亦日進於彊盛。然以民地望財產之至不齊。故至治不可期。而民德少甚高之程度。是在為之立法者。去泰去甚。裒盈益謙。庶幾有以泯不平。而治制之弊可以免。

夫去泰去甚。裒盈益謙。即賢政治制之道德也。故制節之於賢政。實無異平等之於庶建。蓋二者之為公治同。而其精神之異如此。

黃屋左纛。九斿六驅。凡若是之皇皇赫赫者。王者之所恃以為尊也。而賢政之所以為不可傾者。異此。恭儉簡易。人心歸之。不自異於民。常欲下同於凡庶。衣服車馬。與之同也。宴衎歡樂。所與共也。斯民忘所居之卑。而不平爭競之情泯矣。

一切之治制。皆有其形體焉。皆有其精神焉。賢政之所最患者。以民主之國而有君主之形體與精神也。夫使操柄之家。自以為吾貴族也。樂自予。多上人。不獨與齊民殊也。且欲立異於其儕偶。然則爭競之心生。而其國之亂無日矣。夫賢政非無權力之等差也。顧一切宜公而不宜私。沁涅特宜有特權者也。宜有特別之利益者也。至於選為沁涅特之人人。為國人所加禮足矣。不可以有特權。與特別之利益也。

賢政治制之所以亂。有二因焉。而皆以不平之故。治人與治於人者。地勢絕殊。一也。甚且同為治人者矣。而勢分又相絕。二也。以是二之故。由之而憤怨日生。媢嫉多有。善為法者。即求有以祛是二者之亂源。

有治人治於人之不平。則貴人多以權利自與故也。治人者愈以為榮寵。治於人者愈以為無良。譬如羅馬治衰。始為國族編民之辨。又禁二者不得為昏。此法立無他效也。徒使國族益驕。編民益憤而已。學者試讀舊史。則見理官告眾。其攻擊政府之辭。常以是為口實也。

復案。古希臘政家之論治制也。大體分為二宗。曰獨治。曰公治而已。獨治之善者。立法度。順民情。而不憑一己之喜怒。至於其敝。而專制之治出焉。公治之善者。為平等。崇儉樸。而政柄則操於其國之賢豪。至於其敝。而愚賤者亂法度。是故自雅理斯多德言之。賢政為公治之善。猶之立憲為獨治之善者也。而民主庶建。為公治之末流。猶之專制霸朝。為獨治之極變也。雖然。古則如是矣。而政論世異。至於今。自英之洛克、法之孟盧諸家說出。世乃以庶建民主。為治國正軌。而賢政不曰賢政。謂之貴族之治。惡其不平。非所尚矣。即今之所謂立憲者。亦與古殊。今之立憲。用獨治之名。而雜之以賢政庶建之實者也。古之立憲。以一人獨治。而率由憲章者也。若立憲但如孟氏本書所稱者言之。則中國之為立憲久矣。安用更求所謂立憲者乎。故孟氏所稱四制。古今之義大殊。即由孟氏以至於今。其為用亦稍異。此學者所不可不謹為微辨者也。

且其為不平也。常以民之門族地勢相懸。而供賦大異。是其為異。有四端焉。爵貴之家。食稅衣租。欲無所出。一也。飛灑奸欺。逃匿正賦。二也。侵漁公帑。巧立名稱。三也。託詞振貧。朋分肥己。四也。前三者其常。後一者其偶。使賢政而如是。斯為民所最不堪命者。此其制所以又稱貴族也。

羅馬之方為賢政也。以上諸弊。無一有者。其官吏則推舉為之。無詔糈之俸祿。國中豪右。為民領袖者。其供賦與下戶同科。有時於下戶為重。且有時國之經費。悉為所出。不僅公帑無所侵漁已也。凡彼之所取於府庫。與夫所致以為己有之貨財。且悉散之閭閻之中。以自解其所居之貴寵。（自注。試讀斯託拉布史第十四卷即知羅馬貴族於此等事為何如也。）

是故賞賚匪頒之事。於庶建之公治。則行之為傷義。於賢政之公治。則用之為和民。何則。行之於庶建者。是使忘其為平等之國民也。行之於賢政者。將使知其上之有恩也。

復案。如是則賢政非平等之治。灼然見矣。蓋方其散財於民。其人自視。猶國主矣。

使國之公帑。不散之於其民。則必使無疑其財之有私蝕者。是故用其財以恣民耳目之欲者。無異告之曰。公帑固為汝曹用也。威匿思之賢政。鑄金為銀鐺。羅馬凱旋之典。窮極靡麗。鎮星之廟。寶藏所儲。皆示民以其財之歸墟而已。

賢政之所慎。當國貴族。必不可為司收租賦之家。方羅馬之為賢政也。其中之第一流人。未嘗親與此事者。常以第二流為之。顧即第二流。且久之而弊見。蓋賢政以貴族而司征斂。則必多上下其手之奸。而不平立見。雖欲立監察者為之匡救。其道無從。蓋往往監察之官。即為作奸之侶。如此。則賢政之貴族。將無異於專制之王族。其取民也。擇肥而噬焉耳。豈有制哉。

其始固私利也。浸假則視為傳業之歲收。既視為傳業之歲收。則所收浸淫而日大。是則賦稅之源先竭。而帑藏日虛。故交征之國。不必有干戈之釁。水旱之災也。而寖貧寖微。不獨為鄰國之所訛也。即其民亦愕然於禍至之無日。

貴族不徒不可筦賦也。乃至一切之經商。必立法以禁其勿為。夫使貴族而商。將以財力之無窮。以壟斷罔一切之市利。而小民之生計盡矣。夫商賈者齊民之業也。而其事生於平等。貴族而商。則平等亡。故專制之最為貪殘者。莫若王子親藩。躬為貿易者矣。

使王子親藩而躬貿易。不必作奸犯科。自有以致無涯之鉅富。故威匿思賢政之法。貴族不可為商也。（自注。如柯羅典法。凡沁涅特人不得具舟所載過四十石者。）

賢政之所亟。必為之法。使貴族之遇齊民。欲不持其平而不可。如其民未自立其憲社者。沁涅特為之執憲可也。

一切保奸庇私。使國法有不行者。皆足以毀賢政之制。賢政之制毀。則賊民之事興。

四封之內。淫佚僭奢。沁涅特之所必劾治者也。常以威嚴。懾其貴族。如斯巴達之額和里。如威匿思之嬰圭什佗。前為暫立。後為永建。其治職也。一切得以便宜從事。蓋如是之政府。不可無絕大之風力。乃有以彈壓專橫。而國以安。如在威匿思常置石獸。開口以受一切飛章。而民即以苛政之甌名之。

賢政治制。有便宜擊斷之嬰圭什佗。猶之庶建治制。有稽察之申蘇爾矣。蓋二者皆獨立不屈之法官也。夫欲其威之奮。其權之伸。斯治職之時。其行事。固非餘人所得詰者。蓋既已信任其人矣。則不可掣其肘而陰掣之也。是故羅馬之法。國中百爾官司。其所行之事。皆可察問。獨申蘇爾不能。此其故可深思也。（自注。雅典之洛輯思底亦然。察百司之所為。而已之所為。不受察也。）

貴族之中。有其極貧。有其溢富。是二者。皆賢政治制之大患也。今欲救弊扶偏。則所以使之無至於極貧者。術莫若責其如期而償所負。至於裁抑溢富之術。則必有良法美意。且必期之以漸而後能。若籍產。若分田。若焚券蠲逋諸術。皆不可用。用之則百弊叢矣。

復案。孟德斯鳩法意一書。其文義往往有難明者。無惑乎學者之莫通其恉也。即如此節。言欲貴族之無至於極貧。道莫若使之及時而償逋。特不知所謂償逋者。指彼之負人者乎。抑人之負彼者乎。若人之負彼則安見貴族之中。人人必有所貸。且身為貴族而貧。即有所貸。其索而歸之也。宜已久矣。尚奚待政府之助力而後能耶。然則必彼之負人者也。且自原文觀之。亦明明指彼之所負人者。顧以常理言。吾見償所負而已益貧。未聞償所負而可免於極貧者也。此其難明一也。且既貧矣。則彼之所以償此負者。又烏從出乎。此其難明二也。無已。則孟之意或指所負者為子母相權之財。及時而償。則所償者輕。後時而償。將所償者重乎。抑及時償負。成為風俗。斯用財者慎。而無濫賒浪費者歟。必爾。則語言之間。亦不應簡略如此。但云及時償負。即足療貧也。此其難明者又三四也。吾閱西文多矣。詩詞不論。乃至文筆。則斟酌疏明。常至無所可疑而後止。獨此書節短意長。義繁詞簡。故其難譯。實倍他書。今亦惟如文翻轉。學者遇此等處。自以其意求之可耳。

貴族有土田者。常全而付之於其嫡長。此其法所宜廢也。蓋廢是法。而後連阡越陌之提封。可遞析之而漸趨於平等。

有代襲。有收贖。有寄養。凡如是之習俗。皆所以保持門族之光榮。欲其永永勿替者也。雖然。此可行之於君主獨治之國。而必不可容於賢政公治之邦。（自注。賢政國家所行之法。往往維持國家之公德少。而保守門戶之私意多也。）

國中之家族。既以法使之漸趨於平等矣。其次則為其親睦而無爭。是故使貴族而有違言。政府必為持平而速斷也。不然則一身之爭。俄則訌之於家矣。一家之訌。繼且分之以黨矣。使執憲者而得其人。雖未起而泯其爭可也。方起而遂平焉可也。

總之賢政公治之規也。求為平等而未達一間者也。故其為法也。微顯而闡幽。裒多而益寡。至於門族之異。此以為舊德。彼以為故家。凡皆人心之虛驕。樂持空名。以相陵控。此實賢政法家所為掃除。而不宜推其波而扇其燄者矣。

吾黨試觀於斯巴達之舊制。雖其王之所欲為。假其不道。尚制於額和里之威。而不得逞。更無論尊爵與齊民矣。（案。或曰斯巴達之王。雖名為王。實非王也。國權所主存於額和里之一人。而其王守府聽命而已。）

第九節　君主之治制其本精神以為法典者何如

君主之治制。其所以為精神者。固榮寵也。則其法度所以為密切關係者。亦榮寵耳。

以榮寵為精神。故必取其國中之世族貴爵而維持之。夫榮寵之於貴族。謂之所生之兒子可也。有貴族而後有榮寵也。謂之所由生之父母亦可也。有榮寵而後有貴族也。

則必有傳世之爵位焉。所為胙土分茅。爰及苗裔者。非以是為貴賤之分界。使君之於民。廉高而堂遠也。乃以是為上下之樞機。使是貴族者。承君以治民也。

是故土田代襲之法制。於賢政所不可用也。而於君主最宜。何則。得此而後土田不分。傳代無絕也。

是故收贖之習俗。於賢政亦非所宜用也。而於君主為利用。何則。得此而後祖父所奢淫而失者。其子孫得勤奮以光復之。

貴胄之人。不獨其身有應享之權利也。其所主之土田與有之。惟國君之富貴。不可離邦國而為言。故貴胄之尊榮。與所食之采地。不可析而論也。

凡如此之利益。必貴位尊爵而後有之。而不可下移於眾庶。否則其政與君主之精神相戾。而貴者之權力。與賤者皆坐滅矣。

復案。原文末句有不可解處。

以土田代襲之法。而交易有其限制。以許收贖。而田產之授受紛然。故田產之售於國中也。大抵一歲之中。田無的主。以食采者之有所獨優。而政府文法加煩如此。此國家建立貴族之不便也。雖然。取所不便以與其便者相衡。則不便者若無足道。夫使以如是之利益。均諸國之齊民。則裂冕毀冠。而君主治制之精神。乃以廢已。

君主治制。其民之田。可全而付其承業之一子。此他制所不宜有者也。

其立法也。於國中之商賈。宜獎進而優厚之。期於與制不背馳而止。（自注。故必平民始可為商。）其所求者。民不必傷其身家。而有以奉君上之供。應朝貴之求也。

所不可不立者。榷稅成賦之章程也。往往民不病賦。而病其所以取之之術。章程立。則此弊庶幾免耳。以賦稅之重。而民之勞頓深。勞頓深而勸厭至。勸厭至。則呰窳偷安。寖成風俗矣。

第十節　君主治制其行政權之獨伸

君主之獨治。有必非民主公治所可及者。則大柄之執於一人。行政之權。無所牽掣而獨伸故也。雖然。是無所牽掣而獨伸者。假乃即於無所留難而鹵莽。是必為之法焉。以殺其迅剽之機。庶幾無至於生害。惟於扶植綱紀之中。寓治忽慎微之道。則此制之良法也。

往者法宰相翊教李恊旒嘗告法王曰。國中會黨。遇事風生。所宜一切禁絕者。彼之為此言也。即非心醉於專制之風。其尊君抑民之意。可概見矣。

不知國中部院。凡有守典之職司。其鄭重紆徐。即所以奉令承教。而恪恭事上者也。於王朝之事。其為慮之周章縝密。不獨非左右無識近臣之所能及也。即樞府之踔厲風發。亦不逮遠矣。

今夫朝廷一令之下。風施雷動。主於必行。乃守法行令之官司。或迴翔焉。或愁歎焉。或竊議其不可。或更為之乞恩。則議者曰。此行政權之大患也。雖然。向使無此。吾不知所謂雷霆之疾。萬鈞之勢。將何物焉資以沮之。姑無論其所令者非也。就令朝廷宣揚德意。渟沛恩施。見一人建白之效忠。聞一士疆場之勵勇。王心有喜。渙汗而施。動欲待之以無涯之賞。不次之遷。當此之時。無一物焉。為之稍留其勢。則雖有至仁之君。全盛之國。吾不知何以善其後也。

復案。原書中如此等處。其文字皆極簡奧。譯文取之九幽之中。襮之白日之下。竊自謂得未曾有。然此可為知者道。難與外人言也。

第十一節　君主治制之所長

專制者君主之末流也。使未至於末流。則固有大善於專制者。何則。承君之下。秩序井然。其國家有可久之道。其法度有長定之規。其一人有安全之勢。

凱克祿（羅馬辯士而兼政家）之論公治制也。意亦謂公治必有社長。（案。此字西曰脫力比文。其本義原於脫來伯。脫來伯部也。群也。社也。猶云一社之首也。後乃移其名於法廷為聽斷出令之地。其在羅馬則為齊民所立之專官。以主持民族之法權。兼以圉貴族之豪橫。故譯社長。）

而後可以不傾。其言曰。天下之最可怖者。其惟無首之民乎。夫使有為之元首。則事有所起。責有攸歸。彼知其然。則非出之於思。固不可也。若夫無首之民。蠭起飆發。前有險而不見。後無繼而不知。則相率趨於亂亡而已。可怖孰甚焉。此其說即以為言專制君主之異可也。何則。專制有民而無社長者也。君主有民而尚有其社長者也。

復案。孟德斯鳩此書。可謂深人無淺語矣。專制則以為無社長。君主亦不過尚有其社長而已。其字當重讀也。

是故觀之歷史。凡專制之政府。其民之亂也。積怨深憤。一縱不可復收。若有陰驅者然而不自知其所屆。若夫君主。事之敗壞至於此極者亦罕矣。君上有其私之可懷。懍然知民嵒之不可狎。而彼權力之介於其間者。（指爵貴官吏而言。）常不願下民之起。而反居其上流。是故亂之將起也。其國事每不至於窮極腐壞而無餘。其國君尚有守位勿去之思。其亂者未必遂有傾覆政府之意也。亦無廢放其君之慮也。

當此之時。假有一二才識勢力可倚者。出而調御之。始先為其平和之政策。繼乃行其順於人心者。亂可不崇朝敉也。亂敉則舊之法典。猶有其威嚴。而其民無敢以不服。

吾觀歷史。紀國家之內亂多矣。而其事皆未至於革命也。乃若專制國家之所見。則往往無內亂而大命已隳。

紀述內亂之史家。甚或躬為保亂之黨人。然吾考其所論。知人君既畀一曹之人以政柄矣。而又惴惴然疑之。此其事最無取。蓋即使此曹所遭不幸。而躬行謬亂若前人者。顧彼見法紀之亡。職司之弛。未嘗不私憂竊歎之也。至於責其扇亂。則不知彼於亂黨之盲進狂行。其陰抑之功。實過於陽助之力也。

復案。此節所論。自係專及當年之史事。非取君主之制而通論之矣。

翊教李恊旒之當國也。自念己之所為。乃抑損國家之權力。則持為政以德之談。以責之當時之上下。雖然。李之所以責人者。亦已周已。必於政事能持翼翼之小心。必如所言之明哲。而加之以能斷。是必帝旁神聖。而後克副其言。嗚呼。使君主之制。常存於人間。吾人殆無如是慰情之一日。徒用自廣奚為乎。

復案。作者於君主之制。從無優辭。於斯益見。淺學人不察。既以有法之君主譯為立憲矣。而其心目中。又懸一今日英德諸國之優制。於是覺本書所言不類。則漫以己意易之。牴牾矛盾。所謂心勞日絀者也。

民之為民也。與其無禮法。無長上。革衣血食。遊於豐林曠澤之中。未若有國有家。立之政教。以善其相生養之為樂也。則君主之為君也。與其獨斷專制。權衡憑心。內之無以檢其身心。外之無以治其臣庶。未若秉義遵度。率由憲章。生為賢君。死為明王之為樂也。

第十二節　續申前論

於專制之朝。而求閎遠之規。寬大之政者。不可得之事也。蓋必有其德於己。而後有其功於人。專制之君。無所謂大心遠量者也。欲其有赫喧光榮之業。去之遠矣。

復案。福祿特爾則謂東方之君相。如伊蒲拉瑩諸人。雖屬專制之國家。其心量皆豁達大度。不盡如孟氏之言也。

惟君主之制。綱紀既張。其臣下立其本朝。分共主之光輝。如眾星之拱極。其居位也。安舒恬泰。有赤舄几几之風。而其人之才美亦見。此雖不必遂成於自繇。而尊貴發皇。則非餘制之臣之所敢望矣。

第十三節　專制大意

吾聞路易先那（美洲之一部）之土番。其擇樹剝果也。常執斧從其本而伐之。樹仆。則相與采擷之盡其樹之所有而去。此可一行而不可再之道也。而專制之為術正如此。

第十四節　專制之法所與其精神合者何如

專制之精神。可一言而盡也。曰使民戰栗而已。夫使其民而怯懦而愚頑而志氣銷萎矣。則其所以治之者。又奚取多立法制為。

其立事之宗旨無多。本於二三義而已。且由此亦毋庸有所增益也。如調駒然。不易御。不改趨。步武進退常如是。使馬之所印於其腦者。盡此二三動法而止。不求多也。

幽於帷牆之中。其名為禁者。禁人之入也。而亦禁己之出。傾宮璇室。一違其居。則群下驚相告矣。何則。其身貴。其權重。不可使有挾之者也。是故專制之主。躬為疆場之事者寡。而閫外之權。又不願將軍盡主之。

以平居之莫予違也。當戰。見有稱兵以抗之者。則勃然怒矣。是故其氣憤盈。其情拂戾。且所謂神武不殺者。彼專制之君。不能知其義也。故其戰也。以忿兵恣為蠻暴而已。所謂軍賓之禮。戰媾之條。非所率循者矣。

夫如是之人主。其當躬之闕德至眾也。而其左右之人。亦不欲以其主之昏愚。暴諸天下。則藏之深宮。使其民莫能測。嗟乎。使其國之民。但建其主之名。而遂足以治之。是真其國之大幸耳。

瑞典王察理第十二之出居邊特爾也。國中沁涅特議不奉詔。察理遺之書曰。吾今寄所御之一革履歸。所以督汝曹無違命也。如其所為。是一革履之臨御其群。無異一專制之主矣。（案。達冷白曰。當是時察理非居邊特爾也。乃在抵莫迭加也。）

使其王而虜。則視之同於已死。喪君有君。而新王立矣。虜王雖有盟約。其新王不承可也。蓋專制之君。以一身而兼三物。為憲法。為國家。為王者。彼一旦而非王。則同於無物。今使既虜之君。非視之同於已死。是王虜而國家憲法與俱虜矣。何可哉。

方大彼得之與突厥戰也。突厥廢瑞典從約。而與俄人和。其所以出此者。因莫斯科洼人告其維齊（突厥宰相之稱）曰。瑞典已立新君矣。

專制之保守其國家。保守其君王而已。保守其所居之宮寢而已。其識闇。其氣驕。其情拘而其諱眾。寇之至也。四郊多壘。土宇日侵。顧但使都市不驚。宮廷無恙。彼則以為吾之國土固自若也。事因果相生。如鋃鐺之環。如魚網之目。智者能溯其既往。能逆其將來。彼不獨不能也。往往並其思想而無之。夫為國有機關。有法制。蓋亦繁矣。而若人視之若甚簡。非真簡也。不及繁也。其為國也。若為其私也。

復案。吾譯是編至此。不覺廢書而歎也。何孟氏之先獲我心耶。趙宋之將亡也。汴京既去。欲都建康而不果。乃卒居臨安。夫亦至窮蹙已。而當時之人君。朝覲會同自若也。歌舞臨觀自若也。一若使虜不來。吾雖長此終古無不可也者。是非天下之至無志者歟。吾往者嘗論之。乃不謂此書先明其所以然如此。嗟乎。中國數千年間。賢聖之君無論矣。若其叔季。則多與此書所以論專制者合。然則中國之治。舍專制又安與歸。

又案。顧寧人曰。有亡國。有亡天下。雖然。中國自秦以來。無所謂天下也。無所謂國也。皆家而已。一姓之興。則億兆為之臣妾。其興也。此一家之興也。其亡也。此一家之亡也。天子之一身。兼憲法國家王者三大物。其家亡。則一切與之俱亡。而民人特奴婢之易主者耳。烏有所謂長存者乎。柳子厚之論封建也。夫非辨者之言歟。顧其所利害者。亦利害於一家而已。未嘗為天下計也。孟子曰。孔子作春秋而亂臣賊子懼。雖然。春秋雖成。亂臣賊子未嘗懼也。莽操懿溫尚已。李唐一代之前後。六朝五代之間。篡弒放逐。何其紛紛也。必逮趙宋。而道學興。自茲以還。亂臣賊子。乃真懼爾。然而由是中國之亡也。多亡於外國。何則。非其亂臣賊子故也。王夫之之為通鑑論也。吾之所謂然。二三策而已。顧其中有獨造之言焉。其論東晉蔡謨駁止庾亮經略中原之議也。

謂謨綽義之諸子。無異南宋之汪黃秦湯諸姦。以其屈庾亮。伸王導。惡桓溫功成。而行其篡奪。不知天下有大防。夷夏有大辨。五帝三王有大統。即令溫功成而篡。猶賢於戴異族以為中國主。此所以駁亮者。宜與汪黃秦湯輩。同受名教之誅也。此其言烈矣。然不知異族之得為中國主者。其事即與於名教。嗟乎。慮其患而防之。而患或起於所防之外。甚者乃即出於所防之中。此專制之制。所以百無一可者也。

其為政也。治一國之政如其治家。其設一國之官也。如其宮鄰之暬御。是則專制之所務而已矣。

夫如是之國。使自以為天下惟我一統無並立者則大幸矣。四封之外皆沙漠。而與所謂夷狄者隔絕。其兵不足恃也。則虛其國之邊疆為甌脫。所不惜耳。

刑威者。專制之治柄也。其所求者。則靜謐也。夫靜謐。非太平也。都邑老洫無聲。寇來則相與委之而已。

其國之所以為安固者。非國家也。在乎得國之兵也。欲扞圉其國家。則兵不可撤。雖君主之所甚畏。無如何已。其國土之鞏固。與其君之安全。常絕為兩事者也。

俄羅斯專制之治也。然其權勢之重。雖政府亦自以為不便。方之民情。殆有過之。故殷殷然求所以酌劑之者。兵衞之多。則裁撤之矣。刑罰之重。則輕省之矣。憲典非不講求也。民人非不教育也。此吾人所共見者。顧其中之患源自若耳。今日之所求免者。他時將復見而不可逭也。

專制之國。宗教之權必重。刑威之上。復有刑威也。回部之民。其嚴恪君上之情。使人詫怪。宗教使之然耳。

其宗教可以輔法令之所不及者。回部之民。使絕意仕進。其於朝宁之榮觀。超然本不相及也。顧有宗教之大戒焉。則亦無所逃於君臣之義。

專制之法。所最以自累。若不克勝者。其曰國中之地皆王土。國中之民皆王臣乎。（案。此指事實。非但存於名義而已。）夫使法如是。則舉國之民無立錐。彼相率不耕。而田野萊蕪者勢也。農既如此。商亦有然。故王者而懋遷。則國中之實業力作皆廢。

復案。朝鮮農民極惰。以所耕之田皆非己有。而田主責租極重故也。

專制國無修進改良之事。其屋宇取苟完可居而已。其道路取粗通可行而已。畎澮則不治。樹木則不蓺。其於地力。有其取之者。無其復之者。故雖有至腴之息土。不數年生意盡矣。是以入其國中。如窮荒大幕也。

復案。突厥都邑之荒穢湫囂。殆過中國。其民居雖有富商之家。外觀牆宇皆極陋。愈入其內。乃愈華飾。蓋般賑之實。不可眾著。著則有其施奪之者。

其有立法不以土田為產。亦不得以為遺產傳付子孫者。意若曰。如此則居上長民者。可無貪惏侮奪之事也。而孰意不然。彼謂土田既不足珍。則可珍者惟金銀耳。於是乃千百其虐民之術。期有以奪之而自封殖。

取於民無制。其國必亡。將救其亡。國君貪暴之私。雖不能以法制之。亦必屈於舊行之故事。此如突厥。其君於百姓傳業之利。不過值百而取其三。至其國中土田。大半以畀執兵之將卒。而分畀之法。一稟諸王。無定例也。身死田產復歸於王。無子則王專之。雖有女。僅得食其地之所出者。無主產之權利也。是故國之田疇。大半無常主也。

班丹之法。人死。其所遺者一切皆歸於王。乃至妻子室家。無一免者。其為法之虐如此。民求免其最不堪者。則子女至八九齡。輒為婚嫁。其年格不逮是者有之。蓋惟此可免為遺業之媵也。

國無憲法。雖王位相傳。亦無定也。其立嗣以選。而選之之權。即主於王。選其子可也。選他人子亦可也。無所謂立長者。其真立常非長也。有時自立為王。則必經內亂而後定。此專制之國。所以易危之一大因也。

凡屬王子。固皆可立。以其勢之相疑。故一登大寶。則豆萁之然起矣。其在突厥。則縊殺之矣。波斯。則矐其目矣。蒙兀諸邦。有滅其靈性者矣。使不為是。若摩洛戈。則國位相傳之頃。未有不經內亂之殘者。可畏也。

俄羅斯之法。其嗣主惟先君之所立者。擇諸其子可也。擇諸其臣可也。以傳位之無定。而大亂嘗以興。夫王位相傳。國之大事。欲免爭端。必自其最明不可惑者以定之。則如立長立少之法是已。此法立。則陰謀塞。覬覦止。雖有闇君。莫之能惑。而宮車晚出之頃。雖不為其顧命受遺。不至亂矣。

夫如是。則大位之繼。定於一君。餘子無可爭之勢。大行遺詔。無可假託。雖有兄弟。而疋布可縫。斗粟可舂矣。何則。君臣誼定故也。顧在專制之朝。王之兄弟。皆奴隸也。皆敵仇也。故人人有自危之勢。穆護之立教也。有成敗而無是非。凡戰而勝者。皆天之所相也。故其傳位也。無應法之君。有當權之君。應法者於法宜王者也。當權者以力得王者也。

復案。應法當權。乃法家常用語。

夫與人同為王子。其心知脫不為王。非囚則死。則其於嫌疑未定之頃。必與人鬩然而爭一旦之命者。情有所逼而使然也。使在吾國。則雖不得王。猶可以爵。其懷非常者。無論矣。恆情之望。亦已酬爾。又何。必相死而後快乎。

專制之俗。必濫於妃偶。安息以東。謂絕等之權。為天之所予。夫為妻綱。故其取女也尤眾。視子孫眾多為幸福。然眾矣。則父子之愛必微。而在其子孫。則兄弟之情亦薄。

王室之形。如其國家。其元首權重。其全體力微。其微即以元首權重之故。皇孫帝子。其數誠廣而多。然而忽然澌滅可也。史載雅達則齊。以五十子謀叛。同時賜死。夫五十人合而謀叛其父。難信之事也。即謂謀叛之由。起於雅達則齊。不肯以所愛妃賜其太子之故。尤難信之事也。所可言者。彼東方帝王。禁闥之中。本陰奸之淵藪。聽之無聲。視之無形。而讒賊佞諛。隨地而有。君王春秋已高。精爽耗散。則謂之宮禁之元囚可耳。

如前言。專制之終效。至於此極。以人心之靈。是宜為其所深惡而痛絕者矣。乃雖愛尚自繇。謂為人倫所固有。畏惡霸力。而以刦持為凶威。乃今合五洲而觀之。國之以專制稱者。猶十八九。何耶。嗟乎。此其故非難言也。夫欲為理平和專之國家。則其中數等之權。其勢不可以偏重。必為之調御焉。必為之折中焉。乃有以利行而無或窒也。若持衡者然。仰者使俯。而又不可失其平也。夫經國而為其可久。事誠有至纖至悉者矣。固非鹵莽滅裂者所可期。而又非區區明察者所能及也。若夫專制之規。若不期而自遇。力之既至。雖匹夫匹婦。猶能用之。吾之所具者威。人之所為者服。事無二致。而豈有謬巧也哉。

第十五節　續申前論

專制之國。於炎方為多。其民情感之動也早。而血氣之衰也亦先。多早慧者。故少蕩費先業之憂。然亦不為矯然絕俗之行也。年少男女。禁不相通。多閉之於閨門之內。其嫁娶絕早。故及丁冠笄之年格。亦較歐俗為穉。如在突厥。及丁年格。乃十有五也。

復案。云民多早慧。故少蕩費先業之憂。此與吾國閱歷。真大異矣。

質而言之。國中無授受產業之事也。前不云乎。國之田疇。無常適主。其田疇既無定主。則產業法制未立。而民之所恃。一身手足而外。固無物也。

是故產業授受之實。必政平法立之國而後有之。而公治之邦尤然。蓋政平而其民相任。法立而得主有常故也。

向使羅馬民主。早立產業授受之律。其歷史所紀之內亂。不見可也。不獨危亂之端可不見也。即其撥亂扶危之紛亦無由見矣。

以其民之貧而恆產之不立也。斯貣貸之子錢亦重。夫以財貸人。固不能無險也。故各視其險之多少。以為子錢之重輕。嗟乎。專制國民之所苦。蓋不一端已。生生之路已窮。而甚者乃並其貸助之門而塞之。故專制之民。不能為巨商大賈也。其經營在手口之間。勢若不可終日。使貨物屯庾者多。則子錢之酬必重。而交易得不償失矣。商業微簡。則亦無所謂商律者。專制之法律。至於督姦讁伏盡矣。

國家之所以不仁。官吏之不仁也。彼之不仁。以施奪也。彼之施奪。非以益國也。以肥私也。是故專制之國家。貪殘之官吏。二而一。一而二者也。

以專制官吏之多貪殘。故籍沒之法可用。而民亦由此而稍甦。所籍之財皆鉅。國之得此。可以釋已困之民。專制之豪右。其君主亦未嘗為之左袒也。

使其行於他制之中。害端見矣。以有籍沒。而主產無恆。其終效非以罰一人之惡也。奪無罪子孫之蔭。甚或禍及其宗。則非平恕之治矣。至於民主公治。籍產之法。尤不可行。蓋民主之精。存乎平等。而人人有生事之可資。籍產者。破壞平等之局。而奪民生事者也。

是故羅馬之法。籍產必元憝巨奸而後用之。此其意足尚。法家所宜則效者也。各國產業法制不同。有可易主者。有不可易主者。蒲丁曰、就令產可易主。籍產之法。只可施之其人及身購置之田宅。此其論亦至當也。

第十六節　威柄之遞及

專制之威柄。其有所付予。常全而畀之。故回部維齊之威。無殊於薩爾旦。而維齊之副。其威柄亦無異於維齊。尋常君主之國家不爾。自上及下。其權無全畀者。予其一部分。而所留者嘗多。此其強幹弱支之術也。是故君主之國。其縣尹制於郡守矣。而制於國王者。乃更重也。其偏裨屈於主將矣。而屈於國王者。亦愈嚴也。

君主之國。其臣下治地廣者。大抵皆無兵權。故能使位尊矣。而其權皆承諸國主。又以其人之可用可置也。故為不全在官之人。

雖然。此其術非專制之所可用也。蓋其人既不全在官矣。而猶有厚祿尊位焉。是國中有人。其尊貴本諸其身而具也。此非與專制之義。正反者耶。

使縣尹而不受制於霸夏。（回部鎮將之稱）則二者之治事也。誰復為調其異同。此專制國所必不可用者也。且郡者縣之合耳。使縣尹而不用命。而郡之不治。其咎又歸於霸夏。非牴牾耶。

是以專制之政府。其政體必紛。不獨元首出治。為不一也。乃至小吏。亦無能恆。政平之國。其立法有相係者焉。顢若畫一。為人人之所稔。故小吏亦知其職守。專制霸朝。惟王作憲。有所欲為。斯為而已。姑無論其昏虐者也。即有英君。以法之不立。又安得其心之所欲為者而循之。然則群下所為。亦惟高下隨心而已。此專制者。所以云有治人無治法也。

況憲法惟王之所欲矣。而王之有欲。必先有知。使所不知。則不及欲。如是則其下必有無數人焉。以己所欲。代王之欲。且己之所欲。又常隨其王之所欲而為變也。

總之惟專制無法。徒有其君隨時之意旨而已。且群下之代君行意者。又必與之俱為無常而後可。

復案。孟氏之區四制也。意若曰。凡治之以恐懼為精神。以意旨為憲法者。專制而已。雖然。吾嘗思之。天下古今。果有如是之治制。而久立於天地者乎。殆無有也。雖有亞西之國。桀紂之君。彼之號於天下也。必不曰。吾之為治。憑所欲為憲法。以恐懼為精神也。必將曰。吾奉天而法祖。吾勤政而愛民。吾即有所欲。而因物付物。未嘗踰矩也。民即或恐懼。法不可以不行。治不可以不肅也。且有時則威克厥愛矣。有時則猛以濟寬矣。甚且曰。治亂國不得不從重典矣。彼雖萬其所為將皆有其可據者。又安肯坦然以專制之治自居也哉。然則孟氏此書。所謂專制。苟自其名以求之。固無此國。而自其實。則一切之君主。微民權之既伸。皆此物也。幸而戴仁君。則有道之立憲也。（此立憲但作有法度例。故言不可與今世英德諸制混。）不幸而遇中主。皆可為無道之專制。其專制也。君主之制。本可專也。其立憲也。君主之仁。樂有憲也。此不必其為兩世也。雖一人之身。始於立憲。終於專制可耳。漢成唐元。非其例歟。其法典非無常也。國之人皆有常。而在彼獨可以無常也。夫立憲專制。既惟其所欲矣。又何必斤斤然。為謹其分於有法無法也哉。此吾譯孟氏此編。所至今未解者也。若夫今世歐洲之立憲。憲非其君之所立也。其民既立之。或君與民共立之。而君與民共守之者也。夫以民而與於憲。則憲之未立。其權必先立也。是故孟氏所區。一國之中。君有權而民無之者。謂之君主。君主之有道者曰立憲。其無道者曰專制也。民有權而自為君者。謂之民主。權集於少數者曰賢政。權散於通國者曰庶建也。至於今世歐洲之立憲。則其君民皆有權。所謂君民並主。而其中或君之權重於民。或民之權重於君。如今之英德奧意諸邦。則其國政界之天演使然。千詭萬變。不可究詰。總之與孟氏是書。所謂有法之君主者。必不可等而論之也。孟之所謂立憲。特有道之專制耳。

故其為論也。於是制無優辭。

第十七節　貢獻

謁其尊長者必有贄。此泰東之禮。著自古昔者也。夫尊長極之於君至矣。故專制之國。臣民覲君。未嘗無貢獻。蒙兀之長。其民有謁。苟無所獻則拒之。夫上之恤下。必俟有獻而後施之。是市道耳。嗟乎。彼之貴人。乃自取其恩施而汙賤之如此。

且由此而言之。則是其國無齊民也。則是上之於下。無所謂天職義務者也。則是上下之交。捨諂瀆陵暴之為。無餘誼也。終之是其民皆游手而無所為。故平居而無可謁於其君。無所請乞也。無所赴愬也。

復案。孟之說亦過高已。夫贄贈貢獻。苟本其禮意而言之。於賕賂固不可等而論也。而孟之意若等之。且夫吏之受訴。而為民申冤抑。問疾苦者。是真天職義務者矣。而徒手奉公。無所責諸民者。獨東方之國然耳。至於歐之諸國。則主訟獄之權者。自士師至於辯護。皆有財矣。此見於民主之國者也。孟氏其又謂之何。

其在民主公治之國家。貢獻所深惡者也。以道德為精神者。本無事此也。乃至有道之君主。其榮名之使人。神於財利也。獨有專制之國家。無榮名。無道德。則所以使之勞神而奮力者。必在優生之實矣。

柏拉圖之為法也。凡奉職而受民財者。罪死。其說曰。凡吏不得受餽遺。受之而為惡者固非。即受之而為善者亦罪也。此其立法之意。與民主之義。固有合矣。

羅馬有弊法焉。以其縱官吏受餽遺。歲不逾百冠（每冠約銀一兩）者。則無罪也。彼以其數之甚少。不知常人之情。其於財賄。惟其無所受。是以無所希。既為其端。斯求其繼。浸假是戔戔者。成於纍纍可也。且法獨不為察吏者地乎。察者之科人罪也。辨其有無易。而差其多少難。彼之宜少而受多者。將皆有其所藉口者以自恕焉。則察者之聽熒矣。

第十八節　賞賜

專制之國家。所以鼓舞斯人者。必存於利實。故為上之所以勸賞者。舍財利亦莫以為。有道君主。民之所重。存於榮寵。獎功酬勩。名器可以為之。第名器雖重。使無利祿與相輔者。亦不足以動人也。故君主之賜人也。爵位必與利祿偕行。則名也而亦以實也。獨民主所以鼓勵人者不然。民主尚德者也。尚德故無所容心於為利。國家獎人。但公仞其人之為有德足矣。

復案。此旌表之說也。

以大率言。為君主。為民主。必待茂賞崇封。而後其下勸者。皆叔季之事也。蓋於此見其精神之已衰。所謂榮寵者。不足為榮寵也。所謂國民者。其自任之義務不重也。

其在羅馬。濫於賞賜者。皆無道之君也。約而言之。如喀立九拉、如覺羅紂、如宜祿、如沃圖、如韋德烈、如戈謨圖、如赫黎渦加巴祿、如嘉拉可拉。而其中令辟聖君。若沃古斯達、如威斯伯鮮、如安敦尼比沃思、如馬戛思奧力烈、如波狄納思。皆撙節恭儉者。蓋國有賢君。則所恃以為精神者重。爵位之貴。以尊榮故。名足使人。不必皆以實耳。

第十九節　推言三制之效

此章之所發明者。國家立法。所緣於其治體形制精神而起義者也。故於其終。吾必推言其效。而後義完。則為設數問如左。

一問。國家之立法也。其於國民。可以強之使事國乎。曰。自吾意而言之。則民主之民。可以強也。君主之民。不宜以強也。何以言之。蓋民主任人以國事。彰其德也。民之生也。所以為國。身之所事。心之所思。皆國而已。一旦國擇其人。而任以事。非利之也。將使勞也。是以義不可卻也。至於君主。雖在有道。凡在官者。皆貴位也。皆榮寵也。夫既曰榮寵。則與強人。義不並立。強斯無榮矣。榮斯不強矣。而國人之於榮寵。義固可以弗受也。故曰不宜也。

輓近薩狄尼亞王。刑國人之辭位而逃祿者。此其所為。乃以其國為民主而不自知。顧其他政。又不盡由民主之道。此真多所牴牾者矣。

次問。民之有位也。嘗為其尊者矣。已而復強之以其卑者。法如是可乎。曰此在民主可。在君主不可也。何則。古羅馬民之從戎也。去歲為之長者。今歲乃伏於其副。蔑不可也。蓋民主之於其國也。義不擇事。以愛國之故。則置其身。忘其所不樂者。所期便國已耳。至於君主。其所重者。則尊榮也。尊榮之本在身。身前尊。後卑。辱也。故不可。

復案。李費羅馬史。載一百夫長諭其兵曰。君等得執干戈以衛社稷。無論何職。皆至榮耳。固無尊卑之分也。此其所生者民主之國也。故其言如此。又宋史載范仲淹被命守邊。以位卑於前。不肯奉詔。上卒易之。論者以范為得大臣之體。其所為與孟氏所言。乃暗合矣。

若夫專制。車服官位。職守爵祿。惟其君之喜怒。師尹可以為輿臺。輿臺可以為師尹。尚何尊者不可復卑之與有乎。

復案。中國之治制。運隆則為有法之君主。道喪則為專制之亂朝。故其中談治之策。經世之文。皆當本君主之精神而觀之。而後知其言之至善。脫以民主之義繩之。則大謬矣。賈生之治安策。古之至言也。顧必用之君主之國。而後有合。此尚論者所宜知也。重名器。立法度。嚴等衰。分淑慝。而行之以恭儉不忍人之心。則其世為昌期。其君為明聖。三代以後。僅僅見之漢文帝光武唐太宗而已。若夫漢之武帝。魏之太祖。則專制之尤者也。

三問。文武之職。以一人兼領之。其事何如。曰。其在民主則宜兼。其在君主則宜分也。君主以武事為專業。與文職絕為兩事者。此至危之道也。君主使文職之臣。兼其國之兵柄者。其害與前均也。

蓋在民主。民之所以執兵者。以捍社稷。衞法典為義務也。其身固國民也。國民皆有當兵之時。向使分之。則執兵者。浸假將自異於國民。而國民亦謂兵者所以衞我。義務不明。而驕吝釁作。故曰至危之道也。

君主之民之當兵也。其心之所蘄者無他。曰功名耳。即不然。則爵位耳。賞賜耳。夫如是之人。不可使治民也。且當禁其為之。何則。恐其為人心之所歸。而專權橫恣故也。

復案。此中國寓兵於農之制。所以不可復。而漢以後篡竊之臣。未有不先兼兵柄者也。孟謂急功渴賞之士。必不可以治民。其指深矣。

則試與觀某國之制。夫某國者、名君主而實民主者也。是以其民鰓鰓焉。常恐其國以執兵為專業。而其中之軍伍。常與國民為聯。且自託於治民之官吏。彼蓋謂兵民一體。乃其保世長久之規。所必不可忘之義也。

若夫文武分途。乃羅馬公產既終之制。誠事勢所趨。而不得已者也。當此之時。羅馬出民主而入君主。出民主而入君主。則兵民之分固宜。沃古斯達之變法也。沁涅特員乃至令尹縣公。皆不得專兵柄。此其作始蓋微。而其終遂不可革。然羅馬所以尚武而不至於為霸朝者。賴有此耳。

波羅可標嘗與華連思競王位矣。其以波斯王子賀密斯達為令尹也。復其舊有之兵權。此其所為。假無特因。則可罪也。故知以匹夫而有覬覦神器之心者。彼之所為。計其有利於己否耳。至於利國。不暇及也。

四問。賣官鬻職。如今之捐輸。其政亦有合乎。曰自我觀之。此政專制之國所不宜行者也。蓋既專制矣。則黜陟予奪。悉從王心。他日既以售之。又從而黜奪之。無乃甚歟。

復案。此吾國言籌款者。所未聞之公道也。

至於君主。吾未見其不宜也。蓋由此而民有自為門戶之思。夫門戶之思。固不必悉從德心而後有也。但既得之以財矣。其奉職不可以不謹。又其政於分民等也。宜富而後貴也。蘇以達嘗曰。安那斯答壽以鬻官故。使其有民貴族。可謂知言矣。

復案。此其所言。牽附洪涊。而其義終不可通。曰使民有門戶之思。曰利分民等。此無論其不能。且將得其反也。就令能之。吾不知於國家果何益也。於君主之治又何益也。其說真不足駁也。且君主之所以御下者。名器也。榮寵也。鬻官則名器褻。榮寵濫。是何異自毀其精神者乎。往者吾國捐輸日濫。吏道雜而多端。獨科舉非財所可及。以是時俗重之。有傖父見其為俗所重也。遂議開舉人之捐。價一萬兩。然而應者終寥寥也。何則。捐開其所可重者亡也。孟氏之言。無乃類之。善夫福祿特爾之言曰。吾深惜孟德斯鳩以如是之衒言。點其著作也。雖然。吾黨恕之。孟之季父。親入貲而得其鄉之伯理璽。已而以其官傳孟者也。孟以是故不敢毀鬻官。不敢毀故從而為之辭。嗚呼。雖在賢人。未嘗無弱點也。其譏之如此。

若夫柏拉圖、則嘗云吏道之雜。為國大詬矣。其言曰。今使有舟而求舟師。今有財者則得之可乎。國之鬻官。何以異此。夫其術於生人之事悉不可用者。吾未見於國事而獨可用也。此其言美矣。顧柏拉圖之所論者。則民主之官也。而吾所以為可鬻者。則君主之官也。夫君主雖罷捐輸。止入粟。而不以鬻官為令也。然以近臣之鄙。權貴之貪。未有不以官陰市者也。乃今為之法焉。猶使民之秀者。得以自進。不愈於全由陰市者乎。約而言之。民知既富之可以貴也。則求富。求富則必勤業。夫勤業。於君主之民。最希有之德也。今有道能使民勤。獨無補乎。

復案。中間一段。則謂近臣權貴以官陰市。直中國之保舉耳。

又案。甚矣孟氏之重其言過也。吾聞出財致工之使民勤矣。未聞以財入官之使民勤也。且民之資勤無窮。而國之設官有數。必如孟言。將勤者皆官之乎。必不然矣。且吏道既已雜矣。其朘民必深。其持法必不平也。朘深而法不平。吾見遊手之日多而已。是故斯巴尼亞之官莫不鬻。而其民之遊惰過諸歐。孟之為言。其驗諸事實者如此。

五問。糾彈風憲之官。於何治制為不可少。應之曰。於民主國乃不可少也。蓋民主精神。本為道德。夫道德不必罪惡始有以毀之也。應有而無有。當行而不行。國固愛也。而其心不熱。刑固懷也。而冥墮已多。凡此皆足以毀道德者矣。科不必顯犯。而或舞文。制不必竟違。而或出入。凡若此者。皆申蘇爾風憲之官之所宜察者也。

爵見敺於鷂。或納諸其懷而死。雅典之憲官。乃取而罪之以殺爵之罪。是可怪也。憲官之子。有矐其鳥之目者。其父論而殺之。是可怪也。雖然。吾嘗思之。彼之所以立其民主者。固以民之德行心術為要素焉。則不得以其小而忽之矣。

復案。是亦詖辭而已。不足為典要也。夫科罪不辨誤故。則其刑必不足以弼教。矐鳥目而殺之。將矐人目者又何以科之。此皆百思而不能通其說者也。

其在君主。固不宜有此官也。蓋君主基於榮寵者也。榮寵之為物。當以天下為之監。使其人而辱。則雖微賤之夫。可以議其後矣。

使必立之監者。吾恐將反為所監之民之所陶成。而失其德也。蓋君主者必弊之制也。江河趨下。彼固無能而障之。無能而障之。則以其流之大。監者亦日與俱下而已矣。

由是而推。則專制之國。尤不應有此官明矣。然而支那之官制則有之。豈吾例有不信者歟。然彼自有其所以然者。學者更觀後章之論。將恍然矣。

復案。此之所謂申蘇爾風憲之官者。所以防民德者也。其為用也。雖刑而主於教矣。若夫中國之御史臺。其大用在於寄耳目。袪壅蔽。君主以一人而託於上。懸旒垂黈。脫非得此。則土木偶而已。不獨無以全其日月之明也。且無以施其雷霆之威。此其官所為不可已也。蓋與本書所指者。名相似而實不同。此學者又所宜辨也。

第六章　論公私刑律之繁簡。訊鞫威儀之文質。刑罰所加之重輕。所緣諸治制精神而異者

第一節　各國私律（即司域爾律）繁簡（公私二律解見社會通詮論刑法權篇）

君主之刑律。必不能若專制之簡徑。蓋必有法官之署置。又必有爰書奏當之事。且其所論。必謹藏之。以為他日之請比。庶不至任情出入。析律貳端。而國民之身家財產。常有所恃。其堅固不搖。與國之制度相若。

君主之法官。所以主一國之平者也。其所論決。不徒民之性命財產而已。至於榮寵。尤所重也。非詳審焉不可。是故法官之審慎。與責任之重輕關係之大小為比例。片言折獄。而其下之榮辱生死分焉。

故君主之法令如牛毛。不足訝也。一令之主。或制限之。示其例之不可更援。或擴充之。見其事之本為一律。隨事立案。積而愈多。而援引比附之得宜。乃為巧者之能事矣。

臣民之階品門第出身。樊然不齊。產業利益從之而判。且法制立。而如是之別益繁。故產業之為分也。有真產。有購置。有正奩。有餘奩。有

父業。有母業。同一田也。有全付。有特傳。有祖遺。有交易。或無徭。或有徭。或折色。或任土。田既如此。一切附土之百物。可移之牲畜。亦然。凡此諸端。皆有專律。欲為易主。必遵律義而後可行。否則敗且有罰。夫如是。私律又何從而簡乎。

君主之下。嘗有貴族承之。貴族或以舊封。或以勳賞。於其主皆有應盡之義務。是非徒手所能辦也。故必使之世守其土田。然土田有不可分者。有可分者。而分之為事。又各不同。則一宗之法。又不可以不立。

所君之土。郡國誠多。則因風俗好惡之不同。為立特別法律可也。惟專制不然。民風之殊。非所察也。本心為度。期一切之整齊而已。威力之下。靡所不屈也。

君主之國。法官判事愈多。法律案例愈眾。往往前後舛忤。莫從是正。此或同慮一囚。法官之思理各異。或同申一事。而辨護之巧拙相懸。其於定讞。皆為輕重。又況骫法之事。所謂上下其手者。坌出也耶。凡此皆君主國律之至難免者也。是以一國之法。時須釐訂。至於太甚。或一切以整齊之。雖鄰專制。無如何也。今夫民之索直呼枉於法廷也。固於大中至正憲法之是求。抑非望諸委積矛盾之條例明矣。

國以貴貴親親為治。則用法有議親議貴之典。律之得此。又痛益繁。

其特別之條。雖累百盈千可也。

法廷不一。民訟得擇而赴愬之。是之為便。固於社會無所甚損者也。然亦有難者。則一獄之興。孰定其宜決於何廷耶。

若夫專制之朝。固無慮此。蓋既曰專制。則立法之憲權。固無所議。而行法之法司。亦無所據。普天之下。既曰莫非王土矣。則地產私律。又安所用其紛紛。既曰。惟辟作福矣。則國業之孰傳。其下亦無可爭者。官山而府海。水衡均輸之利。一切皆王者之私財。故其國之商律。雖欲立而其道無由。持一陽眾陰之說。夫婦道苦久矣。妾婢成行。以貴下賤。故奩律不足存。而婦嫠無特別之利益。又況一國之民。半皆奴隸。其身且非自主。彼不自由者之行事。又安得以功罪論耶。三綱之說。垂為地義天經。故婦子臣之動作云為。所必遵而守者。夫父君之教令而已。非立法權所著之令申也。此專制之法。所以獨簡歟。

尚有一事。吾幾忘之。夫我曹之所絕重者。非榮寵歟。乃在專制。幾不知有此物。是故有在我所必爭。而視為至重者。在彼無此事也。專制之權。即已而萬物皆備者也。環其外皆空虛耳。每讀古今人遊紀。有述異方國土。為霸力所盛行者。則其中無司域爾律。是固然矣。（案司域爾律以治國人之交。即民律。即私律也。解見社會通詮。）

是故專制之君。雖欲使民無訟可也。何則。其訊鞫之淫威。有以大畏民志也。其在吾國。吏之骩法而行不平也。猶必假一切之文法。以為藏身之固。其在專制。直倮然孤行而已。倮然孤行。故易見也。（自註。前謂專制國無私律。且豈徒無私律而已。若馬咀利巴丹乃並寫律而無之。又大東日記言。印度之民亦無國律。其定爭也。循舊俗之儀文而已。四韋陀其國最古之書也。然其中亦但有宗教科條。無司域爾律也。）

第二節　各國公律（即孤理密律）繁簡

嘗聞之曰。吾法之決獄。必如突厥之所為而後可。夫突厥。天下之愚種也。而決獄。國家之要政也。如若人言。將天下之愚種。其明於國家之要政。過吾法矣。其然豈其然乎。

吾人脫不幸以財產之見奪。抑身家之受侵。其奔走而籲之於法廷也。恨不得斯須而得直。顧聽吾獄者。必文法之為循。徘徊焉。審慮焉。遲之又久。而後能斷。則怨國律之繁猥。而以為不若突厥之簡徑者。固其所耳。顧第使易地而為觀。以愬人者為受愬。且念及天賦之自繇。與國中人人所以長保其性命與財產。吾恐於向之文法。方存乎見少。奚暇以見多。嗟乎。郅治未成。一切下民之幸福。皆不能無價值而得之。訟獄之繁委曲折。觝滯煩費。甚若今者傳爰對簿之險難。苟以法眼觀之。真吾民所以安享自繇之砥柱也。

彼突厥斷獄之簡徑者。法官於國人之榮辱得失生死漠然故也。方其為判也。重其判否而已。判之何如。不必問也。霸夏高坐堂皇。既受兩造之詞矣。憑其喜怒。則判其一使受笞。笞已。縱之使各歸其本業。

復案。甚矣法之不可以一端論也。孟氏之言獄也。意謂獄之紆遲。起於吏之重法。若夫專制無法。雖當機立決可也。顧於曲直。又何如乎。雖然。是之紆遲。必有法之國家。而後有保民之效耳。假其無法。抑法敝之餘。則遲之害民。禍烈於速。雖仟佰可也。一夫訟繫。中產為傾。而甚者或坐以瘐死。如是之紆遲。尚得以審慎保民。為口實乎。則轉不若憑其喜怒。判其一使受笞。已而縱之使各歸本業之為愈矣。甚矣。法之不可以一端論也。

居於如是政府之下。則健訟者最不利。夫健訟者。非必譸張之民也。但使必求公道。本好惡之誠。必達其所祈而後已。則政府惡之。蓋專制之治。既以恐怖為精神矣。常慮星星者或至於燎原。往往民碞之起。即為易姓受代之發端也。是以其民。常不願己之姓名。聞於官長。必陸沈人海之中。若世無此人也者。夫而後其性命財產。乃可以安穩而不危也。

若夫有道政平之國。雖有至賤之民。其性命皆國家之所重。欲褫其榮寵。損其產業。非有曠日之審訊。而情罪昭然者無由決也。至於大辟死刑。必其身為通國所共棄者。然且爰書未定。必予其身以辯護之全權。至情見勢屈。而後論死。

夫如是之國。脫有人焉。遭逢事會。而得不諍無對之大權。彼之所為。常欲取國律。而加以沙汰（自注。如羅馬之凱撒英之克倫謨爾等。）。蓋彼之所以謂不便者。惡其害己也非。以為侵奪其民之自繇也。夫民之自繇。非其意之所恤久矣。

乃至民主公治之國。其法令之繁。必過於君主而無不及。明矣。蓋使謹於其民之榮辱得失生死者。則事防曲制。勢不得以不多。是二者固相比例為多寡也。

其在民主。國民地位。固平等也。其在專制國民地位。亦平等也。特民主之平等也。以國民為主人。為一切之所由起。專制之平等也。以國民為奴虜。為無可比數之蚰蟲。

復案。代數術有相等之數。然使為無。則亦相等。專制之民。以無為等者也。一人而外。則皆奴隸。以隸相尊。徒強顏耳。且使諦而論之。則長奴隸者。未有不自奴隸者也。汗德、洛克、孟德斯鳩、斯賓塞諸公。

皆證論之矣。

第三節　問於何等治制法官乃有按律定擬之實

大抵斷獄。其政府彌近民主。其讞決彌有定程。古斯巴達民主。設額和里（解見前章）之官。遇事得以己意為斷。此與其政體可謂背馳者矣。羅馬之初置大都護也。其權之不制。與希臘之額和里相若。顧其不便。亦未逾時而見。乃不得已而為之令申。俾循守也。

專制之政府。無法守者也。故讞獄之官。憑臆斷事。尋常之君主。有法守者也。故其斷獄也。使律有明文。則按律以定擬。使其無之。則附其所有之意而造律焉。若夫民主公治之制。所謂有治法而無治人者也。故一切之獄。非按律定擬不可。蓋使不然。將人人得以意為之出入輕重。國民將無所措其手足。而產之得失。名之榮辱。身之生死。皆懸於不可知者矣。

羅馬法官定讞。對眾宣言。囚所犯應何科。至於刑罰。則律文可見。如今所傳羅馬律是已。至英人治獄。則有助理。（解見社會通詮。）囚之所犯。證供確鑿與否。助理聲之。證供既確。法官乃按律以定其罰。凡皆依文行事。無可出入增損者也。

第四節　會鞫奏當之各異

於是會鞫奏當之法。亦從而異。尋常君主法官。用公亭之術。承讞之官。各言己意。以告其僚。冀為和合。有時或變己意從人。大抵三占從二。以少隨眾而已。民主之法不然。其在羅馬若希臘。會鞫之法官。未嘗聚而議也。爰書既傳。則會鞫之人。於下之三言。各持其一。一曰釋之。二曰罪之。三曰有疑。蓋民主之於獄。其論決之也。固以謂民決之爾。然而民不必盡習於文法。故雖使亭法。而智有不逮。欲使之能。必析其獄之繁。以為至簡。俾所以然否疑信之者。常盡於一物一事之易知。夫而後使擇於前三語者。而持其一焉。乃有當耳。

羅馬鞫獄。沿希臘舊制。視訟端不同。鞫之之法亦異。此蓋由公亭之難。故不得已而為此制。欲國人暸然心目。故其獄之問題。不可輒易。假其屢易。則鞫久緒棼。國人將不知所訊之為何事矣。

故羅馬法官。其斷獄也。所予奪僅在問題之內。不能為之出入增損。獨其廷尉。（拉體諾語曰布理陀。）可不為此。謂之出事實法。出事實法者。其斷決之儀。得由法官自為政也。故其法實與君主之制為宜。至今法國律家。皆言法蘭西一切斷獄。皆出事實法也。（自注。如在法國。人有被愬負債而過其實者。必先承願償真負之數。否則雖誣亦負。須出訟費矣。）

復案。此節後二段。語意殊不明了。蓋用法家語。而不先為之分釋。此亦孟書之一短也。

第五節　於何政府王者可為法官

墨迦伏勒（大政治思想家。佛羅連思人。嘗論其國治制。又著帝王要術一書。為此學巨子。）謂佛羅連思之民所以失其自繇者。坐論國事犯。不能用羅馬會鞫之舊制也。佛羅連思之鞫是獄。例用法官八人公亭之。然墨則謂此少數人。常為他少數人之所牽率。不能平也。此其言過當。然而國事法重。往往不得復恤私家之損。又況得罪政府者民也。而又以民亭其疑獄。是固不便。然欲祛其弊。法亦宜先為小己之身家道地。勿使典獄者得濫用其淫威。

以此。而羅馬民主為之二律。一、被舉發者。於獄未定之頃。許其出亡。次、其人家產。不可干犯。蓋防其籍沒以歸眾也。不佞於後十一章中。當更詳其用法之制限。蓋其制限者。即此時典獄之民權也。

公犯之獄。亭以眾民。其用刑或濫。唆崙知其然也。乃為之專律曰。

凡遇國事之犯。雖獄已具。雅理擘加得覆諭之。使其失出。則重行對眾公劾之。使其失入。則亭其刑。令典獄者為覆勘。此至美之法也。蓋雅理擘加憲官。本其民所嚴重。視其判決。重於商民典獄者之所為。是猶以貴察賤。故常順也。

凡遇此等。其判決轉以延緩為宜。若罪人在訟繫之中。固亦無慮其中變也。蓋與以時日。則民情激昂。乃今能靜。如有失中過當。乃今可得其平。

專制之國。君主親鞫庶獄。為之士師可也。若尋常之君主。則大不利。何以言之。蓋以君而親訟獄。則承流輔治者。虛設而治制隳。自君作故。何法之拘。一切傳爰奏當之文。舉為無用。人懷惴惴之情。民有悁悁之忿。側目重足。大亂之故。所以興也。故君主之為國也。將使人人有可據之勢。深保任。崇榮寵。爭親媚。於主上。而身家之固。猶泰山而四維之。則君主權力之極盛。而幾於太平之象者矣。

且君主之必不可以治獄。尚有他故焉。蓋訟有兩曹。曰原告。曰被告。君主常與原告為曹者也。使親治獄。是無異以原告而為之法官。其判之能平與否。固可見矣。

復案。此於司域爾之私犯。不大見也。若於孤理密之公犯。甚者乃至於飛章告變之國事犯。則其衡往往大傾。中國以州縣治民。以行法之官。而司刑柄。其流弊正與此同。蓋中國之制。自天子至於守宰。皆以一身。而兼刑憲政三權者也。故古今於國事犯。無持平之獄。

又君主之制。所謂罰鍰。所謂籍沒。大抵皆奪之人民。歸之君主。斷其獄而利其罰。是又以原告為法官也。

尚有不可者。君主之所以為尊榮。其最大者莫若赦罪而宥過。而法官之天職。其絕重者存乎執法而必行。今乃以君主為法官。使其宥之。是溺絕重之天職也。使其不宥。是棄最大之榮業也。是君主之與法官。於義本不可以並居也。

使其並居。將使人意紊而莫知所屬。何以言之。今使君主而斷一獄。或實宥之。而人以為已極其辜矣。或極其辜。而人以為君主實縱之矣。（自注。自柏拉圖之意言之。則君主往往身兼宗教之長。為一國社稷之祭司。故於理必不可主獄。而斷人以殊死之大辟。或放流。或監禁。此數者皆非祭司之所宜出也。）

往在吾法路易第十三之代。嘗欲自聽華勒公爵之獄。則飭議院（復案。法國當王制未毀時。其議院與英之所有乃大異。英之議院立法權之一部也。法之議院刑法權之領袖也。）與中書各飭數員會論之。問以王逮人。於故事何如。議院上座伯黎威爾起而言曰。以王者親鞫臣民之獄者。其事不合古。夫王者之所專者。宥人之權也。而執法以論人者。法吏之職也。大王仁覆一國。為百姓所尊親。同諸父母。豈宜使人坐其片言。由生入死。且大王之於臣民也。當使之瞻對而生希望之情。不當使之相驚而懷怖駴之意也。當被之以榮光。即有愆尤。緣以消散。不當於親覩天顏之後。而猶懷慘悽之心。伯黎持說如此。嗣及定讞。上座又曰。今日以法國之君王。任士師之吏職。以定一貴人之死罪。此讞乃吾法所未嘗有也。（福祿特爾云。此獄後卒平反。而王收回成命也。伯黎氏之言似未盡確。蓋法國舊制。群公得罪。王固得親聽其獄。如法蘭碩第二之於康諦王子。察理第七之於達林桑公。皆故事也。第處今而行之。則使通國狼顧耳。）

以國君而主訟獄。其弊尚有不可勝言者。宮寢左右之嬖人。力常能得其所欲於主上。如此尚有清平之獄也哉。往者羅馬之皇帝。天奪其魄。乃自聽斷。當是之時。其政之殘暴不平。乃真為歷史所未有者。

撻實圖長編有曰。覺羅紂之為羅馬主也。總一國之訟獄而自聽之。以天子而躬吏職。私賄豪奪。選乃大興。宜祿繼統。欲自媚於民。故其令有云。凡私家之獄。朕不親決。以使兩造之人。為一二有權者之所魚肉也。祝芝目史載亞加紂朝。讒人密布。法廷昏愚。一人告亡。輒云無子。

詔書夕下。遺產朝空。蓋其君有駑人之愚闇。而宮闈則具敢為不旋踵之風。大奴私侍。貪慾無厭。以帝后而為之傀儡。如虎之有倀也。無辜正直之民。祈死不得。噫、生逢如是之朝。惟死為幸福耳。

波羅可標密史曰。往者羅馬宮廷。甚為靜謐。逮札思直粘為帝。躬親訟獄。舊設法官無訊斷之事。寺署法堂。遂同虛設。而殿陛之中。囚訟所集。狺狺如也。上無法守。民知所謂訟獄者。直骪法招權已耳。不獨官不足倚。即法亦無可恃也。

嗟乎。法律者其明王之耳目乎。方其不自主獄也。得假其用。以見不見。以聞不聞。自侵法吏之官。彼非自適己事也。徒為奸人所用已耳。夫奸人所以蔽塞人主聰明之術。豈有窮哉。

復案。從中國之道而言之。則鞫獄判決者。主上固有之權也。其置刑曹法司。特寄焉而已。故刑部奏當。必待制可。而秋審之犯。亦天子親句決之。凡此皆與歐洲絕異而必不可同者也。今盎格魯國民。其法廷咸稱無上。示無所屈。其所判決。雖必依國律。而既定之後。王者一字不能易也。王者之特權。存諸肆赦而已。然亦不常用也。

第六節　行政官不宜為刑法官

不徒君主不可以鞫獄也。即行政大臣為之。亦大不便。歷史載法官會鞫財賦之獄。宰相分席其中。與聞判斷之事。此誠駭聞難信。然而前事固具在也。此其可以極論者至多。然不暇一一之。舉其一說焉足矣。

蓋國家之法廷。與朝廷之樞府。是二者之為異。乃從其制之性質而已然。故其為用。必不可合。樞府之同寅宜寡。而法廷之會鞫宜多。樞府事重。為君主之股肱。其於政也。宜將之以熱誠。而具奮發有為之志氣。是惟人寡。而後能之。故樞府密勿之地。為數鮮過四五人者。多則敗矣。而法廷之道反此。以亭法之必期於至平也。故其集議也。宜人懷澹定之天。雍容之意。惟治以多數。則雖欲為其不平不能。

第七節　刑獄之柄執於一官何如

案此制惟專制之霸朝用之。下此不能有也。讀羅馬舊史。則知刑獄之柄。凡執於一官。未有不為暴者。史載亞彪思之為法官。不獨舊法有不用也。乃至自定之律亦叛之矣。十法司者。羅馬之特制也。司有專斷之柄。故李費為史。言其秕政之害甚詳。如斐真尼亞一獄。某法司以利。嗾人廷控斐為其逋妾。裴之親屬。爭言其詐。不見省。最後乃言。即依十法司新律。爭奴婢未定讞。亦宜歸其親自具領。某法司詞窮。乃曰。新律為奴婢之父母設。今斐父未歸。不得引此律也。（案斐真尼亞者。羅馬某百夫長女。有殊色。亞彪思欲奪之。則嗾人誣告斐為逃妾。其父從軍。聞女難亟馳歸。訴於十法司之一。然終不得直。乃手刃其女。復還至軍。檄十法司罪狀討之。亞彪思坐下獄。而十法司制廢。此事在紀元前四百四十九年也。）

第八節　糾彈公犯隨制不同

方羅馬之為民主也。國民人人有糾彈公犯之義務。此其法固與公治之精神合也。蓋國為公產。故人人得視公以為私。群扶之國。其風俗自日上也。俄而有皇帝矣。然治制雖革。民主之說。猶沿用之。於是飛章告訐之人。扼掔爭起。顧為此者。皆陰賊僉壬。無所不至。譖誣飛灑。以逢其君之惡。因以梯其身之富貴。此國民之所以無寧晷也。不佞回觀吾國。幸今者此俗尚未興耳。

吾國之法。以君主為責法行政之大權。而有保持治安之不容已。則於法司諸署中。各置吏。以為王監一切公犯。以發奸擿伏為專司。故吾國無飛章告訐之事。蓋使法司濫用其權。無由隱也。

考柏拉圖之法曰。國民互徇隱。而不助法官行權者有罰。雖然。此非今日所可用也。今日之法。監察諸道。皆有專官。其職以除莠安良為事。而齊民則與安居樂業而已。

第九節　刑典重輕隨制亦異

專制之國宜重典者。以其治以恐怖為精神。若夫君主之以榮寵。民主之以道德。皆於尚刑不宜。

是故理平之國。其民於國有深愛。崇尚廉恥。畏惡刺譏。凡此皆足禁制其非心。而免於無窮之刑辟。當此之時。民之為惡。但衆著其誠然。當躬之罰。無甚此者。是以國之刑典雖用甚輕之罰。而以防民有餘。不必嚴求峻誅而後濟也。

且夫明刑之意。非以罰已然也。乃以禁未然。將以弼教也。而非以行誅。

復案。刑法之大旨三。一曰癉惡。二曰禁未。三曰革非。是三而外。無餘旨也。及其用之也。雜而施之。而分有多寡。此國典之所以異和峻也。

吾嘗聞支那作者之恆言矣。法網日密。赭衣塞路者。國祚將絕之先驅也。蓋必民德先瀉。而後犯刑者日以衆。（自注云。支那之政府於用刑一端。實與民主君主諸歐國無以異。不佞於後方詳論之。）

歐洲諸國之用刑也。其寬大而樂民自繇者。則刑律輕以省。其狹隘而妨民自繇者。則刑律繁以深。此於歷史尤無難徵者矣。

專制之下。其民本不聊生。故於刑非畏死也。畏其所以死之者也。法非嚴酷。不足威民。理平之國。化日舒長。故其民畏死。而死之痛苦。未嘗慮也。雖有大罪惡。死之足矣。

處極得意之時。與極堅苦之境。其心皆趨於慘酷者也。觀於戰勝之家。與修行之僧侶。可以見矣。懷慈良之意。而具悲憫之情。其惟世俗之平人乎。其為生也。苦樂常相半。故惻隱之端。未嘗梏亡也。

復案。此言雖奇。不足為公例也。夫戰勝之家。所以好殺者。有二原因焉。久居行間。習於慘虐之事。以生命為莫須有。一也。降虜之眾。難於安置。而常防其反覆。二也。非極得意而後樂出此也。教會僧侶之虐殺。則緣於教義之謬。而迷信之深。如云焚人乃毀其軀幹。以救靈魂。一也。且謂受苦滋深。其懺除愈淨。二也。然則人所謂虐。在彼且以為至仁。以二者之橫梗於胸中。故敢於戕殘而不顧。亦非習於苦觳。乃喜為暴明矣。故孟氏之言。不足為心靈學公例也。

小己性情之變如是。而國群亦然。狉榛之民。其生事至為确苦。專制之國。欲窮意得者。厥惟一人。自餘則流離顛沛而已矣。是故二者之眾皆殊。求愷悌之民。其惟理平之國乎。

復案。此節所言。亦不足以證前例也。

每讀歷史。載回部薩爾旦用刑慘刻。令人股栗心傷。天之生民。固使之困難如此哉。

有道理平之國。榮辱之名既分。則所謂辱者。皆可以為罰。不必使之呼譽負痛而喪元也。斯巴達之行罰也。禁民以妻貸人。己亦不得貸人妻。其所同居。必以處女。此非天下之至奇而難信者耶。然而彼民主乃以是為上刑之一矣。但使著在刑書。則一切為罰。彼謂必嚴刑峻法而後有整齊之效者。可以憬然悟矣。

第十節　法國古律

觀於法國前古之刑律。斯君主之真精神見矣。譬如財賄贓罰之案。則其律嚴於爵貴。而寬於小人。（自注。如違背詔書。常民之罰不過四十穌。而貴人之罰則六十鎊也。）若夫公犯之鞭笞刑杖。其輕重反此。蓋貴人先有爵命榮寵之可褫。削宮門之籍。使不得預朝議。亦云酷矣。而小民無榮寵之可奪。故不免於膚體之辱也。

復案。孝經云身體髮膚。受之父母。不敢毀傷矣。而曾子又云。戰陳無勇非孝。二義若不並立。故知孝經前語。猶云為惡無近刑而已。非必偷懦葸選。而後為孝也。

又案。法國古律。與中國刑不上大夫之義正同。且由是知原文翁那爾字。必不可但譯名譽。如譯名譽。於此將不可通。蓋其字在此。無異指名器爵祿。凡膺一命之士。皆有翁那爾者也。設為名譽。豈可褫哉。

第十一節　民德未漓刑措可為其實

此理於羅馬有其徵矣。以風俗之厚。故一法之立。但使明示是非分塗足矣。無所謂驅迫者也。人見其法之行。若無所謂令者。特勸誡商榷焉而已。當民主之政既成。華勒利亞。與波司亞為新法與民更始。前朝之所立。及所謂十二章律。幾於盡廢。然未聞以是之寬紓。致其治或不及也。華勒利亞之約法也。戒吏於國人赴愬民主者。不得加橫暴。民之犯法者。無所別加刑罰也。特著之以為小人足矣。其刑措如此。

第十二節　刑辟之能事

歷史所可見者。凡祥刑之國。其民之畏輕典。無異尚法之朝其民之避重辟也。

嗚呼。刑辟之日重。有由然矣。嚴酷之吏。覩其民作奸無已時。則求必勝之之術。舊有之科條。意以為輕不足以止奸也。則制為新典。重於古者。方其始行。奸固以止。則以為武健愉快者矣。顧其為術。如擎弓然。一張而不可弛。數行之後。民之狃於其重者。猶前之狃於其輕也。則犯者如故。至此而求勝。又必制其重者。有窮期乎。往者某國以國門多盜而莫能禁也。則作車裂之刑。其始作也。民相顧睚眙。奸以大止。顧不朞月。而殺越人於貨者。又見告矣。

輓近逃軍日眾。政府以其害之大也。則定以死刑。雖然逃者不止。此其故易言也。蓋民為兵。其習於冒險久矣。克倖免之情勝。雖威以死刑。非所懼也。然而彼之視恥辱也重於死。誠欲止之。莫若貸其生而被之以不可洒之恥辱。彼定以死刑者。名為重之。實輕之耳。

復案。自此言出。政府乃定逃軍以割鼻去耳之刑。而置大辟。吾國宋時逃軍皆鯨。其法若與此合。然再犯三犯。亦處死也。且孟謂兵重恥辱。此亦惟教訓有素者而後然也。

總之。嚴厲慘酷者。非治人之至術也。使立法察於天理人情之間。則知所以待犯科之民。亦勿自窮於術而已矣。今夫民之所由無良而鋌走者。

上之人知其所由然乎。彼非以其典輕也。實以犯者之有刑。在或然或不然之數也。

人所惡有甚於死者。其惟恥辱乎。故雖得生。而毅然自殺者有之矣。然則國家至重之刑辟。必使與恥辱偕行。而後有以畏民志。

雖然。有刑之若甚重。而其民無幾微之媿者矣。則起於專制之霸朝。上有暴君。下有污吏。其刑人也。於善惡賢不肖無擇。無擇則不幸而已矣。又何辱之有焉。

又使其民之重犯法也。必待極刑而後爾。則其國之用法。必有以極刑處輕罪者。此於覘國十可得其七八者矣。

以俗之有不善。乃為法焉以禁之。方其為此。求必勝其俗焉而已。其目之所覩。是一不善之存亡。而其法之不便。非所見及者也。洎法行姦止矣。民固相驚於其法之嚴。而立法者之可畏。顧不知其俗之大害。即生於此嚴而可畏者。何則。其民不知恥也。其俗之日習於專制之淫威也。

賴山德戰勝雅典之民也。執諸俘而懟其大罪二。一取兩舟之囚而棄諸懸厓之下也。二其國會令取諸俘而斷其腕也。當是時犯者皆死。免者獨雅狄曼持。以其嘗諫沮之也。斐洛克黎臨死。賴山德數之曰。壞國民之天良。而率希臘諸邦以殘忍者。必汝之所為也。

布魯達奇史載亞爾吉甫一日而殺千五百家。雅典民乃為祓除之祭。祝如是殘虐之意。勿更留於雅典之民心也。

是故國有大患二。其一、國有常典而民不率也。其一、國有常典。而日率其民於薄也。雖然。後之為患。實甚於前。何則。法者所以防民也。防民而民之惡日滋。猶病而求藥。得藥而病益深。斯無救已。尚刑用重典者其知之。

第十三節　論日本律之不足

刑重雖專制受其敝。此吾黨於日本見之矣。日本之律。有罪幾皆死刑。蓋天皇制尊。法者天皇之所立也。犯天皇之法故必死。其用刑也。非禁未革非。而使民日遷善也。凡以著天皇之制。必不可違而已。天皇富有四海。臣妾億兆。自是義行。則民有作奸犯科。皆侵其權利者也。故必死。

法堂之上。敢為誑者厥罪死。此其法簡矣。然甚非準情酌理之律也。有時民之行事。若不必為罪。而亦罹至重之刑。如於博為孤注。亦處之以死也。

彼之刑律。所在他國為殘賊不仁者。顧在日本。立法之人未嘗無以自解者也。彼以為其國之民。懻忮輕剽。傲危難而愍死亡。其強梁若此。是非法峻。不足以鎮撫彈壓之也。雖然。吾謂其民固不畏死。視性命如鴻毛。每以薄節細故。雖剖腹斷脰。不自為非。然而民之所為如是。果其可稱者歟。抑國家宜為之法。以挽其惡風凶習者歟。苟宜為之法。以挽之使得中。而勿使其俗之益痼也。則峻法嚴刑。所日狃其民以死亡者。為是與非不待論已。

客有遊於日本。歸而告人曰。遇其國之兒童。不可不以柔道也。以彼視責罰為至常故。待其奴僕。不可為粗暴也。以彼將鋌而走險故。然則日本之所以為教育者。大可見矣。且人之覘國者。即其所見於家者。推以言其朝野。彼一國所宜有之精神。不既見矣乎。

若夫明法者之復其民。則有道矣。刑賞之行。必軌於中正。由乎哲學德行宗教之法言。以求有合於當時之治。恭儉由禮。使其民享太平有道之安。若不幸民心狃於陰慘刻薄之法。而非寬和柔緩者。所能止其非心也。亦將有術焉。以必達其所祈嚮者。則持之以恆。期之以漸是已。蓋其於法也。將先之於可以致其仁者。彼乃為之蠲省。逮為之既久。乃除苛解嬈。而通之於一切之法也。(自注。是所發者宜為法家所服膺之格言。凡治亂國之民狃於嚴刑峻法者。舍此無他術也。)

雖然。是之為術。彼樂專制者所不知。即知亦必不為者也。夫專制固安往而不作威。作威而外無餘術也。故刑之慘酷。至於日本而極。雖欲勝之。有不能矣。

其民心以重典為常法。故習於為暴而難馴。而操法權者又不明於人心之變。則以為是非加慘虐焉。不足以勝任愉快也。故終之雖地獄之幻。不能過矣。

日本刑律。其本原與精神具如此。雖然使諦而觀之。其所行者。非威力也。乃戾氣也。景教之入其國。彼既勦絕之矣。顧其所為無道。適足以形其不足而已。其志將以建國威而銷敵萌也。而不知其反以示弱。則何補乎。

吾嘗讀荷蘭人海行之紀載。將有以徵前說之不誣。其書紀某天皇與大祿相見於米雅谷之一事。當是時。城中為頑民所閟殺與刃戕者。蓋不知其凡幾。少女稚男。為所刦虜。明日日中。乃裸而置諸廣市之中。布囊其首。不使知道路之所經也。刦掠寇盜。徧於國中。有騎者過。則以伏刃剖其馬腹。使下。婦女御帷軍。則覆之。而褫其衣飾以去。又荷蘭人聚處木堡中。或告之曰。是不可居。入夜將有殺汝者云。

復案。孟氏此書文詞。頗為時人所譏。以為徵引之繁。往往傷潔。又文氣不完。輒即作結。如此節見時人之評隲不謬也。

吾於日本。將更舉其歷史之一事。以徵其法敝之實。某天皇以荒淫之故。不立后妃。其臣下頗以國儲為念。於是荷蘭大祿飾二女甚麗以獻。天皇納其一。然以不淫不見答也。其保姆徧訪國中美女進之。無當意者。最後見一函人女。悅而納之。生一子。後宮與爭寵。見其有子。繯而殺之。然以日本法重。無敢告發者。夫法者所以防姦。乃今以重之故。而姦愈甚。然則法網雖密。轉以縱吞舟之魚。此日本律所以為不足也。

復案。東譯萬法精理。某注云。此之所論。乃據荷蘭所傳聞。頗有誕妄之處。若改正則失作者之舊。故用原文云云。夫荷蘭之紀載。誕妄與否。誠不可知。顧其國刑律之重。與其俗之陰賊感慨。以自屠為榮行。則固有不可掩者。不然。荒魂武士道之說。何以稱焉。且百年以往之民俗。雖不必合於中道。未足為日本辱也。變化之速。在昔則為殘暴而輕生。在今則為知所以處死。此真其國之至榮也。烏足諱乎。

第十四節　羅馬之沁涅特

若羅馬之沁涅特。則可謂知治者矣。方格拉布流及璧蘇之為大都護也。則定鑽營干位之律。（自注。是名亞西利安律。犯者罰金終其身。不得與沁涅特之選。亦不得任他職也。）氏阿論曰。此法沁涅特奏記。都護之所定也。當是時戈訥烈為廷尉。議設重刑待之。而國論民議。大半與合。獨沁涅特議曰。此罪果立重典。固足以寒姦宄貪緣之膽於一時。特過是以往。將以法重之故。莫肯舉發。而亦莫敢誰何。如此是法虛設而不行也。故欲國典之必伸。誠莫若為之平法。將此後告者有人。而判者亦有人也。為平法便。

復案。此其義殆吾國法家所不識也。往者科場。　國朝沿前朝之法。其中如關節懷挾搶替頂冒諸弊。皆設至重之刑待之。然其法虛設不行。間或一發。則資怨仇之報復而已。又以國號孝治之故。於戕毆所生。典亦至重。一獄之決。自大吏下至儒官無一免者。於是用避重就輕之術。而不孝者皆患風矣。此其法之用心。姑勿深論。但國家設為科律。使其下之吏民遇此。則文告奉報。一切必出於欺。而不自引恥。此於化民成俗弼教明刑之道。果有當乎。噫。今者五洲之宗教國俗。皆以誑語為人倫大詬。被其稱者。終身恥之。獨吾國之人。則以誑為能。以信為拙。苟求其因。豈不在法。嗚呼。此風不衰。學堂固不必開。即兵亦毋庸練也。

第十五節　羅馬刑律

不佞之說。徵諸羅馬史事而益堅。蓋刑律與治制之形質。乃相表裏者也。觀羅馬之刑律。其寬嚴仁暴。若與其治制隆污相待以為易者。吾例不既信歟。

方其為王國也。其刑律所以待游手逃奴。與民之不地著者。甚重。及為民主。則禁十法司不得以此律入十二章中。顧不知十法司名民主實民賊也。求其以公治為心。不亦遠乎。

史家李費云。蘇匪條為阿爾巴令尹。為荷思氏遼所劾。獄具乃車裂之。此羅馬用刑最為慘酷之一事。然盡此而已。不再見也。然而李言誤矣。十二章之中所載酷刑眾矣。何止是乎。

十法司之用心。其最可見者。莫若窮治莠言揭帖。及為歌曲刺譏之詩人。如是之獄。常以極刑處之。然此必非民主公治之時所宜有也。蓋二者所及。常在貴人。民主平等。無所謂貴人者也。惟其居民主之時。而心專制。則以此等文字為鼓舞自繇。乃深防而鋤治之耳。

逮十法司見逐。其所定刑章。大抵作廢。雖其時無廢法明文。然自波司亞約曰。凡羅馬民。律無死理。故舊法雖存。實同無用也。

吾嘗竊考其時代。知此事之見。與李費謂羅馬為天下第一祥刑民族者。其世乃正合也。

羅馬民主。其惟刑之恤如此。乃有立息訟之法。凡訟人於判語未下之先。皆可和息。合觀二事。不佞向所謂民主精神。正如是耳。

錫拉者定戈訥烈刑律者也。嘗謂暴政無君自繇。三者同物。不識其分。至其立法。科罪如牛毛。所立罪犯新名甚夥。譬如殺人。所闌入此條者不知凡幾。若民所犯。皆可周內以入其條。且不僅巧立名稱而已。乃實見諸行事間。布罔罟。設陷阱。種荊棘。國土雖寬。民殆無容足之地矣。

錫拉之律。以水火為極刑。其科罰。大較不離此二者。洎大凱撒乃增入籍產之罰。彼謂使罪人之富可以長守。則雖加以流徙之刑。民猶不憚於為惡也。

嗣而羅馬有皇帝矣。皇帝者以軍政立國者也。顧其制立。不徒民畏之也。而君上亦懷廩廩之私憂。於是求所以制其毒者。故羅馬有建侯之事。與所以班爵祿於群侯。

當此之時。羅馬之制。固日近於君主矣。而刑辟則列為三科。所以待國中之爵貴者用輕典。所以待齊民者用中典。而終之所以待賤人者用重典也。

默芝明奴者羅馬凶虐庸愚之主者。主軍政之國。不知所以柔之。乃加急厲焉。克皮圖林奴曰。其時之泌涅特。有謳磔者。有投畀豺虎者。有苞以獸皮而投棄之者。不復議其身之勳貴也。蓋彼將以治軍旅者治其國家。雖剛無禮。非所恤矣。

至於君士丹丁始合文武為治。首變其軍旅之專制。由專制而復歸於君主。雖然。國勢累移。由嚴急而入於懈弛。由懈弛而復入於莫與誰何。其國事乃不可問矣。此不佞之羅馬之衰盛原因記。所竊論之以示天下後世者也。

第十六節　罪之與罰宜有比例

國之有刑。輕重各殊。顧一國之中。其輕重宜有比例。此亭法之大經也。蓋民之犯法也。其於群皆為害。害之大者。科以重刑。小者科以輕刑。欲民之勿犯。大害急於小也。國家之擇禍。與其重者。寧其輕也。

羅馬之東遷。有頑民焉曰杜嘉。嘗聚眾為亂於其國都。既就擒。則科其罰以鞭。尋囚供言與三四貴人有連。則進其罰以焚死。吏以其誣貴人也。孟德斯鳩曰。彼之治獄。所以進退其罰者。不亦異乎。向也為亂。鞭之而已。後也誣指。乃焚之焉。然則誣指之害。甚於為亂者耶。

復案。是其所以然之故。非難知也。方其科以鞭也。三四貴人為之庇也。至其焚死。觸怒貴人。殺之以滅口也。不然。寧有是之顛倒也哉。吾於是知國家之昏亂。大抵皆權臣豪猾之所為也。

吾於是思英察理第二之言矣。日者王出。見國門有荷校者。問其左右曰。彼何為而得此乎。或對曰、是嘗為書。以毀大王之宰相者也。王嘆曰。愚矣哉。其得此不亦宜乎。既毀宰相矣。何不毀王。使其毀王。雖無罰可也。

俄羅斯之皇帝曰伯施。有七十人相聚為逆謀。罪人既得。則科其罪鞭。而髡其鬚髮。又一日獵。鹿突其前。角纏於帶。皇帝倉卒。不知所出。其從者抽刀斷帶。帝以獲安。已而令斬從者頭。曰是嘗露刃以犯我者。孟德斯鳩曰。伯施於欲殺之者則生之。於生之者則殺之。以一人之身。而所為前後如此。夫孰從而測之。

復案。是其所為。其故亦非難測也。蓋專制之帝王。其思慮常天下之至短。七十人之謀逆。所不見者也。從者之露刃。所親見者也。此一說也。且就令所慮而長。其於七十人也。或恐殺之而謀己者愈多。不如縱之。以殺怒。其於從者。固蒙其功而得生矣。顧露刃事危。殺之所以見其法之重。專制之君計利害而已。其於臣下所為。不論施報也久矣。

歐洲有甚不平之法。則刦人於途。與刦且殺者。科罪等也。使欲保商旅之生命乎。則刦且殺。與徒刦者。宜有殊矣。

支那之法。於刦且殺。凌遲之律也。而徒刦者常減等。以此彼許之盜。既得財不常殺人也。

俄國之法。刦殺罪均。故為盜者常樂殺。其語曰。死者不能言。謂滅口也。

就令科罪惟均。其情輕者。亦當與以肆赦之望。如在英國。行刦之盜。未聞有殺人者。蓋不殺人。則有免死流宥之可邀。若夫殺人而刦。有死而已。故不為也。

王者之赦書。君主之國之利器也。使善用之。則有得民之效。然而專制之國。無所用之。蓋以怖畏為精神。赦宥之與怖畏相反者也。是以無此器之利用也。

復案。孟氏論赦之言淺矣。故與歷史之事不相合也。自我言之。惟有道法立之國。可以無赦。而用赦之濫。乃至為國民大患者。皆見於專制之朝者也。夫專制之君。亦豈僅作威而已。怒則作威。喜則作福。所以見一國之人。生死吉凶。悉由吾意。而其民之恐怖讋服乃愈至也。孟氏言赦。去於事情遠矣。

又案。中國古言刑罰之宜當罪。殆無有過於西京之張廷尉者。切理饜心。過於孟氏此節之說遠矣。三代以還。漢律最具。吾國之有漢律。猶歐洲之有羅馬律也。蕭相國明其體。而張廷尉達其用。朱博曰。太守不知經術。知有漢家三尺法而已。至哉斯言。此漢明法吏之所以眾也。王荊公變法欲士大夫讀律。此與理財。皆為知治之要者。蜀黨群起攻之。皆似是實非之談。至今千年。猶蒙其害。嗚呼、酷矣。

第十七節　三木

以人類之多惡。而法於是乎窮。故人不可信者也。而律不能不用左證。此亦法之至不得已者矣。故律。有兩人下狀相同。則可據之以定讞。律之信此二人也。若此兩者皆信士然。又如男女生子。但在牉合之後。即為血胤。律之信此婦人也。若已嫁者皆貞婦然。凡此皆法有所窮。而不得不爾者矣。雖然。獨至鞫獄而用刑求。三木箠楚。人理蕩然。必不得藉口於法有所窮。不得不爾之說也。

吾法有鄰國焉。以其民為天所降康。而政制至美。（自注云。謂英國。）其鞫獄之棄刑求久矣。未聞坐是而國法之行或不便也。是知三木囊頭。搒掠備至者。非訟獄必不可已之事矣。

嗟乎。翳古哲人。法家學士。其著書騁說。所頻蹙以言刑訊之必不可用者多矣。不佞雖更舉而深論之。無能為役也。今所言者。必為刑訊。則專制之國猶可行也。何則。專制所為。取有以威民示不測而已。其次則希臘羅馬。所以待叛逃之奴。然而天理不容。故不久而報復之事見矣。（自注。希臘羅馬所謂軋轢諸刑。惟治大逆不道之獄而後用之。且必用諸定罪之後三十日之前。）

復案。吾國治獄之用刑訊。其慘酷無人理。傳於五洲。而為此土之大詬久矣。然而卒不廢者。吏為之乎。法為之乎。曰法實為之。吏特加厲之而已。故不變其法。雖上有流涕之詔。下有大聲之呼。彼為吏者。終自顧其考成。無益也。且吾聞西士之論矣。聽訟治獄。刑訊。與不刑訊。所爭者在煩簡紆直難易遲速之間而已。夫不欲煩其心慮。勞其精力。為吏者與常人同也。得一囚而炮烙之。攢刺之。矐其目。拔其齒。而使之自吐實者。其法以比之鉤距徵驗旁搜遐訪。而後得其與事相發明者。其勞佚之殊。不可以道里計矣。又況處之以不學之人。束之以四參之法。使無刑訊。而遇譸張反覆之囚。則其獄惟有久懸而已。烏由決乎。嗚呼。彼土之獄。所以能無刑訊而法行者。而根源所由。至盛大也。所由於教化。所由於法制。所由於生計。實缺其一。皆不必能。不揣其本。

而齊其末。此無異見彼之富以商。而立商部。見彼之強以兵。而言練兵。吾見富強之效之日遠也。可哀也已。

第十八節　鍰罰笞搒之刑

日耳曼人。吾種之所自出。其用刑。舍罰鍰而外。無他條也。蓋尚武自繇。自謂種貴。非執兵從軍。無流血理。獨日本立法。深惡罰鍰之條。乃置不用。其說云。有罪罰鍰。是富者常逃法也。則不知民之愛財。貧富正等。富者之亡其資。猶貧者之棄其食也。使云貧富力異。則何不去其產。而比例為輕重乎。且見罰。其所失亡者。不僅財賄也。往往其榮寵隨之。是罰之鍰。富者未嘗逃法也。

復案。蕭長倩駁入粟贖罪議云。令民量粟贖罪。則富者得生。貧者獨死。是貧富者異刑而法不壹。又云父兄囚執。子弟將不顧死亡敗亂以赴財利。是伯夷行壞。公綽名滅。不宜開利路以傷教化云云。然孟氏之意。則謂民之犯法。固有可贖不可贖之分。律之所定為罰鍰者。貧富皆罰。無所謂富生貧死者也。西國輕罪。多用鍰罰。故法行而民重廉恥。可謂至便。中國律中罰鍰者至寡。與日本之舊法同。想亦長倩之言。階之厲矣。

是故善為法者。必審於中道而出之。不必如日耳曼之盡出於罰鍰。亦不可盡加民以肢體搒笞之辱也。

第十九節　復仇之制

縱民復仇者。專制國之法也。（自注。見於回部之哥瀾經。）蓋喜其簡徑之故。君主之國。間有行者。然必設為限制。不若前者之可以率意徑情為報復也。

羅馬之十二章律。其所許報復者二。一、必訟者之受害。非報復無以自伸。下此者吏為之主。不得復也。二、則定擬之後。許其人以資自贖。是則體罰變為鍰罰之所昉也。

復案。復仇非法也。唐陳伯玉柳子厚韓退之皆議之矣。而西國至今亦無縱民為復者。民自復仇。謂之篡用國法。非治體矣。拙譯社會通詮。中原刑法之始。其言血鬬血鍰二古俗甚詳。可與此章及禮記所載者參考也。

第二十節　以父坐子之罪

支那之法。子弟有罪。罰其家長。祕魯之俗亦然。凡此皆專制之流風餘烈也。

夫支那之有此法。蓋謂嚴父之權。所以治御其子弟者。本於天設。法之有此。特修其天設者耳。此不俟深論而可知者也。雖然。由此觀之。彼支那殆不知所謂榮寵者矣。蓋在吾國。則為父兄者。見子弟之受罰。或為子弟者。知父兄之犯科。雖文罔不加諸其身。其蒙恥受辱。已無異於嬰金鐵而被極刑矣。又何必更取其人。而坐之罪罰乎。

復案。子弟有罪。問其父兄。中國容或有之。亦其未及丁者耳。過是以往。無此律也。就令有之。此亦為五洲宗法社會之所同。非支那祕魯有特別也。且由此何以推其國之不知為榮寵乎。將謂此之父兄。雖有子弟作姦近刑。對之澹然不驚。謂榮辱無與於己耶。然則獨以小己對於社會。而有責任。果爾則支那進矣。而無如其不然也。孟氏之言。直百解而無一可通者。吾恨不能起其人於九原而一叩之也。

第二十一節　君上之仁恩

惟王作福。仁恩者君上之所以為君上也。其在民主。既以道德為精神矣。故無俟此。若夫專制。以刑威為用者也。其中豪傑爵貴。皆束於危法之中。故仁恩之行亦罕。獨至君主之治。上以榮寵摩厲其民。而樂榮寵者尚節概。節概俠者之事也。故往往或踰於法令。而君王之寬大。宥恤有所施矣。夫如是之國家。下之畏辱。有甚於死。故雖刻木為吏。畫地為獄。有不對不入者也。其示辱也。直無異於嚴刑。刑雖不加。夫已身敗名裂矣。

其身敗名裂奈何。其資業或以坐失。其為人所倚信者亡。其交游親戚。與之蹤絕。其樂生快意之境。忽爾而移。此其為罰。顧不重耶。尚安用加徽纆而佴狴犴邪。夫使所遭如是。而上之人猶以峻法隨之。將徒使失其親君愛主之情。而下民有輕視尊爵貴人之意耳。

故貴位尊爵者。與君王相倚為榮辱安危者也。其在專制。則與君主而俱危。其在平國。則與君主而俱安。

國君而知用其仁恩。最利之事也。能揚其美號。能親其臣鄰。有其可用之時。此國君之幸慶。若歐西諸國。其可用之時固甚多。

國君之威柄。亦有其可疑而致爭者。然此特其一二部分耳。至於全體之權。無可爭者也。故臣下所為其主戰者。爭其所守之位也。非保其身命而戰也。

復案。此節原文甚晦。

或問曰。威福者王者之二大權也。然威之行也。何時而宜伸。何時而宜宥。可為定程乎。曰、此其事衡之於當機易。而定之於事前難。使宥之而有輕縱褻威之弊者。此於臨事所易見也。夫寬大之於優柔。仁慈之與怯懦。用恩之於來侮。不嗜殺人之與威令不行。豈非天下至可見之大異耶。

摩栗思之為帝也。必不令國中有流血之事。安那斯答壽則以刑罰為不可施。安格魯愛輯則對天之誓。不死一人。嗟乎。彼蒼之為下民立君也。錫以元圭矣。而又畀之黃鉞。若彼希臘諸帝之所為。則黃鉞為無所用耶。

第七章　論衣食宮室之度數。僭奢侈靡之風俗。婦人女子之貴賤。所緣諸治制精神而異者

第一節　奢侈之俗

國惟貧富不均。而後有奢侈之俗。故此俗常與不均有比例。使一國之財產。均分諸民。又安得有奢侈。奢侈者。資他人之勞力。而為我之利便者也。

欲將一國之貧富。莫不均乎。則為之法。使民各得其所必需者而止。不可過也。假令而過。則此以費而損。彼以受而益。如此。則不均之形見矣。

復案。民之用財也。有二素焉。一曰將求適用也。一曰將以娛情也。奢侈之為。於適用少。於娛樂多。然是二者猶未足以當奢侈之目也。奢侈者。必嗜慾之無厭。必驕泰而好勝。二者之餘。而益之以暴殄。斯其人乃真奢侈者矣。且吾不知孟氏之言果何謂也。夫民之有財。其必至於不均者勢也。費之則損。受之則益。使其無是。又安所用而有財。雖有井田之制如有周。口分之法如斯巴達。尚不能必民之無巧拙勤惰也。又況懋遷有無之既興乎。

夫奢侈之為度。可以數明之。今使國家制民之產。其始也。使人人僅足以資生。而假其數為天。然則民之祇有此財者無可揮霍。故其奢侈之度為無。已乃有人其資倍之。是其人之可供奢侈者。有一天矣。故其度為一。又有人焉其資倍此。是其人之可供奢侈者。有三天矣。故其度為三。又有人焉其資倍此。是其人之可供奢侈者。有七天矣。故其度為七。以此類推。成為級數。凡家產倍前者。其奢侈之度。亦倍其前。且加一焉。如無。如一。如三。如七。如十五。如三十一。如六十三。如百二十七等。至於無窮。

柏拉圖公治篇。分其民為四等。丁戶之產。僅離貧乏者也。丙倍之。乙參之。甲四之。丁之產無可為奢。故其度為無。丙之度一。乙二而甲三。皆於資生之外。而縻其有餘。其進也為加減之級數。此其言奢侈之程度。又一法也。（自注。云依公治論之制。丁戶者有口分世業之田者也。民之為富至於甲戶而極。蓋不得過四倍也。）

取兩國之民。而較其奢儉之程度。此雙比例術也。先於兩國之民。各得其貧富之不齊。而又以兩國貧富之不齊。為比例。則其差數見矣。譬如波蘭之民。貧富至不齊者也。而其國則甚貧。故其民之奢。或不若他氏之儉也。奢儉之度。又與其地戶口之稠稀有比例。此於都會尤然。故欲得其差數。須疇以三物。國與國之貧富也。家與家之貧富也。與夫其戶口之多寡。三者合推。而奢儉之差數覩矣。

其地之戶口愈稠。其民之奢侈彌至。蓋人樂華靡。以為有此區區。可以自旌其異也。假其肩摩轂擊。五方總至。雜處而不相知。則其人尤好奇衣。而務豪舉。蓋其好勝多上人之意。至此彌張。以為有此。世乃目我為非常人也。然而愚矣。夫盡人為異。其異乃亡。人皆欲人人之目我。而如目人者之無此我何哉。

復案。此孟氏最為滑稽調侃之言也。何所言之似今日滬上耶。生於二百餘年之前。地之相隔七八百萬里。而其言是地之風俗。若親見之者焉。此哲家之慮所以疑神也。蜂國志者。西國之諧也。其言曰城大而居密。客欲人之視己。勝於其實。則為僭奢之車服。荏染之民。常即人之虛恭而以為實敬。浸假乃至於自忘。他日還鄉。若春夢之覺也。

由是而民生之不便興焉。蓋民之執業。有冠倫魁能。其售業也。固以意自為其定價。不肖者其技能淺薄。而索價之多寡。則與之同。夫如是。吾之所求。與所以副此求之財力。其中無一定之比例矣。使吾而訟。則必有以給律家之稰。使吾而病。則必有以為醫者之酬也。

或謂凡都會雜處人多。實為商業之窒。何則。以此其居民之相距遠近。不適其宜故也。然而吾意不然。民之情感嗜慾。凡所以養欲給求之事。常以州處類聚而多也。

復案。末兩節語意。與前不相接。後節尤甚。不知何涉奢儉之旨。頗疑此文有錯節。或改竄時所忽漏也。當更考之。

第二節　庶建民主之生事律

復案。生事律者。凡國家律令。所關於民生日用衣食宮室械器者是。

往嘗謂民主之財產。其分必均。而前書（第五章之四五節）又謂均產為民主之極盛。由是可知。必奢侈之俗愈亡。而公治之制乃愈可久。若古之羅馬。若希臘之賴思第猛。皆淳龐樸嗇之俗矣。即其他民主。但使貧富不相懸絕。則其中之通商實業。與夫民德之良。皆有以使之守恆產循本業。而自足無怨尤。奢侈之俗。又烏從生乎。

清丈地畝。而行授田之法。在古民主。或以為必行。此其政固無可議。獨是操之過切。則其事危。蓋一曙之頃。富者見損。而貧者驟增。是家家有大變革之事。而國者家之所積耳。

俗之日趨於侈靡也。則民不能不各恤其私。向使人人所有。僅足於仰事俯畜而無餘。民之所欽欽在念者。己之名譽。與國之榮華而已。若夫僭奢之民。其神智日污而多慾。見有法度以制節之。則鞅鞅然以為厲己。此勒志安之防軍。（編者注云。勒志安邑在義大利之極邊。與昔昔里相近。）所以殺掠其居民之原因也。

羅馬衰朝之事。正如此已。風俗法制既敝。民之嗜慾無窮。考其時之物價。可以見也。法呼年之醞。一筩而價百丁納流。滂圖之醃臘。一木具償四百丁納流。庖人之庸。佳者四答倫。至於俊僕美豎。其價尤不訾。蓋江河日下。舉國於聲色嗜好之事。皆流連忘反。而志氣日荒。所謂禮義廉恥。忽然不知其何往已。

第三節　賢政民主之生事律

賢政之制。立而不善。則國之貨財必聚於貴族。然財聚矣。而其國又以奢侈為不合於政體而禁之。故如是之國家。其所有者特二種人而已。下有極貧之民。而無以為生。上有極富之族。而不可以費。

威匿思賢政之國也。而其俗如此。貴族之人。習於吝嗇。舍官伎之外。無可使之用財者。夫至賤之優倡。可揮霍豪奢而無禁。而勞民紅女。成物呈功。供其狼籍。則畢世勤劬。無撥雲見天之一日。其勸獎實業之術。有如是之不可解者。

至於希臘之賢政。其立法優於此矣。法遇大酺國慶。則貴人出財。而車馬之賽。歌舞之會。至一切之公使錢。貴人無能免者。故其國富者之以財自累。其苦不異貧者之窘於財也。

第四節　君主國之生事律

羅馬史家撻實圖有言。瑞恩者舊日耳曼種也。最重富有。以是之故。其國以一人治之而有餘。由此言之。則侈靡豪華。本君主之治所固有者。而為治者誠欲制其末流。生事律固不可以不作已。

以君主之治制。而民貧富不齊。以民貧富不齊。而國有僭奢之俗。向使無之。將財聚不散。而小民以飢。且其為奢也。有差數焉。視其財之多寡。比例增長。此不佞前者所既言也。蓋一夫之私財。其有所加於此者。必其有所奪於彼。及其費也。乃所以復之。自然之勢也。

是故君主之治。使其不傾。則自賤而貴。其奢侈之度。固宜漸累而加多。自勞力之下執事。而工、而商賈、而吏、而爵、而公卿、而王。乃相倍蓰。不然。其國乃不國矣。

羅馬當沃古斯達時。其被選為沁涅特者。多嚴正之法官。博通之學士。與竺古之家。相聚而言。宜為法以變女子驕奢之澆俗。其議甚摯。然地阿乃以術與相遁。此實不足異也。蓋地阿之心。方欲革民主之舊。以為帝制耳。

當泰比流之為帝。艾狄黎亦於沁涅特會中建言。宜復古制。定民間生事之律。泰比流非闇主也。然而不納其言。曰、羅馬之國家。非永永常如今日者也。如公等言。恐都鄙二者之民。且不可以自給也。往者吾人嘗為儉約矣。然所主者不過一城而已。乃今者方取六合之土。而兼容并包。得一國土則取其君臣。以充吾役。吾又安能長為質确者乎。是其言也。蓋亦知如是之法。必不合於當時之治制耳。

當此之時。沁涅特又謂。藩鎮之官攜其妻妾。宜在所禁。以富室蕩佚無禮。懼傷風俗之故。帝亦不納。答曰。古之谿刻自敦。此其俗即今已化。人自為樂。非政府所宜問也。若泰比流者。可謂知隨時之義者矣。

故君主之奢豪。勢所必至。理有固然者也。君主而如是。專制愈可知。特君主之為侈也。有泮奐之可樂。而專制之為侈也。乃刦制之可惡。暴君遣所寵之大奴。以敲吸諸小奴之骨髓。今日之所得不知明日能晏然享用之否也。則憑其驕情。恣其淫態。酒肉聲色。且為今樂而已。遑恤我後也哉。

由是而奢儉之例。吾得為有國者立焉。曰、豪奢則民主制散。貧乏則君主國亡。

第五節　問君主亦有時利用生事律乎

一千二百三十四年。阿拉貢嘗定一生事律。此其定律之旨。由於民主之精神。抑他作用。蓋不可知。但聞雅各第一制言。繼自今王至於民。每食勿過二簋。每簋亦不得為異烹。惟自獵之禽。不在此論。

近世有之。見於瑞典。顧其用意。則與前者之阿拉貢大殊。國家之立生事律。有純於為儉者。凡出於民主者。大抵皆此類也。如阿拉貢律。舍勗儉之餘無他意。所可知者也。

然亦有有為而為之者。譬如政府覘一外產貴物。其進口使國有損。過於本國熟貨。其出口使國有贏。則議設專律。以禁民之侈用。如今日瑞典律令。即本此意而有作者也。如是之生事律。其於君主國特宜。

復案。此即保商律之一種。

總之使國而貧。其受損於侈用外物也常重。則有為而為此禁侈之律。所不得已者也。使國而富。其受益於侈用外物者亦多。於此之時。禁侈之律。慎勿作也。不佞於後章。專論通商之時。當更詳及。凡今所言。但及純出於儉者是已。

復案。當孟氏著書時代。學界於政治之新理要論。未盡出也。故其所言。以方近世專家之論。精粗不侔如此。即於食貨之學。亦在勾萌觴濫之時。故其所言。於近日計家亦為粗确。顧後世所以重其人與書者。即以其開山鑿空之故。且其書於歐洲二百年風氣。所關甚鉅。故為學者所不可不討論也。至於說之得實不刊與否。讀者宜自用其心衡矣。

第六節　支那之奢儉

國家之制生事律也。有逼於地勢國俗。而不得不然者。以其天時之故。戶口極易藩滋。而養民之物。不常可恃。則通國之民。必盡力田。而後能濟。如是之國。以浮華侈靡之為患殷也。故國家嚴生事之律。使必出於制節謹度而後已。是故國於浮靡之俗。或為獎進。或為禁絕。是二者之分。察於民數稠稀。與夫民食難易之間而已。英民之業。曰農與工。其土之所出。資以養是二者而有餘。故雖作為無益之業。鄰於浮奢。不為害也。至於法國亦然。農工之食。不憂不足。其於外邦互市也。往往以伎巧。易資生所不可少者。故於民之逐末。不必禁也。

復案。孟氏此言。與近世計家之說。不相似矣。即所謂英國地產所出。足養其農工有餘。即在當時。亦未必即為篤論也。

若夫支那之為國也。其情與英若法乃大異。其女子好孕而善育。戶口之進。幾於無時。故雖無土不耕。而猶不足於養。然則奢侈之弊。於其國最大。是以雖在專制。而俗之敦崇儉節。與民主公治之國正同。此務本重農之令。所由自古不忘。而奇技淫巧。在所必禁也。

至今中國。猶傳前古皇帝之詔書。文辭粲然。義訓深厚。如唐高祖詔毀天下佛寺銅像。其中有云。一夫不耕。或為之飢。一女不織。或為之寒。蓋用古之建言也。

其廿一朝之第三帝（蓋明成祖。）則禁伐山採玉之工。以為玉之為物。飢不可食。寒不可衣。不欲以此勞民。而損社會也。

其最著稱者。如漢賈誼之對文帝陳政事也。有曰。帝之身自衣皂綈。而富民被文繡。天子之后以緣其領。庶人孼妾以緣其履。民之賣僮者。為之繡衣絲履偏諸緣。內之閑中。夫百人作之。以衣一人。欲天下無寒不得也。一人耕之。十人聚而食之。欲天下無飢不得也。飢寒切於肌膚。欲其亡為奸邪不可得也。

第七節　支那奢侈之敝

自夏商以至於今。為中國之君者。蓋廿二姓。然則其國所閱歷之革命。大者二十二。而割據偏安。旋起旋滅者。為數至多。所不論也。三代享國最為長久。此雖由其治之有道。亦以古之幅員。其廣輪比今甚狹之故。吾輩考其歷史。大抵一朝開創。莫不有初。仁聖恭儉。畏天勤民。而奕世之基以立。至其後嗣乃墜喪耳。真主以汗馬起家。其所受代者。例皆淫昏之末造。敬勝者吉。怠勝者亡。則其崇道德而戒淫侈者。勢也。然而數世之後。繼其位者。生帷幬之中。不識下民之疾苦。稼穡之艱難。則恣睢荒讌。忽於治理者。又其勢也。其智則日微。其年則世促。支葉披離。權奸興而閹宦日以信用。所推戴而擁立者。非襁褓即其童昏。朝廷所行。事事與天下衝突。勤者耕作。而惰者有秋。甚且取其業而敗之。夫如是。則篡弒興而覆亡無日。雖然。故社屋矣。一姓興矣。而三四傳之後。其新者又一循其故者之覆轍。享國短長不同。而平陂往復。一治一亂之機。莫不如是。是則支那之歷史而已矣。

第八節　國俗之貞淫

夫有道之國。所必責其女子之潔清者。寧無故乎。蓋女德荒。將諸惡從之以起。大防既去。其民心之受敝必深。故風俗荒淫。為民主披靡之極。而其治制變更之嚆矢也。

是故聖人之為公治立法也。坤從常以不貳為宗。其所兢兢者。不僅婦德已也。即婦容而必嚴之。所謂情欲之感。無介於儀容。燕暱之私。不形於動靜。舉凡淫媟之交。在所必絕。何則、使其不絕。則民之疾病繁興。夭其天年。害其種嗣故也。國之婦人。常為蠱蕩邪慝之媒。其即於奸。先於男子。國俗日澆。則所尚者存於輕微。而不肖賤汙之端。反為所重。故淫媟不除。將民行依於謔浪荒嬉。蓋謔浪荒嬉。固其國女子之所擅也。

第九節　諸制女子貴賤之殊

君主治制。所以鉗束其女子者不苛。宮殿之中。女子常有命秩。常得自繇。蓋嚴於男而寬於女也。左右便嬖之臣。或借讒妾為進身之階。且男子之過在矜。而女子之過好飾。此其所以開侈靡之門也。

若夫專制之國。非女子之能為侈靡也。而女子即為侈靡之一物。蓋其身至賤。為男子之娛而已。其國尚督責者也。而於家亦然。其法至重。而為禍常不旋踵。所不敢與女子以自繇者。亦慮其以自繇而致釁耳。況女德無極。婦怨無終。齮齕忿爭。妒媢窘謔。凡狐媚陰蠱。所以得男子之歡心者。毋曰炎炎涓涓。而燎原漂山。胥由此耳。

且專制之君。本以人為戲者也。其於女子也尤然。此霸國後宮之所以眾也。顧眾矣。而恩寵又不足以周之。則有千百之原因焉。使不得不為其禁錮。而民主之婦人乃大異此。民主之婦人。其自繇也以律。其自束也以禮。屏豪華。捐虛飾。而一切傷教敗俗之端。皆末由以得入。

吾歐之宗教。不獨責女子之貞己也。即在丈夫。亦以嫥一為懿德。顧古希臘。當為市府時。未嘗有此。盲然情動。傲然徑行。其為愛也。今日之人所深愧而不敢道者也。其為婚媾。無所謂牉合也。特簡易之交通已耳。然而其時女子之道德。朴質堅貞。古未嘗有。

第十節　羅馬之家法

雅典之制。有特設之法官。以察婦人之行止。而羅馬不然。司隸之職。於民事無所不當問者。然獨不察婦人。

此其故何也。蓋羅馬有旌正。執家法焉以承其乏。

有時鞫獄者。即其本夫。則必召其婦之戚屬。與公聽之。故羅馬得此。有以為禮俗之防。又以此故禮俗既成。其法於以不墮。蓋家有如是之法廷。其所判決者。不獨法之守否也。而禮之見踰與否。亦於此焉而察之。夫察理之物無他。亦即禮而已矣。

家法之定罰也。判者得以意為之衡。此亦無可如何者也。蓋家庭之隱。禮節之微。防閑之謹。固不得立之法典。為事制而曲防也。且法之為物也。明人之所應得於我者易。明我之所應得諸我者甚為難也。

家族之法廷。察一切之女行。然有一罪。將不獨為家法之所察也。且將為國民之所彈。淫行是已。其為國民所公彈者。其故有三。或以傷風害俗。為有眾所不容。一也。或以其妻之狂蕩。而群疑其夫為故縱。二也。或信其夫為端人矣。而恐愛情所關。惡名所係。而為其徇隱。三也。

復案。如前數節所言。自吾人觀之。其用意皆若難喻。雖然。此不足訝也。蓋東西二洲。其古今所以為國俗者。既相詭矣。而民主之俗。尤非專制者所習知。況中國以政制言。則居於君主專制之間。以宗教言。則雜於人鬼天神之際。而老聃孔子之哲學。中經釋氏之更張。復得有宋諸儒為之組織。蓋中國之是非。不可與歐美同日而語。明矣。學者必擴其心於至大之域。而後有以讀一世之書。此莊生所以先為逍遙之遊。而後能齊其物論也。

第十一節　羅馬法度之變遷

羅馬之禮俗。於內則維持於家法。於外則揞拄於公彈。是故二者毀而禮俗亡。而公治之局。與之俱去。

蓋自有永建之法庭。而家法漸歸於無用。泰比流為帝。嘗一用之。而當時記事者以為異。若生今反古者之所為。則可知其法之廢久矣。

逮君主制立而國俗遷。所謂公彈。亦罕見矣。蓋恐漁色之人。為女子所不答。以其守貞。轉為大憾。則嗾公彈以汙衊之。故廢其法。尤利安之纂律也。詔凡告女子犯姦。必得本夫縱姦之狀據。乃以定讞。自此法立。而公彈不期廢矣。(自注。公彈之法至君士但丁而除。制曰。男女居室。何預外人。乃今以行路者之致疑。使民夫婦愛絕。甚無謂也。其罷之。)

圭英達之臨御也。必欲復公彈之法。制曰。凡男子知其婦之不貞。而徇隱縱容不告發者。厥罪死。然如是之制。其不宜於君主。而於圭英達之君主尤不宜者。讀史者所共見矣。

第十二節　羅馬保庇婦人之律

婦人無專。羅馬法也。故有夫則從夫。無夫。則保於親屬中最近之男子。考之載記。似甚不得自繇。竊謂其事於民主公治之制為宜。而君主之俗。則不必矣。

復案。保庇云者。猶未及丁年之人。常受制於人。而不得自專云耳。中國女子。有三從之義。故終其身無自主之一日。云最親之男子。則其初之從父。其後之從子。又可知矣。蓋其法大較與中國同也。顧吾所不解者。此法所以宜於民主。而君主所以不宜之故。夫民主既以道德為精神矣。則平等自繇之幸福。何獨於女子而靳之。若夫三綱之義。正行於君主之時。天澤之分既明。則坤道無成。正與其禮俗相得男子且不得自繇矣。豈女子而獨無所屈。此其說吾真百思而不得解者也。

古日耳曼之女子。亦終身有所附屬。而受其保庇。此考當時之蠻夷法律而可知也。嗣而其群漸成君主。是之禮俗。相沿用之。特其制不久廢耳。

第十三節　羅馬皇帝懲姦之令

猶利安之修法也。設專條以待犯姦者。顧此條之設。與他時之所設正同。皆風俗澆漓之徵。而非民德歸厚之證也。

治制之成於君主也。則其所以治女子之宗旨異矣。向也期其必守禮。今也責其無近刑。蓋彼為專條以懲姦。斯法外之姦。皆無罰已。

羅馬之叔世。其風俗之狄濫。令人驚詫。故皇帝不得已懸專律以止淫。雖然。其意非不變風俗而反之正也。觀史家所紀載之事實。則其躬行者。與其所禁止者。相反多矣。如地阿史。載沃古斯達任布理陀與申蘇爾二職時。所為之事。與其所自解之遁詞。可以見矣。（自注。史記一少年娶婦。婦舊與沃古斯達有不法情事。及少年訟其妻不貞。沃不知所為。有間乃言曰。淫慝實為諸惡之根。然吾輩於此等事不必復置諸心也。又一日在沁涅特會。會員請其定律以正女德。沃不欲之。乃為遁辭曰。公等之治妻妾。若吾之所為。斯已可矣。眾乃請其所自為者。帝亦無以應也。）

考羅馬史。當沃古斯達泰比流之兩朝。於女子之犯姦者。治之甚酷。然使讀史者知當日風氣之何如。則其斷獄之旨可以見。

蓋二帝所欲罰者。其所憾而犯淫之親戚也。所懲者。亦非淫也。乃指之為大逆不道。欲藉此以立憧朝臣。因以尊其帝制。此當日史家所以有譏刺深詞。而訾其所為之無道也。

尤利安之於懲姦法輕。而後之諸帝。則謂法官於定擬時。宜常為之加等。然此非法也。史氏以之為言宜矣。且其時之用法。不察女子情罪之相當。而較法文之離合。是又奚足以服其人心乎。

泰比流好引古法以逞濫刑。此其最為不道者也。方其有所欲誅而法不足。則復家訊之法。以肆其專制之凶威。

羅馬懲姦之律。行於沁涅特之命婦。而非以待尋常之人家。帝意方有所欲傾。而貴家婦人行止又常不自檢。則其所借端之媒孽眾矣。

總之不佞向不云乎。君主之法。意不在風俗之整齊。此於羅馬乍轉帝制時。最為信而有徵之事。有疑吾言者乎。即讀撻實圖、蘇伊敦紐、猶文耐爾、馬爾協爾數家史傳。可自得之矣。

第十四節　羅馬之生事律

吾論社會之淫縱。以其事常與奢侈之俗相因而至也。夫氣之動也。使莫為防閑。則志之流失。又孰從而禁之。羅馬之初。於防淫固有大法。然其中蘇爾尚欲法官別設專條。以繩婦行。此其用意。蓋可知已。若方匿安、若栗沁粘、若鄂丕亞。其所行之律。皆如此。李費史載國中女子請罷鄂丕亞律。而沁涅特大鬨之事。至華禮烈朝。此律乃廢。羅馬風俗之衰。自此始矣。

第十五節　治制異而嫁女之奢儉不同

君主之國。其嫁女之奩媵。宜出於豐。蓋得此而後有以副壻家之地望。有以應其侈俗之所需。民主。風俗純樸其妝奩取足用而已。獨專制之朝。可無用此。何則。其女子名為妻妾。實奴婢耳。何以奩為。

吾法之俗。夫婦無異財。此君主之善制也。蓋無異財。故女子之治家常謹。而無歧視財產之事。至於民主。且無用此。何則。其女德尤高故也。專制。妻妾猶馬牛耳。身即為財。於其主人無異否之可論也。

妝奩豐斯昏嫁易。律雖許其與夫同財。固無關於社會之出入。獨至民主而所係甚重。蓋富厚常與侈靡期也。處專制之國。嫁娶之利益。不過衣食稍饒耳。無餘物也。

第十六節　閃匿提之美俗

閃匿提。小民主也。有至美之俗。以其國小。故利行而甚有效。方春於郊。聚通國男女之未婚嫁者。主吏取一一男子之德行而平議之。設其人為眾所公推。褎然有最高之德詣。法得首從群女。選其所最悅者以為妻。繼及其次。其被推而選偶同。如是盡其群所欲合者。此至美之國俗也。蓋少年情感至深。而其人欲得佳婦。舍功德之外。無以自媒。德者其一身之行誼也。功者所有勞於社會也。功德最高。其所擇者盡一國之女子。夫如是。故懽愛容色。節操性情。乃至門戶奩資。凡所可欣。皆歸有德。彼少年素行所不力爭上游者。未之有也。鼓舞通國之男女。使其操詣日蒸。誠無有過於此一事者矣。

吾聞閃匿提與斯巴達為同種。後柏拉圖為公治篇。其中亦沿此法。蓋柏之所修明者。即來格穀士之舊法也。

第十七節　女主

語云。牝雞無晨。牝雞司晨。唯家之索。雖然。此於家則然耳。於國不必索也。夫女子以生質論。以理勢言。皆不足以御家。若見於埃及之國俗者。往往大敗。蓋一家之中。其勢至近。非女子弱質。所能居其上而制之者也。獨至於國不然。轉以其質氣之柔弱。而得慈祥寬和之治。慈祥寬和以為治者。固愈於粗暴激烈之風矣。

昔在印度。其主治常樂女主。故寧置賤母所出之男。而取貴母所生之女。特女主既立之後。常必有多數之公卿。輔之以為政。斯密言。非洲諸國。得女主者其民常安樂。至於近事。則英之額里查白、后安、俄之喀達林納、其治績民生皆可見也。然則不特居有限之權。即屬專制。彼淑女者。亦宜君宜王也。

復案。異哉。孟氏之為此說也。彼謂女子之所以宜君者。徒以質氣柔弱之故。夫治。亦察其所當之何時耳。使專於柔。則古今歐亞二洲之間。以慈愛優柔而亂亡其國者。豈少也哉。夫主治固不必嚴男女之分。然須察社會之已出宗法與否。使未離於宗法。則統之相傳。以男為系。夫同姓者既不可昏。而當壁者又為女子。是一傳之後。繼大統者。皆他人子矣。何可行耶。

第八章　論三制精神之敝

第一節　此章大義

治制之敝。必自其精神始。

復案。法意之出而行世也。評騭家既言其書之長。亦數其短。則節句不調其一也。句不調者。蓋有語盡而意未申。節不調者。繁簡短長無所取裁也。即如此節。吾未見其必為完語而須分出者矣。

第二節　民主精神之敝

夫民主以平等為精神。顧其精神之敝。非必平等之義亡。乃其言平等之義而太過。推賢與能。畀之權位。乃復以己與治己者為平權。故民主之禍。莫大於既注其權於人。而又深其媢嫉。常願事由己行。於沁涅特則代之議法。於守令則代之行政。於法官則代之折獄。是亂制也。平等之罪人也。

夫如是。則其國無道德。人人既自為其長官。斯長官無威民之具。沁涅特者。具三達尊而後為之者也。乃今視其議蔑如。是無敬老尊賢之意也。不尊賢。不敬老。浸假而三綱陵遲。子不順其親者有之矣。婦不從其夫。奴僕不嚴其主者有之矣。放肆無忌憚之風。浸淫乃徧於一國。不特奉令承教之無人也。是令與教。誰其為之。人人皆子婦臣僕也。而人人無服從之義務。四維隳。九法斁。尚安有所謂風俗秩序與德行者哉。

讀芝諾芬會筵記。見其中有形容民主敝俗。最為盡致者。曰某會酒半。客以次起。各述生平最得意事。於是沙密諦起而言曰。吾所得意。以貧賤也。方吾之前富也。嘗媚畏詗諜者。蓋彼能為吾傷。而吾無術以傷彼也。國家時時加賦以徵吾財。未嘗有術以自脫。乃今不然。自吾之貧。而吾權益張。莫余毒也。而常可以陵人。吾所欲往斯往矣。吾所欲止斯止矣。富者避席起坐。以讓吾行。吾今者乃王。而曩隸耳。曩者出財以資國。乃今受養於國家。失非吾慮也。而常有得之可期。信斯言也。夫非用平等之義而過者歟。

夫國俗不幸。至於如是。其民所倚信之宰官。往往欲掩其無良。則蠱其國民。使同趨下流而後快。不云己之好大而喜功。常言國家威靈之遠被。欲人無責於己之好貨。乃云利權之不可以不爭。

寵賂既章。邪慝日作。行賄者既日即於賤汙。受賄者亦日形其無恥。上下所為。則朋分國帑也。人盡苟偷。而事權又所必攬。室如懸罄。而奇衮之嗜好無窮。夫苟偷如此。而華侈又如此。則所以養其欲而給其求者。藉非公帑。烏能濟乎。

問其身之何以被眾舉。無他。賂其眾而得之耳。唯其賂之之豐。其刼而取之也亦重。欲勿如是。勢不能也。至竟如是。其國之覆亡。不旋踵矣。其始也。民以自繇。得享其利益。其終也。所享之利益彌多。其失自繇。彌以無日。汚吏朋興。不啻一國之中。而有千百之民賊。向也自繇之存。不絕如縷。至是乃真絕矣。俄而霸朝崛起。摧剝深酷。其民靡所不亡。乃悟向者之所賄賂而朋分。亦徒為大盜積耳。

是故民主之局。常有兩極之可虞。究之皆平等之失中耳。其一曰不及。不及則貴族。則君主。其一曰過。過則專制。其所以然者。國力散而民賊滋。故易為寇敵之所乘也。

復案。民主者。治制之極盛也。使五洲而有郅治之一日。其民主乎。雖然。其制有至難用者。何則。斯民之智德力。常不逮此制也。夫民主之所以為民主者。以平等。故班丹（亦譯邊沁）之言曰。人人得一。亦不過一。此平等之的義也。顧平等必有所以為平者。非可強而平之也。必其力平。必其智平。必其德平。使是三者平。則郅治之民主至矣。不然。使未至而強平之。是不肖者不服乎賢。愚者不令於智。而弱者不役於強也。夫有道之君主。其富者非徒富也。以勤業而富。以知趨時而富。以節欲而富。其貴者亦非徒貴也。以有德而貴。以有功勞而貴。以多才能而貴。乃強為平者曰。是皆不道。吾必剗之以與吾平。夫如是。則無富貴矣。而并亡其所以為富貴者矣。夫國無富貴者可也。無所以為富貴者不可也。無所以為富貴者之民。而立於五洲異種之中。則安能不為其至貧。又安得不為其至賤者乎。

或曰。然而希臘民主之衰。未嘗聞有專制霸主之興。則又何耶。曰、以其民所尚異耳。希臘民主之衰也。民習於論辯之文。而忘其戰伐之武。且其民有深怒積怨於傾覆民主之人。雖有梟雄。末由逞志。是故其局之變。乃由瓦解以抵滅亡。不由無等而歸專制。

錫拉鳩茲(在義大利之南極)以小民主而介於眾小國之間。而治由共和(西名鄂里加支。蓋賢政之末流。國柄操於二三人而已。乃真共和之制。以其權歸小數故也。)而成專制之局。雖有沁涅特。為史氏所不數。國俗之敝逾尋常。而所經之禍亂亦重。一邑之中。暴虐淫縱。習為故常。忽而無檢。忽而囚拘。其始也。徒自其外而觀之。不可謂非強立也。及乎外患乘之。則國命革矣。其中之戶口非不多也。而其民之所為。若不逾乎兩事。或選民賊。使魚肉其身家。不然。則自為民賊。以魚肉其種類。

（自注。雅理斯多德治制論。載其民既逐民賊之後。乃容納所借雇之客兵為國民。由是而致內亂。又其民常勝雅典矣。顧既勝而民主之局亦遷。又有甲乙二吏。甲取乙之子而匿之。乙乃淫甲之妻以相報。民主亦由是而革也。）

第三節　無等

平等之與無等。其義猶天壤之相懸也。夫平等者。非曰人人必為出令之君。抑人人必為受治之民也。亦曰吾服從吾之平等者。吾約束吾之平等者耳。又非曰自此莫之為吾君也。乃曰吾之所以為君。將出於吾之平等者耳。

自天之所生者言之。人固生而平等者也。然如是之平等。其勢固不可以長。蓋自有群。而不平之勢立。故惟守法之民。而後有以復其初。是故有道之民主。其所謂平等者。平於為國民也。而無道之民主。其所謂平者。平於為君。平於為吏。平於為士師。平於為父夫主人。此其大異者也。

自繇而平等。毗於道德之物也。放肆而無等。毗於壓制之物也。何則。無等而極。非有以壓制之。人之類其無餘矣。

第四節　民俗腐敗之由

國之所以亡。俗之所以腐者。以其民戰勝而驕也。民主之戰功。常出於國民。則往往既勝之餘。喜心如醉。而過度滅常之事。從之以興。其始之所忌者長官也。繼乃並其長官之制而忌之矣。其始所與仇者執政也。繼乃並政府之法而仇之矣。故雅典民主之敗也。以嘗勝波斯於沙拉密海道故也。錫拉鳩茲民主之毀也。以勝雅典故也。

馬賽之民主。其國無忽至之戰功。故其治常安而無傾。是蓋立法者之遠識。主治者之慮危。不邀倖功。而樂循舊憲。故有此耳。

第五節　賢政精神之敝

賢政者。民主之一形也。至於其敝。則貴族專斷。貴族專斷。則上下之道德皆亡。

使主治之族而循法度。則無異君主而不一君者。自其形質而言之。可以為最善之勝制。何則。凡斯列辟。悉束法中也。使其不循法度。則無異專制而不一夫者。

專制而不一夫。則所謂公治者。獨存於貴族。其主治者。固公治也。

而受治者。則屈於專制之下者也。上下異形。故其治不相得。

其極敝也。貴族乃以其位為世及。至於世及。治乃愈酷。而民無息肩之時矣。使其人而寡。將權重而勢危。使其人而眾。將權輕而勢固。相軋相攻。權日增而勢日凜。極之於專制之一夫。無異以千鈞繫一髮者矣。

是故賢政之制。使貴族眾多。其勢猶可以不亂。而國以粗安。雖。以道德之亡也。其上常有怠荒之意。因之而國威不振。治機日疲。（自注。用賢政治制。而能立法以求其偏者。莫若威匿思。）

雖然。賢政之制。未嘗無長治久安之策也。但使所立制度。能使國之貴人。凜於民嵒之意深。而貪其權勢之意減。內憂外患。常有以起其惕厲之神。使敬勝怠。則其位可以安。使怠勝敬。則其宗可以覆。斯其亡其亡。奠於苞桑者矣。

以君主為治制。其國之所以光大。而治之所以安平者。其生於知有所恃而不可拔者歟。而有時不然。苟無憂危。其亡或立至也。故希臘之興也以波斯。羅馬之不亡也以加達支。夫羅馬之與加達支。交相畏之國也。而交相固。嗚呼。國之所求者。安富尊榮而已。乃安富尊榮之餘。往往如不食之井泉。其波瀾之不起。即其甘美之腐敗也。斯不亦異歟。（自注。札思丹言。雅典民德之窳。即坐額巴米囊達亡之故。當是時。國靡所與競也。則府庫虛於宴樂而已。浸假而馬基頓興焉。）

復案。何孟氏此言之似吾六經也。嘗謂西士東來。其耆碩好學。莫如明季與國初之耶穌會人。而歐人於東籍最稔者。莫若前兩稘之法國。如孟德斯鳩。如福祿特爾。及當時之狄地魯諸公。其著作俱在。可覆案也。易曰。其亡其亡。繫於苞桑。傳曰。外寧必有內憂。孟子曰。出無敵國外患者國恆亡。此固歷史之公例也。豈徒見之於古而已。即今歐美諸國之所以強。而文明支那之所以弱而愚闇者。舍慮亡自滿之心。有他故哉。日本與中國。同時被創於西人者也。顧三十年之頃。日本勃然以興。而中國瘮然若不可救。彼嘗以國小而知危。吾以地大而自滿故耳。即今中國若情見勢屈矣。然常恐終至於淪胥者。亦以知危者尚居其少數。而懵然弗省。或省矣。而期及身之無事者。猶居其多數也。

第六節　君主精神之敝

民主之傾也。以眾庶奪議官長吏與司理者之柄也。君主之敝也。以王者侵地方自治城邑應有之權也。前之敝也。敝於宜萃者而為渙。篡於下也。後之敝也。敝於宜分者而為專刼於上也。

支那明世儒者嘗謂。秦隋二代之所以國祚不長者。以其君皆有鄙薄先世之思。不欲高拱穆清。使臣下任職己總其成而已。常倚衡程石。事必躬親云。

此語為秦隋發。非專為秦隋發也。凡五洲君主之國家。及其敝也。莫不如此。

君主之所以不為專制者。守先王之法度也。是以有道之國。必法祖宗。乃及其敝也。則其君以變古為行權。以率舊為示弱。有時奪其下所世守者。用己意而畀之他人矣。其為政也。非審諦而出之也。乃由其一時之喜怒。不知職之各有攸司也。而常樂其自己。一國之政。總於京師。京師之官。總於宮廷。宮廷之事。總於一身。

總之。其治制之毀也。以君主不知其權之所由重。不識其位之所由安。與臣民尊君親上之情之何由而至也。不悟群扶之君主之所以安。反之。即專制之君主之所由危也。

第七節　續申前說

且君主精神之腐敗也。其臣下皆奴隸人而已。群公之長。實為大奴之魁。國之大臣。不為民所敬。民之視之。不過霸主之便嬖弄臣而已。烏足貴乎。

更有甚者。則爵祿榮寵之所及。常與天下之至辱者俱。當此之時。有求其富貴利達之事。其人必至苟賤。至無恥。而後其券乃可操。則去大命剿絕之期。為不遠矣。（自注。羅馬當泰比流之為帝。獎告訐之風。亞刻像凱旋門。與名將相同列。其時人乃以是為大恥。雖有勞勩。不受此旌。又撻實圖史。亦載宜祿以此獎叛奴。諸將相率去位。以武功爵為大詬也。）

又其腐敗也。坐其君不知有公理也。知為兇虐以威民而已。如羅馬之某帝然。像梅都沙之面目。（梅都沙者。羅馬司報復之神也。其在希臘則為聶梅碩思。）置諸胸臆之間。又如戈謨圖然。己之塑像。命工必為至獰惡者。蓋彼知君主末流。所以為精神者。督責刑威已耳。

鄙夫纖豎。至無賴者也。以讒諂貢諛之故。而驟涉通顯。擁旄纛。膺車服。武夫夾輿。從者塞路。彼自覩儀觀之偉。鹵簿之華。遂亦忘其為鄙夫纖豎。行且召負乘之災也。彼以謂吾之得有今日者。主上之恩也。則凡吾所為。亦媚茲一人而已。若夫死職當官。所由國與民而起義者。非吾事爾。

雖然。不佞向不云乎。君主之權。愈無限制者。其位與身愈益危。此非不佞之私言也。所徵諸史冊而得之。則君主治制之公例也。夫使是例而信。向之蠱其君以無涯之欲。務使濫刑極威。變憲章祖述之朝。而為霸力專制之治者。雖被之以大逆不道之名。加之以戕弒其君之罪。豈枉也哉。豈枉也哉。

第八節　君主治制常虞腐敗

治制之為變也。其由平而趨平難。其由平而轉峻易。由平而趨平。若民主之變君主。君主之變民主。雖變皆有法者也。由平而轉峻。若君主之成於專制。則由有法而入於無法者矣。

吾歐之今日諸國。自其大率而言之。皆有法度而存其尚德之風者矣。然使其行權也。久假而不歸。或以一時武烈之大競。則由是而入於專制。豈須時哉。吾恐當彼之時。雖有遺俗流風之積累。天時地利之中和。終不足以禦其戾氣。則此土雖為四洲之至美。此種雖為上帝所最驕。而人道所蒙之大辱。所前見於三洲者。行將終施於其間。特久暫不可逆覩耳。此吾之所大懼者也。

第九節　貴族常忠於君主

方英察理第一之敗也。群侯之起而殉其位者眾矣。先是吾法之腓立白第二。常以自繇之利益聳其民矣。而王冠之所以不墮者。亦賴爵貴之群扶。蓋爵貴與王。誼為同體。常以服從一尊。屏藩王室為至榮。而下同庶民共執國柄為大辱也。

匈牙利隸於奧大利亞。奧之皇室。常取匈之群侯而困之。顧不料他日多憂之時。轉賴其力也。夫奧之所欲得於匈者。財耳。而匈之財固不富。若夫其民。則所棄者也。方諸國之君。群起而分其地也。諸部相率。委而去之。舍爵貴之家。莫肯為王死疆埸者。惟茲帶礪。慎王室之見侵。仗劍枕戈。忘疇曩之身被其毒。而為王敵愾。不獨不讎其君也。且以得歿於其事為至榮。非誼關同體者。能如是乎。

復案。是在吾國。以春秋大法律之。雖齊桓晉文。愧其語矣。顧西人於此不之貴也。且若有微辭然者。然則謂東西二洲。政教之異若霄壤。非過論也。

第十節　專制精神之敝

專制之精神。非可久之物也。故敝者其常。不敝者其偶。他制之敝也。事或出於所不期。立制精神。為所破壞。獨專制不然。其破壞也。生於自力。向之所未至於破壞者。有不期之物。從而救之。使其救者亡。則其治之真果見矣。大抵專制之治之不傾也。或以天時。或以地利。或以宗教。或由人才。使秩序尚存。而人民受治。雖然。是皆勉強之功。而未變其性質也。其酷烈之氣終存。民之馴服而可馭者。特暫而已。不可長也。

第十一節　精神善敝之徵驗

惡制之善法。不如善制之惡法。何則。使其精神既非。雖有良法。皆為惡器。而可以貽害其國家。反是而觀。使其精神充美。雖有未善之法。可收善者效也。精神者國之靈魂。周於萬事者也。

革雷特有獨異之法焉。所以儆行政之官。使必循法度者也。則群抗之法是已。官吏貪虐。市府之民。得群起操戈。譟而逐之。此其人與褫職罷官無異。是其法之所容也。自常道而言之。官吏雖不肖。豈宜使所治之民。挾群起之勢以逐之。是長作亂犯上之風。民主之傾。宜無日矣。然而革雷特為是蓋久。而未以亂亡。此其所以然之故獨何歟。

古人之言愛國也。則常舉革雷特之民以為喻。柏拉圖曰。革雷特人一言吾國。則無窮之愛。從之以生。殆無異慈母之於驕兒。情人之於愛寵。然則革雷特雖有弊法。而不至於害國者。亦恃此無窮之愛而已矣。波蘭之法。與革雷特同。亦有所謂群抗者。然其流弊無窮。蓋非其民。不能用此法爾。

若夫拔河裸舞之國俗。行之於希臘斯巴達諸部而無傷者。亦以民德之優。政府精神之完美故耳。柏拉圖曰。始開此俗而傳以為法者。賴思第猛與革雷特之民也。為天下驍桀高等之民。正以有此俗故。其始也。若壞廉恥之大防。其終也。乃致大利於其國。蓋當柏拉圖之世。此制猶未衰。於尚武精神。有極重之關係。乃未幾希臘之民德衰矣。此制之存。不獨無益於武事。民之武德。由之而荒。其相聚而為此戲者。非以練其精力也。而以為淫佚蕩檢之事。

復案。孟氏此節之論。可謂精已。以一人之行事言。君子之非。往往賢於小人之是。以一國之立法言。衰朝之良法。有不如興國之弊制。雖然。是於覘國則然。見國民精神之至重耳。非曰。創業垂統。可以是自寬。抑明知其弊。而不除不救也。且世風之升降無常。百年之間。國之由盛而衰。俗之由厚而薄者。蓋比比矣。語曰。作法於涼。其敝猶貪。況全盛之日。先為之弊。以待其衰。豈有幸哉。革雷特之民固愛國。賴思第猛之民固尚武。而群抗裸舞二俗。無論何世。皆不可行。欲官吏之守法。與百姓之習戰。其術多矣。坦途不由。必於荊棘。吾未見其立法之智也。

布魯達奇言。羅馬人嘗謂希臘所以見虜者。正坐此戲之故。而孰意不然。吾則以謂非裸舞之能害民德。實則民德既衰。害裸舞耳。國之見虜。必其民之虜德先之。不然。雖裸舞何害焉。夫當布魯達奇之日。是之少年。裸而為角觝拔河諸戲。徒增其怯情。長其慾念。習為舞人而已。顧當額巴米囊達之日。所以使羝羿之人。奏積於魯克闍之一役者。由此戲耳。總之。當國家精神完固之日。法制創垂。雖有不臧。其事已寡。伊壁鳩魯之論財也。嘗為喻言曰。酒醪非不善也。而如鴟夷之既敝何。吾之於法制也亦云。

第十二節　續申前論

羅馬之置法司也。常選之於沁涅特。洎於孤拉希。則轉而擇之於奈德。（武功之爵）圖魯蘇則兼沁涅特奈德而選之。錫拉則專選之於沁涅特。戈達於沁涅特奈德之外。又益之以司會。凱撒則除司會。安登又選之於沁涅特奈德與百夫長也。

民主之敝也。欲挽其頹風。捨與敦古處。以復其既敝之精神。無他術也。必用他術。徒生害耳。方羅馬之未成於暮氣也。獄訟之柄。付之沁涅特無所慮。及其既敝。雖百易其方。使相鉗制察伺。而終無濟。其下如一丘之貉。奈德固未賢於沁涅特。而百夫長豈愈於司會者哉。

方羅馬庶族初得與右姓分推舉之權也。議者以謂是所舉者。必在所喜好之庶族矣。而孰意不然。其續舉者。仍右姓也。蓋其時國民。具至公之心。雖必爭自繇。而無怙權之意。及乎民德之日澆也。其所負之權力愈多。其行事之不恤國家愈至。乃至相與為其殘賊。相與為其奴隸。雖曰自繇。而無風力。則相率而為怯餒放蕩之民而已矣。

復案。嗟乎古今亡國滅民。所常至於不可救者。非以此哉。蓋風俗民德之衰。非一朝一夕之故。及其既敝。亦非一手足之烈。所能挽而復之於其初也。所恃以救國者民。而民之智德力皆窳。即有一二。而少數之不足以勝多數。又昭昭也。敵國強鄰。鷹攫虎視。己之國勢。火屋漏舟。而由弱轉強。由愚轉智。由瓦解土崩。而為專心壹志者。又實無速成之術。嗚呼。古今亡國滅民。所常至於不可救者。非以此哉。

第十三節　國民信誓之效

李費謂天下久持淳風而不墜者。莫若羅馬之民。制節謹度。而不羞貧乏之者。亦莫若羅馬之民。

蓋羅馬民最重盟誓。明神之質。九死不遷。守法之虔。往往由此。其俗固渴榮者也。而渴榮不如其守誓。其民固愛國者也。而愛國亦不如其守誓也。

當圭英達之為大都護也。議於都下徵兵。伐伊耆與和斯基之部。議定而諸執憲沮之。圭英達乃曰。必如此。則令民去歲曾與都護盟者。率以從我。足矣。當是時。雖執憲者斥其盟為不足守。而謂方盟日。圭英達尚未起家。然而民不為變也。蓋宗教感念。入民最深。雖有人焉為之區分。而彼終以神鑒為不可以貳耳。又一時將戰矣。或有議退守者。然而不敢。則亦以誓言在昔。謂必從都護於疆埸也。乃有人焉。謀刺殺都護以解之。繼聞所為不足釋負。則又中止。吾黨居今讀史。由其所設不軌之陰謀。可以見其人視背誓寒盟。為何等矣。

布匿之第二役。羅馬敗績於剛埿。當此時群心恇懼。乃相與謀退守於昔昔里島。大將式辟倭率眾誓天。死不出羅馬半步。遂終弗去。蓋其民之畏死。不敵其凜誓言遠矣。故羅馬猶一舶也。而宗教與禮義。為其鎮海之二維。雖有飄風怒濤。常以是而獲濟也。

復案。宗教之於民重矣。中國於三代最隆。故師旅邦國之事。得以盟誓臨之。而社會之相維以固。自宋元以降。士大夫之談道愈精。而監觀有赫之情愈淺。而盟誓之用微矣。又中國之言天罰也。必就其身與子孫而徵之。而西國之言神譴也。不存於形體。而受以靈魂。夫天道浩渺難言。形體或緣無徵而不信。靈魂則以無盡而莫逃。此二者維持社會之功。所以各異也。

第十四節　更張憲法之關係

雅理斯多德謂加達支為民主之善者。然波里彪乃云。當布匿第二戰時。加達支之沁涅特。幾無權力可言。讀李費史。知韓尼泊回國。親見官吏貪污。豪右橫恣。公中之財。幾盡入其私囊橐。然則沁涅特之失權。與行法官之失德。乃同時並著之事。而為一原因之效果矣。

人莫不知申蘇爾之設。於羅馬民主之為用大矣。夫其官固亦有時於國家為綴旒。然其為綴旒也。以其煩費。而不以其營私。自覺羅紂侵奪其權。由是營私之弊。大於煩費。而司直職任。降愈微矣。中經累罷累復。糾彈劾治之威。掃地而盡。雖有具官。充位而已。至沃古斯達之朝。而民主之局亦革。則謂其官。與民主之制。相為始終可耳。

復案。一治制之立。與夫一王者之興也。其法度隆污不同。要皆如橋石然。相倚相生。更其一則全局皆變。使所更者。同其精神而為之。猶可言也。使所更者。異其精神而為之。則不可言矣。雖曰窮變通久。使民不倦。而舊制之因以不久。則灼然不待蓍蔡而可決也。即如清朝自入關定鼎以來。重兵皆聚於八旗。直省綠營名存而已。自咸同間。東南流寇之亂。於是乎有團練之師。趨變適時。雜采戚南塘練兵諸書。自為營制。一切淩雜米鹽。務為簡易。人樂為用。因以有功。然而祖宗累代經武之規。所籥勺張皇。以為一朝堂堂王者之師者。不復見矣。自是以來。每或言兵。捨召募練營。若無餘計。而其兵亦以平伏莽有餘。以御外仇不足。何則。其為器本輕。其為制本多缺點故也。夫兵之一事既如此矣。乃至吏治。則雜之以保舉捐輸。財賦。則益之以釐金海稅。凡此更張。皆極關係。何況庚子以還。所謂新政者耶。夫治制。有形質。有精神。二者相為表裏者也。使形質既遷。則精神亦變。非曰不可變也。特變矣。須有人焉。居重執樞。而為全局之規畫。庶不至支節牴牾。因以生害。乃今不然。國體支離。漫然如巨人之無腦。故或政所並立者也。而於甲則重。於乙則輕。(如外商兩部。薪俸獨豐。而他部無有。)或事所代興者也。而曜靈未淪。望舒已睇。(以大學堂既立。而國子監猶存。)於人心之趨向則不一。於國帑之經費則虛糜。利矛陷盾。華履加冠。馴是以往。吾不知何以善其後也。

第十五節　所以維持精神之真術

凡鄙意所欲言者。分見於後四節。

第十六節　民主治制之真相

大抵民主之為治也。其幅員宜於褊小。不然。無久安者。蓋使民眾地大。則其中之富民必多。而淳古澹泊之風以少。一人之身。其受任常或過重。私利之可收日顯。意以為朘削他人。將己之福祿立至。務一身一家之尊顯光榮而已。至於民主之淪胥。非所恤也。

使民主之國而大。則所謂公益者。常有無數物焉毀之。其敗壞又隱微而難見。變故繁多。往往遇一二事之不期。而大局為之牽動。若夫小者則不然。所謂公益。顯然易知。為眾目所共覩。為人人所可至。陰謀私計。難以時施。而保奸養癰之事。亦以少也。

斯巴達民主。所於古為最久者。歷累勝之餘。而其國之封疆。無所展拓故也。蓋其民之所拳拳者。獨立而已。必獨立無羈絆。夫而後其國有榮華。

希臘諸民主之風氣。其止足於所有之封疆。猶其相安於舊立之法度也。其局之變也。以雅典先奮其雄心。而賴思第猛繼之。其所欲取而駕馭之者。非戎虜也。乃其與國之自繇民。其所有事者。非欲破其聯邦之局也。乃合聯邦。而必吾為之盟長。顧不料民主之遂變而為君主也。洎君主制成。乃力征經營。日為并兼之事矣。

蕞爾彈丸之國。其大不逾一州。如是而謀久存者。其惟民主乎。（自注。有時以君主小國。介於兩大國之間。其所以存。即以兩大相嫉。而爭平權之故。然亦不過仰人鼻息而已。不足貴也。）使為君主。則由來小國之君。尤樂侵漁百姓。夜郎自大。嘗謂必如此而後權尊。且厚利名高。皆由此而後有也。是故其內則民不聊生。其外則強鄰環伺。一旦或為人所并兼。或為其民所廢置。皆意中事耳。顧既逐其君矣。使其國小乎。則亂以此終。使其國大乎。則亂以此始也。

第十七節　君主治制之真相

君主之國。其幅員亦不宜過大者也。蓋褊小。則其勢將趨於民主。苟為過大。則不能無胙土分民之事。天王垂拱於上。名為共主。實同綴旒。諸侯各立私朝。每為王制所不及。如此則尾大勢成。所謂樹國固必相疑者矣。

往者吾法夏律芒之崛起也。幾混一全歐矣。顧一統之局甫成。而分國之事已起。雖以夏律芒之威。無如何也。蓋其分也。或以藩鎮之不共。或以支幹之相輔。此歐洲後此之局所肇開矣。

更溯而上之。則亞歷山達之死肉未寒。所略之地。已瓜分矣。夫亞歷山達。所與共此業者。大抵皆馬基頓希臘之名王也。皆南面為人君者。其屈於亞歷山達者。力不足耳。洎其雄已死。此曹擁累勝之師。欲其俯首垂翅。以戴委裘之孺子。是固事所必無者矣。

復案。右之所言。可徵之中國歷史。見其例之不誣也。夫三代之不然。以其制之為封建也。秦毀封建而草澤興。顧項之與劉。皆立六國後矣。漢高斬刈功臣。身死而悍鷙之呂氏。猶足以彈壓之。然文景之世。淮南七國。亦多故矣。東漢終於三國。典午骨肉相殘。唐之衰也以藩鎮。宋罷群臣兵柄。遂有金元之禍。乃至清朝。監於累代。其制可謂至密。而猶有三藩之誅。然則君主國大。其勢常趨於分。真信例也。

阿諦羅以胡羯之種。略地跨有亞歐。身死之日。無尺寸之土以為傳國。連雞不能共棲。向之所率以冒鋒鏑者。至此皆欲為汗為王故也。

然則此例獨無有不行者乎。曰有之。則必君主之後。而繼之以專制者也。如此。則其局可以不散。顧不散矣。而於民生則為至酷之事。國大而君不仁。流血之殃。行復見耳。

百川匯流。日夜趨海。至海而畛域泯焉。百王競兵。終於一統。至一統而專制成焉。

第十八節　斯巴尼亞君主之特起

疆者慎無謂斯巴尼亞之事。為異於吾所云也。實則轉以證吾說之不誣。斯巴尼亞既得美洲矣。乃欲保持其疆土。反斬刈其人民。迹其所為。有專制之君所不敢出者。恐屬國之叛亡。乃使其國民生。必仰我而後給。古之為暴。殆無此已甚者矣。

其在荷蘭。亦欲張其無限之權力者也。至知不可為。而其國之亂氛乃愈亟矣。瓦倫（瓦倫者。比利時南部東南部之民。自為一種。）之卒。非斯巴尼亞之將所能馭也。而斯巴尼亞之卒。亦不受瓦倫之指麾。

所侵略於義大利者之不亡。徒以罄國金貲。以餂義民之故。蓋義民於斯巴尼亞之王。所不願也。於其金貲。所心豔者也。

第十九節　專制國之真相

廣土眾民而大一統者。專制國之真相也。舉國之命。懸於一主。當機立決。令朝發夕行。而後有以救散漫之國勢。嚴刑不測。群下惴惴。而後有以震遠臣之精神。儆邊藩之偷惰。威福出於一人。法令由其專斷。權衡憑臆。予奪隨心。既行之法。或時時而更張之曰。所以待事情之蕃變。資因應於無窮也。

復案。專制之情。誠有然者。即取其言。以律吾中國之前事。亦十八九合。特云既行之法。必時時而更張之。則亦叔季之事。或際除舊布新之朝。國之利害。隨其主之聖狂以為異。不可一概論也。總之既為專制。則率舊維新。皆一君之所獨斷。制之良否。不從是而有異也。

第二十節　結論前四節之意

由是而觀之。則知小國之治。利為民主。中國之治。利為有法之君主。而大國之治。利為專制。又知開國之規。欲常持而不墮者必其廣輪疆索。無改於舊而後然。使其改之。則變於疆索者。將變於其治之形質。變於其治之形質者。終之將變於其治之精神也。蓋其物本相待以為進退者也。

復案。孟氏此言。取以例古之國家可耳。乃至今日。則其例幾無一信者矣。南洋島國。僅如黑子之著面。皆專制也。而美利堅幅員埒中國。法蘭西則半之。皆真民主矣。若云美本聯邦。以其訢合。以成其大。則又何說以處法蘭西。故曰。其說可言古而不可以言今也。蓋自舟車用汽。郵驛用電以來。其事若取五洲。而縮之州里之內。故古之所不可者。而今皆無難。此固生於十七稘者。所未嘗見也。又安知他日之事。不大異於今所云乎。

第二十一節　支那帝國

不佞此篇之說。難者實多。故於其終。必有以應之。而後其說乃足存也。

彼景教宣福之徒。遊於東土而歸也。莫不曰。美哉中國之治制也。其所以為精神者。實兼道德、榮寵、恐怖、三者而並用之。夫使其言而信。將不佞往者三制之分。為無謂而強生區別者矣。

雖然。榮寵恐怖。二者之為合難。夫使其民之奉令守法。皆出於懷刑畏威而後為之。慮一不當。則鞭笞隨其後。（自注。神甫竺赫德言治中國者非他夏楚而已。）則吾不知其民所謂榮寵者。為何等觀念也。

復案。此不足以為吾辱也。夫禮所以待君子。而刑所以威小人。如孟氏言。則必君主之治。不用鞭笞箠扑而後可。而今日即最尚榮寵如英法德諸邦。其為法然耶否耶。雖然。必訾中國以無禮。則有無可逃者矣。其證安在。則如明代之廷杖。所至清朝而革焉者也。如試場之搜檢。所至清朝而因焉者也。是二者一見於士大夫進身仕國之初。一見於榮名委質之後。皆大喪廉恥。而於治無幾微益者。使孟氏舉此。而曰吾無榮寵之足云。則吾有呿口縛舌而已矣。

又使叩支那之俗。於吾國之商於彼土者。將其所言。於支那人之道德。未見如傳教者之傾倒也。官吏號牧養小民。保衛商旅。顧其寵賂之章。侵奪之暴。盜賊不翅焉。且此非僅僅一二見也。暴者其常。平者其偶。道德之民。詎若此乎。使聞者猶以是為不足也。則吾請徵諸爵主安孫之所聞見者。庶吾言非妄發已。

復案。安孫者。英之海軍提督也。生康熙間。當是時。斯巴尼亞海權大盛。踰南美。而遠及太平洋支那海。安孫嘗以寥寥數舟。大挫斯巴尼亞於馬哲蘭飛獵濱間。蓋嘗親至吾國閩粵之南境云。

又神甫裴倫寧函稿。載其皇帝誅戮弟兄之事。某某親王。皈依景教。坐是獲譴。蓋猜嫌積久。定必死之之畫。忍心害理。所謂以冷血殺人。較之倉卒相戕者。尤為暴矣。

欲考支那之政治。吾黨所可據者。裴神甫而外。尚有遊客戴眉蘭之紀載。今但舉數端。覈而論之。則向之隱約難明者。皆可見矣。

則安知彼傳教者。不聳於其外之治跡。而不見於其真。遂傾慕贊歎之若此者乎。且宗教者。服於一尊之制也。則又安知彼不本其夙成之心習。見泰東朝廷。以一人託於億兆之上。而威令之行。有如彼者。則以為上理之隆規。而歡喜誦歎之乎。總之。彼教侶之遊於印度諸邦。（復案。前之西人於安息。葱嶺以東諸國。大抵通呼印度。不甚著分別也。）將以致大變於其俗者也。故其入手而著力也。寧得有無窮權力之帝王。不願從其下流。而致力於莫之服從之氓庶也。（自注。竺赫德云。景教往往為官吏所排。而神甫嘗得清聖祖之權力以為抵禦。）顧吾輩之聽人言論也。往往於謬悠無實之中。思之而得其真實者。夫支那之以專制而治。固必有特別之原因。且必有非常之原因。以成其如此。則如其國之天時地利。所以陶冶牽繫其風俗人心者。出於見聞所未嘗有者。可也。

支那之風土。於人民之蕃殖。殆有奇效。其女子之繁毓。甲於五洲。雖有至殘極暴之君。不能止其戶口之日進也。古埃及法老欲絕猶大種類也。謂使者曰。汝好為之。無令此種得蕃殖也。使在支那。雖為此猶無益耳。彼無寧轉而為羅馬宜祿之所為。曰。人類雖多。必吾為之主。是故支那雖有不仁之君。然其人之所收。終不如其天之所縱。則民賊凶皺之窮也。

以稻為糧之國。常苦易飢。支那稻國也。凶歲告災。流亡之民。各去鄉里以求食。則往往相聚為盜。播棄嬰孩。少者既不得以成長。而嘯聚之壯者。又剿絕於長官。蓋轉於溝壑者。亦至眾矣。雖然。以揭竿者之屢起。而國大。政府之勢或不及也。則亦什一有成事者。當此之時。彼守其所已得之地。羽翼日豐。紀律日盛。使王朝政府而無人也。則破其國都。踐其天位者。非舊主矣。

以其政制之獨異。吏治理或不善。則刑黜立至。而治理不善。莫著於民訛。戶口豐稠如彼。民一無食。大亂遂興。故他國怙權為亞之吏。施罰每久而遲者。以效果之形。不若支那之驟也。以其君之於國難。不若支那之切而易見也。

歐國之君。其方為國儲。而受教育也。其師則曰。若庶幾為仁明之誼辟乎。即不然。惟皇上帝。將降罰於爾之神魂。而受種種之罰於未來世。惟茲國民。乃無愛於爾身。爾之府庫將不盈。而軍旅弱也。而支那之所以儆人主者不然。曰、無曰。高高在上。天難諶。命靡常。四海困窮。天祿永終。必驕泰以失之。辟則為天下僇矣。

復案。孟氏之所以云然者。蓋法民革命以前。歐人舊法。國君雖暴。可廢而不可誅。即有叛亂。其身可亡。而其統不可廢。蓋國位之於君。猶田產之於民。皆於法為不可析者也。

支那盛棄兒之風。而國猶甚庶。大較皆力田緣畝之民也。勸農教稼。著諸國典。又其為法也。必使民得食其所自耕。而無憂其或奪。故支那之盛。父母之政府也。非合群之政府也。

復案。此在今人。則云支那為宗法社會。非軍國社會也。

彼支那法度之原。為神甫所盛稱者。具如此。彼之所欲至者。憲法與專制之柄。得合而並施。不知既專制矣。則德禮刑名。所附益者。皆空名而無實。譬如操獨斷之太阿矣。乃議者欲制其凶威。而傅之以鍊。不知此不徒無以約其兇鋒也。苟其用之。適增其可畏難近而已矣。

是故吾得一言蔽之。支那者專制之國也。其治制以恐怖為之精神。意或者當其上古。所統壹之人民土地。其廣且眾不若今。其道國之精神。庶幾異耳。顧至於今。則非古所云矣。是可決也。

復案。老氏莊周。其薄唐虞。毀三代。於一是儒者之言。皆鞅鞅懷不足者。豈無故哉。老之言曰。失道而後德。失德而後仁。失仁而後義。失義而後禮。禮者忠信之薄。而亂之首也。始吾嘗懵然憮然。不知其旨之所歸。乃今洞然若觀火矣。禮者誠忠信之薄而亂之首也。雖然。禮者既如此矣。藉今更為之轉語曰。失禮而後刑。則不知於治之效又何若也。民主者以德者也。君主者以禮者也。專制者以刑者也。禮故重名器。樂榮寵。刑故行督責主恐怖也。且孔子不云乎。道之以政。齊之以刑。民免而無恥。道之以德。齊之以禮。有恥且格。特未若孟氏之決然灑然。言君主之必無德。專制之必無禮耳。嗟乎。三民以降。上之君相。下之師儒。所欲為天地立心。生人立命。且為萬世開太平者。亦云眾矣。顧由其術。則四千餘年。僅成此一治一亂之局。而半步未進。然則老莊之所訾謷者。固未可以厚非。而西人言治之編。所以燭漫漫長夜者。未必非自他之有耀也。學者觀而自得焉可耳。

第九章　論法之為守護而立者

第一節　民主之所以守其治安

民主之國。小則為鄰敵所并兼。大則常亡於內釁。是二患者。庶建之民主。賢政之民主。皆不能免。亦不論其政之善惡。蓋二患者與制偕生。非法所可救也。

於是合眾聯邦之制出焉。夫聯邦者。內之有民主之自繇。外之有君主之強固。向使無此。將天下民主之國皆不克存。而人類捨擁戴一主之外。無餘制矣。

合眾聯邦者。即其名而知其事。乃眾小聯盟。而成一大國也。為合群之社會。又可繼續附益。至於力足自存。不憂吞併而後已。

古希臘之進盛久存也以此。羅馬之強大而鞭笞寰宇也以此。乃至宇內民族。其禦羅馬。而不為其所薦食也亦以此。蓋羅馬駸駸。至於極盛。而達牛以北。來因以東。諸種震於南朝之兵威。相與合從要約。以圖自存。而羅馬進取混一之機。由是絀也。

是故由斯以來。若荷蘭。若日耳曼。若瑞士之更屯。皆於歐之大陸。

稱永存之民主矣。（自注。荷蘭合眾所聯約者五十餘國。皆政法相異者。後福祿特爾云。此所謂國者不過一市府耳。孟德斯鳩意以謂皆自立之民主國也。）

蓋古之時。市邑實處於不得不合之勢。虛弱單外。無所恃以為存。且時時有侵略之可懼。假使冠讎。據有其地。則不獨如後世失國之民。亡其議制行政之權已也。將並其財產身家而不可保。（自注。所亡者。社會之自繇。貨物妻子社稷屋廬甚者並邱墓葬霾之地而亡之。）

惟如是之民主。其力既足以禦外讎矣。而其內之腐敗。亦無由起。蓋其制之善。有以遏其萌蘗使不生也。

向使一部之人。欲篡最多之權力。未見其能取諸部之民。而悉得其服從與信向也。方其施侵陵於一部也。將餘部皆警。即有一二為其羈縻摟伐。亦必有未入其樊者。與為反對。斯梟雄之勢不張。而平權之局。緣以無毀。前之所云。蓋竊權之起於上者也。乃若下民之囂。則見於甲者。乙丙諸部。猶足以討而平之也。禮俗之壞。其行於丁者。戊己之民。猶足以救而正之也。故其勢猶百足之蟲。其不僵者。以扶之者眾也。乃至合從散矣。而未散者。尚足收拾主權以自立也。

總之如是之制。其所以善者。以所合從。本小民主。是故其內治常有餘。而民長享其自繇之幸福。至於外形。則以合眾之強。有君主之利而無其害。

復案。此節之說。讀者當與社會通詮之第十四分參觀。則合眾之異同可見。且有以知古今社會大勢之所趨也。

第二節　合從政府而何者為最宜

迦南（安息以西之古國見舊約全書）諸邦之滅也。坐其國皆小君主。而無合從之約。以相輔為強也。蓋君主之國。最不利於合從。雖欲合之。而其勢易破。（案六國合從并秦所以終於無效者。亦此理耳。）

更觀古歐洲之合眾。則日耳曼諸部。其中有獨立之部。又有為小王侯之所治者。故其為合之堅。遠不逮荷蘭與瑞士。歷史之事。可以證矣。

蓋君主之精神利為戰。其宗旨在國勢之拓闢。而民主之精神利為守。其宗旨在常保其太平。以二者之為殊如此。使強而合之。宜乎其為連雞之勢矣。

故韋恩特（羅馬省）既立君。遂見擯於拓思迦尼之合眾。其事見於羅馬史。希臘有安域壇（譯言鄉約）之制。用於聯邦。自馬基頓以君主而參其議。大事去矣。其事見於希臘史。

日耳曼之為聯邦也。有君主有自繇國合而立盟長。其選諸民主也。則以長吏。其於君主也。則以其王。

第三節　合眾民主尚有所需

荷蘭之合眾。約諸部中有別與他一國連盟者。必合眾之公許而後可。此其法至善。蓋非如此。則合眾之形不固。日耳曼之合眾。則無此約。故先合之眾。其中有一部聳於上人多自與之私。而不恤其後者。則禍害興。而全局受其敝。夫民主之國。與人聯邦。其國權固已悉畀諸公。不宜有自營之利者矣。

合眾聯盟之國。所難者以大小強弱之不一也。故往者犁韃之為合眾也。合二十三城之眾。而為合從之政府。然以眾寡大小之不均也。有大事議。其為決。大者三占。次者二占。而小者一占而已。此事權之以大小異焉者也。洎荷蘭之合眾。凡五十一部。決事各得一占。雖有大部。其決事之權。與小部等耳。

合眾政府之財用。聯邦之所出也。故其權異者。其出賦亦異。其權同者。其出賦亦同。犁韃諸部之出賦。與出占之數有比例。而荷蘭不然。犁韃之舉法官與守宰也。由合眾之政府公定之。荷蘭又不然。各城自推立其守宰。世有欲不佞舉一民主聯邦。以為後世合眾國之法式者。捨犂韃其誰與歸。

復案。後漢書以犂韃（亦作黎靬）為即大秦。其說不誤。但失分別耳。蓋韃在亞洲極西。而屬於羅馬。然而未度海也。羅馬向無犂韃之別名。而張騫甘英諸人。未臨其都。輟指所屬一部。以為全國。故曰犂韃即大秦也。此無異西域之民。直呼中國為契丹者矣。

第四節　專制政府所以自固之術

民主政府。其自固之術在合。專制政府。其自固之術在分。分者何。旁絕牽緣。自成孤立也。故專制國之治邊也。往往棄數千里之地以為區脫。其荒棄邊境。即其所以守腹地。使敵難為入耳。

復案。孟氏既從舊說。以三制分古今之政府。又必以專制之治。為在在與民主反對。故其為說也。每有先成乎心之失。而犯名學內籀術妄概之厲禁。如右所言。其易見者也。往往乍聞其該。驚人可喜。而於歷史事實。不盡相合。後賢訾議。非誣之也。學者自用心衡焉可耳。

幾何形學有公論焉。凡形之羃積愈大。其周積之比例愈小。故使其國誠大。此荒棄邊徼之為。未遂害也。若夫區宇有限之國。是之棄地。非所堪矣。

是故專制之政府。侮伐侵削之者。不必皆寇讎也。方自侮自伐。自侵自削之有餘。一旦寇讎壓境。又非彼所能為驅除難也。

專制之以分為守也。棄地而外。尚有術焉。則遣置大奴。為之外藩是已。若蒙兀。若波斯。若支那。皆遵此術者也。突厥之與其敵鄰也。必於中間。別置一部。使當其衝。以為屏盾。若韃靼。若摩勒地維亞。若瓦拉支亞。若尸爾萬那山外諸國。皆嘗為突厥之捍蔽者矣。

復案。與人並立天地間而為國。有一公例焉。曰避敵以為固。未有能固者也。大彼得之治俄也。置莫斯科而立彼得堡。曰使吾國而興。必向西對諸國而開戶牖。此其言近之矣。中國自秦起長城。而河山兩戒。戎夏劃然。更三千年。化不相入。不然。龍庭區落。未必不為過江之吳楚。踰嶺之粵閩也。誰生厲階。至今為梗。論者以此為秦之功。吾則以此為秦之罪矣。

第五節　君主之所以守國

向所謂自侮自伐自侵自削者。君主之國。無其事矣。因國之疆土有域。而敵之入寇無時。故欲保其治安。斯不能無待於城郭。且必有守戍殘更之卒。而後邊境乃無憂也。尺寸之地。皆有適主。而在所必爭。將帥之明智勇果。由之而見。故專制之國。相與劫奪而已。至於君主。乃有戰也。

城壘鎮戍者。君主之利器也。專制之政府。且不能用之矣。何則。利器不可以假人者。慮其假之而或不歸也。彼方虜使其眾。奴使其臣。奴虜顧利而已。有變且群起而挺之矣曷可信哉。

第六節　守國戍兵之常制

將欲使國常安而無危。必其應敵之難易。與其國受侵之難易。有以相副。此其土之廣狹。與其兵之多寡為之也。使其國而當四戰之衝。則其為守也。必在在有以應之。故幅員逾等。非國之福。而適中之疆索為宜。蓋疆索適中。則人力易副。而環中之應。可以無窮。

復案。此鐵軌未興。電郵未出時之言也。且即其時。使能者得大國而守之。亦未必遂窮於因應。況居今日者乎。雖與所言正反可也。是故今日強盛諸邦。無不行帝國主義者。

國域如吾法。如斯巴尼亞。得其中正者也。其守兵之周流至易。何方受敵。可以立至。其兵力可以不分。如諺所謂率然之勢者然。濡滯失機。

蓋無慮已。

吾法王京之所宅。可謂得形勢者矣。近於其邊之易寇者。遠於其邊之難寇者。故其地之受侵愈易。則國家之耳目愈周。此吾國之形勝也。

若夫國大如波斯。使其國之一隅受敵。常法應兵。須累月而後合。從京至邊。近者須十五日而達。是十五日之中。師不能日日為急行也。（師行有二。一曰安行。一曰急行。）退無可據之固。使前敵之軍不利。有潰而已。敵國席破竹之勢。長驅以臨國都。合而圍之。雖檄藩鎮勤王。其京師已不守矣。又況國難方殷。諸藩知鼎革之期已及。朝命或以不行。彼平日之恪恭王靈也。徒以畏威之故。一旦威弛。所各恤者己私而已。夫如是。故天下亡。宗社屋。而新主之用所力者。特一二藩鎮之負嵎。終之覆巢之下。無完卵也。

是故國權。實不在其兵之能為勝也。而在其國之不可攻。措神器於至安之地。皇極之建。猶泰山而四維之。此非本薄而務闢。其疆者之所能至也。本薄而務闢其疆。將如挺埴然。推之彌廣。其器彌脆。

惟英君明主。不徒其勢力之日增也。其神智常與之俱長。故知領土之宜於有制。而不可以無窮。夫國小固不便也。然使是之不便既祛。又當知國大之難為。而常目存之矣。

第七節　私議一則

吾國有大王焉。享國之日最久。異邦之君。畏其強也。乃布無實之言曰。是常欲混一區宇。而併吞列強者也。夫使此言而信。他日者。彼求所欲而得之。是將為其民之不幸。菑及其身與子孫。不徒全歐被其蹂躪而已也。天祚大法。乃使王師無功。此其祐之也。過於戰勝攻取遠矣。與其為全歐之共主。無寧為大法之強王。何則。安危之勢異也。

諸臣之遠戍也。每懷瞻戀室家之私。方其去國。非不志在功名也。久戍之餘。乃以羈留不歸為怨矣。以虛驕氣矜之隆。雖有所長。使人憎厭。非不冒鋒鏑犯死亡而躬勞苦也。然豪侈敗度。難與有恆。極輕佻不慮難之風。每戰敗。則歌以刺其將帥以自解耳。夫從征之人。如是而已。而吾王欲率之以求其所大欲。不亦傎乎。夫既失之於一國。可知無所往將有功也。既敗於之一時。可悟終古之難為勝也。

第八節　有國守不及其攻者何故

英之爵主高寺謂其王察理第五曰。英兵之最弱而易勝。莫如其在本國者。此言其為守之不足恃也。此不獨英然而已。徵之羅馬而然。徵之加達支而然。且徵之諸國而莫不然。但使國論紛淆。私利相軋。欲強合其本不合者。使眾志成城。難已。當此之時。國有弊政。暮氣已深。苟為更強。則其弊癒益見。

夫勞師襲遠為危道。言其常也。而高寺之言若其變者。雖然。亦道其常而已。何則。是守兵之弱。惟際其內訌而後見其然耳。

復案。此節原文。又極沈晦難通。姑照譯之而已。非灼然於作者之本旨也。

第九節　列強之比較

今夫國之盛明強大。比較之詞也。是故言一國之強盛。以言其真實。乃增乎前。而言其比較。或以見減。此論國者不可不知也。

復案。孟氏此言。可謂奇闢而確者矣。即如中國。以今日通國之兵力財賦言。直前代所未嘗有。顧時時有危亡之慮者。比較則不足故也。往者李文忠之帥北洋也。所創立經營為不少矣。或從容告以未足。則怫然曰。汝觀他省所至。去我者不知其幾何程也。奈何責不足於我乎。比之於內。而有餘也。甲午之役。卒以大敗。比之於外。則不足也。

吾法當路易第十四之代。所謂比較權力極盛者歟。日耳曼之君。非若今者之英特也。（謂伏烈大力第一。）義大利之君亦然。英倫與蘇格蘭。尚未合也。阿拉貢之與喀思狄。猶分立也。斯巴尼亞之王族。互相為弱。而莫斯科洼之於吾歐。猶韃靼耳。若路易者。所謂群雌孤雄者矣。

第十節　鄰國之微弱

是故鄰國之微弱。不可促之使滅亡也。夫鄰我者弱。常代受其禍災。而不為吾毒。此至便之勢也。而不知者常欲吞併之。不知如是之為。其實強則固加矣。而比較之強。往往以之坐減。其減者如所增之度。且或過之。庸有利哉。

第十章　論法之為攻取而立者

第一節　攻兵

攻兵者。範圍於公法。而不可過者也。公法何。一國之法。由與他國對待而立者也。

第二節　戰

夫一國之立。其猶一人之生乎。是故人自保其身者。有格鬬之權利。雖不得已而至於殺。不為罪也。而國家求以自存。有宣戰之公法。雖至於滅。非不仁也。

其所以有格鬬之權利者。以吾生之於我。猶彼生之於彼也。其所以有宣戰之公法者。以吾國之求存。猶彼國之求存也。

復案。此數語平等之精義也。脫非平等。則其義不可通矣。何則。禽獸之生。固不得以比人。而奴隸之命。亦不得以埒於其主也。

雖然。自一人之性命言之。即有自保之權利。然自保不必資格鬬也。何則。有執憲之理官。為之聽其獄。而持其平予以直也。故格鬬者。必處於至猝之勢。死生在出入息間。勢不及以待理者。如是。雖不得已而至於殺。猶無罪也。此天下之通法也。至於國不然。既有自存之天直矣。則其事可以戰。何則。不戰則其國將見滅。欲不滅者。惟戰而攻人之國。勢或得以瓦全也。

是故攻戰者。其權利生於不得已。而合於至精之義者也。為宰相者必知之。為師保者必知之。使輔人主而不知此義。則其禍必最烈。夫曰功名。曰利實。曰便宜。凡此皆武斷之偏詞。不足以為戰之義。苟其用之。所謂率土地以食人肉。吾見流血如江河矣。

所最不可者。黷武窮兵。而以人主之偉烈豐功為口實也。夫偉烈豐功非他。驕泰之變形而已矣。貪忿之別名而已矣。非合於法度之天直也。

夫樹國而圖其固。求之於兵力之強盛。誠得得之。然求之於公理之持平。使天下仰曰文明之國。又未嘗不可得也。

第三節　勝家之權利

有戰之權利。斯有勝家之權利。蓋此事相因。而其理為對待者也。

勝家之權利。其以待見勝者。有宜用之理四焉。一曰。本天道之自然。凡物莫不愛其種而求蕃滋。二曰。本人心之公理。凡己之所以待人。

宜如所欲人以待己者。三曰。本立國之公法。繼絕舉廢。各求國祚之無窮。終之四曰。本萬物之自性。所即物而可知者。是故勝者得也。其事宜為保全。為利用。而非失也。不可行殘賊而加滅亡。

復案。以上四端。約而言之。則天道人情國法物理而已。

其所以待見勝之民。常不出於四者之術。一。即以其國之法。還治其民。而勝家但主行權。為之政府。二。或變其故。而所以治其國與民者。悉從其新。三。或破其群。而散其眾。四。或取其種。而勦絕之。斯最甚矣。

從其第一術。則今日所用之公法也。然而古羅馬之所行。實近於第四術。夫謂今人之行事。方之古人為良。其程度所進之多寡。學者將思而自得之。蓋救世之於義理宗教。哲學禮俗。皆降而益修。是誠有識者所共知。人道進化。洵不誣也。

顧吾世之公法家。篤信古史之所傳聞。而不知其事之或由於不得已。於是所言。輒陷巨謬。吾所最不解者。彼謂勝兵之家。具有殺人之權利。此其所持之說。無理武斷。又可知已。由武斷之說而推之。於是有陰慘驚人之法例。是之法例。使勝家是非惻隱之心。略未梏亡者。未見其循而用之也。嗟乎。戰者凶事。而殺者逆天。向之所不得已而為之者。徒以僞性命求自存故耳。乃今戰矣。且戰而勝矣。則勝家將執何說而殺人乎。此其理之明白。雖五尺童子知之矣。

且彼之所以有此謬者。我知之矣。彼以謂勝家有滅國之權利。於是可並其所以成國之民而滅之。此名學所謂。原詞是而委詞非。推其所不得推者也。夫國雖可滅。未見成國之民。亦當滅也。國者民之合也。非其一一之民也。去其合而國亡。而所謂國民者亦亡。而散者之人人。無可滅之理也。

復案。考之中西之前史。古及今滅其國而虜其民者有之矣。至殺其民。必起於有所為。無所為。雖桀紂宜祿之不仁。無此事也。孟謂去其合而國亡。而所謂國民者亦亡。此猶謂合民為國者也。若夫專制獨治之國。則取其君。其國已亡。惵惵黔首。如牛馬然。如僕妾然。吾未見破人家者。輒取牛馬奴婢而殺之也。何則。既勝之餘。同於己物。取己物而毀之。雖天下至愚所不為也。

由勝家有可殺之權利。而法家以為有係虜之權利。彼謂吾活而奴婢之。仁於殺戮遠矣。不知此名家所謂原委兩非者也。人無殺人之權利也。而亦無奴隸人之權利。以二者皆逆天也。若奴之。必非如是無以保吾勝而後可。夫勝者所以保己也。非所以奴人。然亦有時非奴人。則無以為其保己。顧以人為奴。終為背天之事。故雖有自保之可言。而其法蹔行可。永立不可。所著於奴籍者。必有為齊民之一日。是故勝一國而以其民為虜者。遇其變也。非常經也。經歷年所之後。其所勝之國土。與能勝之國土相合。其禮俗相倣。其婚嫁相通。其法典同。其交際密。水土風氣。常有以平其異而即於和。是故其民宜平等。夫勝家所以有歧視新民之權利者。以爭心之未已。而相倚之情薄也。乃今既爭心泯而為同舟之人矣。則尚資何說而歧視之乎。

復案。三百年來。歐之所以日興。而亞之所以日微者。世有能一言而通其故者乎。往者湘陰郭先生嘗言之矣。曰吾觀英吉利之除黑奴。知其國享強之未艾也。夫歐亞之盛衰異者。以一其民平等。而一其民不平等也。印度有喀斯德。高麗有三戶。中國分滿漢矣。而分之中又有分焉。分則不平。而通力合作。手足相救之情。不可見矣。夫優滿。所以愛之者也。乃終適以害之。至於今。雖有欲為其平等者。而以民質闒茸之故。近菑之烈。若不克勝。故其制卒不可改。嗚呼。支那之滿民。猶法蘭西之貴族也。非天下之至仁。其孰能先事而救之。

是故勝家既取所勝之民。而著之奴籍矣。則宜留所以復之。以為自由齊民之餘地。夫勝家為此。其機會正無限耳。

且此非虛懸不精明之說而已。吾法之先民。方戰勝羅馬之日。既行之矣。始立之法。以戰勝之驕矜。與其無所顧慮之意。誠有過者。顧既久之餘。此情漸失。是故酷烈嚴急之法。後皆漸即於平。若白爾根柢若峨特若狼巴邸。其始皆欲羅馬之民永為虜族者也。而優力克（西峨特王名）昆得伯爾（白爾根柢王）羅闍利思等所立之法。皆縱羅馬民與北部為平等者。

夏律芒之霸歐洲也。欲馴擾沙孫之民族，乃奪其產業自繇之權利。然至德滂尼路易。（即路易第一夏律芒子）乃悉復之。此實仁政之尤。最為便國。蓋雖有頑梗之民。而羈縻壓制日久。已馴服而無虞變生。故此後羅民。最忠路易。亦其所也。

第四節　所勝人民之利便

兩國紛爭。有勝者。有所勝。勝者天下之至榮。所勝天下之至辱也。勝者之利。無往非所勝者之害也。雖然。為法家者。與其言勝家之權利。從之而得破壞殘忍之所為。何若言所勝人民。可收之便利。是之便利。固即從勝家之權利而生焉者也。夫使爭者各守公法。而公法之用。偏於全球。則吾茲言所勝人民之便利。固將為天下所同得。而實見諸行事者。豈虛語哉。

凡國而為人所剋滅。大抵皆陵遲而失其法度者也。百爾怠官。患生於不覺。正法不行。政府之權。或以為暴。夫如是之國。而師徒敗績於外。使無至於滅亡。則見勝為利國之事。此讀史者所可灼然無疑者也。其政府之痼疾積深。有為之搖毒把持。乃至欲改絃而不得。如是之國。雖掃除舊制而鼎新之。其於生民。未見其為禍而非福也。國之權豪執無窮之機。以瘠民肥己。而惸獨無告之編民。日見非法者。漸成為正法。壓制之重。不能出氣矣。而官民勢懸。赴愬且以為罪。夫如是之國。彼勝家入之。撫簞壺之迎。為將枯之苗。一沛其時雨。除苛法。誅民賊。雖取所行之令而悉變之。其誰曰不宜。

吾常所親見者。如某國取民之盡。幾無物而不稅。且凡稅皆有中飽之牙行。民不堪命。而蘇其困者。則戰勝而入其都之某國也。蓋勝家於諸僧無成約。又不若舊主有無窮之欲。且國破受代之時。彼民往往能自救。而無待於新朝之施令也。

所勝之國必奢。而能勝之國多儉。是故除舊布新之頃。於所勝之國有大貸。有大賚。向為故主所侵奪者。皆復之矣。

拘於俗。束於教。將亡之國。其受此禍也常獨深。欲由其自力。其去此疾也又最難。惟一勝之威。於其守舊之俗。猶颸風之除瘴垢也。而舉國之民。忽然皆新思想矣。

復案。如右之所云云。自今之學者觀之。亦常談耳。顧思此言。見諸乾嘉之日。則真驚心動魄一字千金者矣。夫孟德斯鳩之學之成也。猶吾國古之李耳司馬遷。非純由諸思想也。積數千年歷史之閱歷。通其常然。立之公例。故例雖至玄。而事變能違之者寡。嗚呼。人之所以為萬物之靈。而世之所以有進化之實者。以能不忘前事。而自得後事之師也。不然。必至之而後知。必履之而後艱。將如環然。常循其覆轍而已。烏由進乎。自朱明以帖括取士。而士少讀書。故雖常理有不見。而人人各奮私智。以苟目前。此中國之敝。自立所以一無能為。則相與居於漏舟火屋中。束手待滅而已。嗚呼。豈不悲哉。

斯巴尼亞之克墨西哥也。使由其道。其可立之功德。豈有量哉。所傳布者。中正慈悲之宗教也。而徒以長其俗之巫風。所可使自繇者奴隸之民也。而乃以奴隸之壓制加之自繇之民。舊俗用人以祭鬼。所可導之使勿為也。而乃戕殺之虐。有甚於其故。噫。苟數其所可為之善而不為。轉而肆其所不可行之暴而逕行之者。雖罄羊皮之紙。不足以盡其惡已。

夫克敵而亡人國。其於人道。不能無所害損甚明。故勝家之天職。在補苴其所害損者。而勝家之權利。吾得為之界說曰。勝家權利者。乃不得已之權。合法之權。而亦至不幸之權也。天所以畀諸勝家。著至重之天責。以之補救彌縫其所傷害於人類者。

復案。今之所謂公法者。即古之所謂五禮也。其事兼吉凶軍賓嘉。右之所言。皆吾古人所謂軍禮而已。其中之所以待降者軍俘。死傷之敵。與夫海戰覆舟入水之將卒。皆有義仁盡至者焉。但使無損於吾軍。則皆在必救之列。此為將者所當書紳者也。

第五節　錫拉鳩茲王基隆

戰勝而與所勝之國立為條約。（猶春秋之有盟）其見諸史傳。而為古今人所欽歎者。莫若古之基隆所與加達支人定立者矣。禁其棄嬰之戾俗。而臨之以約章。夫敗三十萬加達支之軍固也。而更為敵蕃滋其人種。蓋錫拉鳩茲王之所知者。同類不可不愛而已。其將為吾敵與否。非所計也。是非古所謂聰明神武不殺者歟。不圖小國之王。而有如天之量如此也。

第六節　民主之勝家

以小民主而合為聯邦。已而其中有相攻相取之事。如輓近所聞於瑞士者。此猶兄弟之操戈。逆理甚矣。顧使所合者治制不齊。有民主。有君主。則出於戰者。猶常理也。

為庶建之民主。乃征滅小國城聚。而又不收合之。與共為民主。是亦自荒其義者也。夫以民主勝人。則所勝之民。無為奴隸之理。猶當與之以無上之主權。此羅馬最初法也。且其所勝之民數亦有限程。不得逾庶建民主之所定者。

使以庶建民主而征服一國。乃即隸之以為民主之臣民。是不獨自荒其義也。勝家本制。將坐此而不長。蓋舊之民主為君。而新勝之國為臣。附則其勢不可以不置節鎮。置節鎮則其權不得不顯。其力不得不厚。節鎮權顯力厚。則民主之所以為民主。殆可知已。

向使韓尼伯終勝羅馬而有之。則祖國加達支之民主。其有存者幾何。觀彼之既敗而歸也。所為更張於其國者。亦不少矣。則由是而推之。使彼凱旋。得常勝之軍。以為之羽翼。其所有為。不可概見歟。

哈奴（加達支人為貴族領袖與韓尼伯為對黨生當中國秦漢間）之沮其沁涅特濟師於韓尼伯也。使其意但起於媢嫉。其政府未必聽之也。往者雅理斯多德盛稱加達支沁涅特之明察。證以其時民主之盛。是其言不必誣。夫以明察之政府。而濟師與否。所關於國事甚鉅。則其從哈奴之言。而終於不遣一卒也。必其深維終始。而為擇禍務輕者矣。夫出師千里。而深入人國。數戰之後。必有死亡。使不濟師。其勢將成弩末。假沁涅特並是而不早知。又烏足以為明察乎。

哈奴之黨。有力持取韓尼伯之身以付羅馬者。當是之時。加達支無所懼於羅馬也。無所懼於敵而為此。則其所懼而欲假手於敵者。即韓尼伯耳。（自注。哈奴之欲獻韓尼伯於羅馬。無異嘉圖之欲獻凱撒於高盧也。）

或曰。韓尼伯入義大利以來之累勝。非加達支居者之所能料也。曰。客何為設此疑乎。當是時加達支之人。隨地而有。豈獨昧然於義大利之時事。必不然矣。凡韓尼伯之所為。彼蓋足知之。而所以不濟師者。即慮太盛之難制耳。

脫勒比亞之役。圖拉思明之役。剛坭之役。韓尼伯之軍愈勝。哈奴之詞愈決。其所為此者。非聞而不信之也。乃聞而所患愈深耳。

復案。若加達支之所為。使泰東而有之。必權奸內處。或陰結於敵。自壞長城。或忌害功臣。誅鋤異己。不然。則安有自斲爪牙。而為采藜藿者毆猛虎乎。雖然。彼哈奴非權奸也。而沁涅特亦非自斲爪牙也。其欲獻韓尼伯於羅馬。而不為濟師者。無他。知韓尼伯之聲威日加。成功之餘。必一人專制。而毀民主之局而已。是以行至不道之事。而若有可言。甚矣民主君主二制之為道異也。然而讀史而訟韓尼伯者。則有人矣。夫羅馬之於加達支不兩立者也。而羅馬又非弱國也。加達支不忍滅藩之恥。使廷之辱。譁然公決。出於一戰。彼韓尼伯者。為國提一旅之師。親冒矢石。跨大海。踰白山。萬里長驅。罙入其阻。此雖為一己之功名。而於國之威靈。所增亦不細矣。乃哈奴以宗旨之異。廷議以未然之疑。遽奪後繼。委肉於餓虎之隈。若必死其身而後快。其所以為民主計者則得矣。而豪傑出萬死不顧一生之計。上為國家削積恥而驅除難者。論其所遇。無乃太酷矣乎。苟必以哈奴沁涅特之議為然。則必天下後世。為民主之國者。雖有寇讎鄰敵之侵陵。必皆容忍無用兵而後可。或用矣。則必蘄其敗績。即不然。可小勝而必不可以大勝。凡此皆說之至不可通者也。是故加達支政府之所為。其慮即有合於當時。而於公理則大謬。何以言其慮之有合耶。蓋韓尼伯之為人。求之吾史。淮陰魏武桓溫劉裕似之。而求之歐洲近世。則法之拿破崙尤似之。拿破崙提民主數萬之師。馳驅大洲。所當皆破。歸則奪其政府之權。自為大都護。未幾且效夏芒律而自為西帝。法之政府。當時無哈奴耳。拿破崙為法民所傾向。其沁涅特欲為加達支之事而不能耳。夫以平等自繇之義號天下。終乃為其專制之尤。使韓尼伯而大得志。羅馬且不支。加達支豈有幸哉。吾故曰其慮則有合也。嗟乎。民主者。天下至精之制也。然欲其制之有立而長久。必其時上下之民德。足以副之。夫倡義聲於天下。身率平等之眾。誠意足以感孚。力任其難。功成治定之餘。拂衣歸田。身仍一民而已。其心存於救世。固何嘗欲取同類而陵駕嗅咻之哉。此吾所以低徊流連於美之華盛頓也。人稱其邁百王。誠哉其邁百王也。嗚呼。此宗教之力也。

第七節　續申前說

以民主而為勝家。其事尚有難者。其政府將永為見剋者之所惡也。蓋以民主而有滅國之事。則其國已同於君主。以言其實。其壓制之暴。有大過於君主之所為。此又歷史所徵之前事矣。

彼見剋失國之民。所居至不可耐。上之不見君主之一尊。下之又亡民主之平等。

凡茲所論。不僅見諸眾建民主之勝家也。賢政民主之勝家亦然。

第八節　再申前說

是故以民主而收人國以為屬。則宜悉失國所居之至苦。而以除其所苦為職分之所當為。為立至平之法。使治國之經。和民之政。皆有以大進乎前而後可。

請為之舉似。則地中海之中有島國。服於義大利之民主者。其為島民著公私二律皆不善。最後乃有保民之律。曰。凡罪非公證。而但出於政府所私詗察者。不得加肌膚身體之刑。此其事至今猶國人所記憶者。其島民時時乞恩於政府。求新利益。然其主權所許者。要不過各國公享之天直而已。(自注。保民律行於一千七百三十八年十月。嵇奴亞政府頒之。)

第九節　君主之勝家

夫使一君主之國。立而長存。不務拓其疆土以自弱者。則固強大之國也。四封之外。環而蔽之者皆君主。而其國之國力常完。

故君主之國。有天然之限域焉。止於其限則為福。踰乎其域則為災。君主哉。君主哉。不可以徒求勝也。

復案。天下之事。有行之數千年。人心所視為當然恆然。而實非其至者。如吾國一統之規是已。夫九州十八行省。必治以一家。是寧不可以無然。而有善今之制者乎。吾嘗思之。蓋自公羊說興。而以謂春秋大一統。中庸。同軌同文之盛。議禮考文之尊。於是乎有正統偏安割據之等差。而一王代興。非四訖同前。則以為大憾。向使封建長存。并兼不起。各君其國。各子其民。如歐洲然。則國以小而治易周。民以分而事相勝。而其中公法自立。不必爭戰無已時也。且就令爭戰無已。弭兵不成。諦以言之。其得果猶勝於一君之腐敗。嗚呼。知歐洲分治之所以興。則知中國一統之所以弱矣。

以君主而戰勝其鄰國。於所勝者法宜無所變更。訟獄之廷。公私之律。鄉閭之謠俗。士民之利益。皆不可變也。所可變者。軍旅之政。君主之名而已。

以君主而戰勝其鄰。略其地而有之。其國土乃過於天然之限域。如是者宜御之以至寬之銜轡。

以君主而從事於遠略。將其國之屏藩郡最病。舊制之昏虐。新政之煩苛。彼實兩受之。無一免者。以京師之重則移徙興。以伐國之近則徵發眾。如此雖空其地可也。僥倖勝敵。收為近藩。使其待新附者。一如其舊藩。則國家於法亦大不利。悉索征賦以供京師。則財力之復無日也。邊民彫敝。而候塞空虛。民有疾視長上之心。而駐防遣戍之軍。又時有苦飢之事。如此則一方危。而大亂之興。可翹足俟也。

此勤遠略之君主。而疆域過廣者之通弊也。其京師則窮極奢麗。其旁近郡。則杼柚空虛。而最遠之部。又常富足。言其大勢。正如吾人所居之地球然。其中央則烈火也。其面冪有草樹原野之蒙茸。而介於此二者之間則寒燥不毛之土石而已。

第十節　以君主而勝君主者

以君主國而克服君主國者。所以待之。不逾二道。使所滅者而小。則築城置戍。以臨馭鎮撫而有餘。使所滅者而大。欲常守之。必以為殖民之外屬而後可。

第十一節　勝家於所勝者之禮俗

將欲保其所勝。不變其法度。猶未足也。於所勝者之禮俗忌諱。尤不可以不知。蓋國民於禮俗忌諱之不忘。實尤重於其國之法度。

復案。本朝自純廟以前。神武最競之時代也。北之朝鮮蒙準諸藩。西之衞藏廓爾喀。南之緬甸暹羅南掌。東之琉球。皆得其國而不變其俗。責其為不侵不叛之藩臣而已。聖略神算。實與孟氏之所言闇合。故論者謂其時京師神甫。參贊機密。此策或採其議用之。未可知也。雖然。是策也。用之於新附固大善。而隸屬其地至於數十百年。不為更化。使與舊者和同為一。則又失計之大者矣。此其受病。所以疊見於今日也。

法蘭西之於義大利。常屢得而屢失之。從史氏所言。則入其國而被逐者凡九度也。無他。坐法民之處其地者。常狎侮其婦人而已。夫國民不幸。禦其敵國不能。使寇讎入此室處。驕傲腆鮮。既已不堪。况加以來者之淫佚。夫不得保其妻。父不得庇其女。兄弟不得收其姊妹。則雖至弱之民。皆憤然懷必死之意矣。何則。敬重女貞之國。惟此至為其難堪。有之。雖生不如死者也。雖為勝家。可不戒哉。

第十二節　凱祿之法（案凱祿。古波斯開國王。景教舊約作高烈思。先耶穌降生五百餘年。巴比倫有員柱紀其功績。自稱安山王。）

不佞於凱祿所立栗鞮亞（在安息西傍海今回部斯摩那）之良法。非敢謂其專為賤業設也。顧凱祿所計慮者至深遠。其所防者非外侮也。而在內患。特不悟波斯與栗鞮既合之餘。惡俗相師。而外侮終不可避耳。使不佞而為之民。將寧得質犻無文勝家之舊法。不願得選耎柔弱所勝者之新法也。

鳩縻之霸主。曰雅里斯多特穆。嘗窮計極思。以摧散國民之武德。以柔蠱其少壯之精神。則為之令。令國中少年。宜畜髮作髻如女子。簪花弄姿。為五色奇衣錦襜褕。令長及踵。從師執樂器。習歌舞。出必有女子。

為持黴執扇。薰蘭麝甲煎。浴則獻比疏。列青銅鏡以供。號為教育。至於弱冠。然後習他業。嗟呼。以如是為教育。所深喜之者。獨暴主民賊而後然耳。彼暴主民賊。固一身之逸樂無患是求。而國權之弱且衰。誠非彼之所計及者矣。

復案。雅里氏之所為。雖秦政之銷鐘鐻。毀兵仗。無以過之。顧使當日秦不為彼而為此。中國之人。將以為無道與否。未可知矣。何則。袡衣大袑。儒者之飾也。而五色奇服。固前代至今所不禁。而侍女添香。宮人執扇。含雞舌。冠鵔鸃。皆先朝法制。廊廟猶且用之。况閭巷乎。國朝入關。言其衣冠。賢於前代遠矣。而編髮之制。猶或非之。甚者州里無賴少年。為覆額之髮。鬖鬖然以同於女子為美。上不之強而自為之。是尚有幾微武德者乎。則謂之服妖可耳。

第十三節　察理第十二（案察理。瑞典名王。生康熙間死於那威年三十六。在位二十一載。嘗敗俄德波蘭諸軍事。後來為大彼得所敗走突厥也與孟德斯鳩同時。）

察理第十二之所以亡。坐自恃其力。懷滅國之大志。使其志行。則歐之兵禍。必連歲不解。此非其國之所堪也。則自速其亡而已矣。

察理之所圖傾者。非將亡之小國也。乃方興之大邦。方彼之與俄戰也。俄即以其戰為練兵之機。每戰必有所學。每敗皆所以為勝之基。俄雖失之於國外。而所以綢繆其牖戶。乃益固。

復案。夫圖君主之國者。其道無他。察其君若相之何如而已。夫俄非不可圖也。而不幸其君之為大彼得。夫彼得龍潛之日。自知其學之不足用。乃魚服以遊諸國。盡得其所欲學者。及歸即位。誓以其國更始。夫如是之主。無問所居之何國。皆不可圖。矧乎席之以俄之大國者耶。乃察理傲然圖之。宜乎其終於敗績也。吾中國之天時地利民物。皆優於俄。而自道咸以來。其受教督蒙夏楚於列強亦屢矣。而至今吾國兵事之優於其前者。僅僅所持多金。以購諸洋商之毛瑟麥里哈而已。其將帥則或劣於其故。其設學堂所教之弁兵。亦僅僅摹其至粗之跡。每戰有所學乎。每敗將為勝乎。牖戶之綢繆。能益固乎。雖天下之誕者。殆未敢為大言也。

方察理之入波蘭也。俯瞰大野。意氣岸然。自以為世界之共主。擅區區瑞典。以臨大陸。顧不料彼之勁敵。浸假而羽毛豐滿。起而抗且困之也。開波羅的之疆域。其取黎方尼亞而服之也。猶拾地芥耳。(案黎方尼亞舊為完國。於一千五百八十二年屬波蘭。於一千六百二十五年屬瑞典。至一千七百二十一年入俄。至今為俄波羅的部之一省也。）

當此之時。瑞典國勢猶一河渠。欲易其道者。乃當其源而壅之。舊之河流。坐此立竭。

察理亡於布魯托哇（俄國西南大都。一千七百九年六月大彼得敗察理第十二於此。）之役。雖然。亡察理者。非布魯托哇之役也。就令不亡於此役。亦將亡於他役。特早暮異耳。是故國之將亡。非軍旅勝負為之原因也。一敗之餘。猶可以勝。所慮者本實先撥。犯物理之公例。雖有奇傑。莫之能救矣。

時運之不齊無傷也。犯物之理猶不即亡也。惟其害端即存於謀國者之一己。亡乃無日。故曰。天作之孽。猶可以違。自作之孽。不可逭也。

察理之圖俄。非察於時勢人事而為之也。乃奮一己之私智。自定策而為之。顧循定策。猶自為其牴牾。則其敗晚矣。察理自視若古希臘之亞歷山達。察理非亞歷山達也。使察理為亞歷山達之牙將偏裨。則真天下之健校也。

夫亞歷山達謀定後動。而終有成者。非曰善用兵而已。實察於人事物理。而得其不遁之符。夫波斯之侵希臘屢矣。而每役皆形其所短。阿支思落之戰勝。（阿支思落為斯巴達王時與亞歷山達相接。曾援希臘。）波斯萬餘卒之敗而退歸。凡此皆亞歷山達之所旁觀深察。而有以決其戰事兵器之遜於希臘者也。其尤要者。彼知波斯人負舊國之虛憍。雖親知舊貫之腐敗無良。猶將恥於改作也。

復案。史家沙萬言。亞歷山達用兵之精。後之論者多未盡。自孟德斯鳩福祿特爾羅勃孫諸家之論出。其能事始明於後世。

又案。兵家之言曰。知彼知己。百戰百勝。雖然吾人知其然矣。而一若其事可安坐而得者。或憑一二人之坐照逆料而有餘者。故雖有其說而不能用也。觀於五十年來之戰事。普魯士知必與法人戰矣。則以十餘年之功。萃國中君臣上下之力。以究法事。（法之故老言。法德既宣戰一夕巴黎之德人。為路工為小販者皆散去。市幾為空乃知其皆德諜也。）日本之謀我也。亦深考中國沿海之形勢軍實。與朝廷軍機督撫之能事情性。而後有甲午之役。當李鴻章之閱海軍。日諜不離左右。英人盡知其謀。憒憒者獨此老耳。乃至目前俄日之役。則乙未至今。日本之所為何如。夫人所能言者矣。嗚呼。中國言練兵矣。練兵固當。而吾國之知彼者誰乎。知己者又誰乎。

夫希臘固新服於馬基頓者也。而非波斯所能離間者也。蓋二國新得共主。而欲使希臘忘見羈之辱。固莫若取彼所世仇之國如波斯。而與其民言復仇之事。且鼓舞之。使邀戰勝之利也。

且彼所遠征者。乃甚大亞西之國。以至勤之民。務稼穡之業。其重農也。本宗教之所訓垂。國地大物博。生事所資。匪所不有。敵入其疆。雖千里不齎糧可也。

彼見敵國人君之驕。知雖屢敗不足以懲之。使之重言戰也。況以左右之諂諛。必不以敵強而咈其君之意。且將曰不朽之業。在此時耳。此又亞歷山達所可坐而策者耳。

復案。觀於中國義和拳之役。臣下召見者。必曰中國已富已強。至津沽失守。猶曰滅群夷使絕跡於中國者。在此一舉。真千古諛人。如一邱之貉。而東海小人。與西海小人。同此心德也。

蓋亞歷山達之事。不徒其計善也。而所以行其計者乃尤善。數戰之後。勢如下阪之駿矣。顧雖當盛怒狂喜之時。猶時時有湛然之明。以為行事趨功之程準。後世史家。常以其事擬諸齊諧野史之倫。蓋智量相越。不足以知古人。而自吾輩觀之。固莫能遁。故不佞請繼此而言亞歷山達之歷史。

第十四節　亞歷山達

知羽毛不豐滿之不可以高飛。故欲從事於遠圖。則先綢繆於其近。蓋亞歷山達未渡海之先。馬基頓已無隙可為北狄所窺伺矣。而希臘新附。亦為不復反之南人。彼之收希臘而必完其功者。正為馳驅亞洲地耳。知賴思第猛有噎媢之情。必先和之。使不復起。收並海之部。盡調陸師。屯之海圻。而壯海軍之聲援。而不使相睽。其將兵也。有多多益善之風。惟師以律。故不憂其過眾也。糧饋之繼。終其事無或乏之虞。人謂亞歷山達以戰勝而達百為。吾謂亞歷山達先百為以決其戰勝。

復案。讀此令人思諸葛公渡瀘征蠻。與祁山轉餉之事。前有司馬錯之論伐蜀。蕭相國之守漢中。皆勝家不易之算也。

方其初發軔為大舉也。不願設僥倖之心。而一切出之以謹慎。深知當此之時。稍一蹉跌。雖不復振可耳。至席累勝之威。虛實乃有時而相用。何則。先人有奪人之心也。將渡海以入安息。乃先從事於脫里巴利與伊里連。（脫里巴利居達牛河下流。伊里連在巴爾幹半島西北。）後之凱撒。先征高盧。師其術耳。振旅還希。南滅羝卑。非其意也。當始加兵於其邑。（在埃及尼祿河之左右。）本意欲與之盟。羝卑不從。遂滅其國。將攻波斯之海軍。諸將議方略。巴美紐有倖勝之心。而亞歷山達之智慮深遠矣。蓋其策欲誘波人。去其海岸。而後以計。使棄舟師。舟師波之利器。而希人之所畏也。此策行無餘事矣。泰釐之國。義必不叛波斯。而波斯資其舟楫貿遷之用。故亞歷山達首燔之。方達僚（波斯王）大集師徒於亞洲也。埃及空虛。幾無一卒之守。則亞歷山達唾手取之矣。

其戰也。爭而得孤蘭匿姑之隘。而希臘之殖民地立矣。戰勝於伊蘇。而泰釐埃及二者皆服屬焉。至於亞爾白羅亞歷山達雖席捲世界可也。

伊蘇之役。而達僚跳。亞歷山達不之追也。彼力經營新得之地。欲使之不可以復亡。洎亞爾白羅之戰方終。乃急起而躡之。使達僚無所容於其國。每入一城。追者立至。雖欲少為遼緩。蓋不能也。其風馳電驚。間不容隙如此。故人謂亞歷山達之得天下。直無異希俗之鄂琳比亞。走馬而奪其標。非經汗馬累戰之勤。而食其報也。

彼之所以為勝者。既如此矣。則更觀其持所勝而必使之無至於或失者。又何如乎。

當是時。有欲以希人為異等之主民。而波人為虜族者。亞歷山達不為動也。深知欲得所勝之民心。道在治以至平之政。而不容立別。方用兵之初。將欲鼓其人以敵愾。貴我賤敵。間有用者。乃既勝之矣。則所由之術宜異。故波斯之禮俗。彼且身自循之。不以為忤。如此。則亡國之民。雖強之以新君之法度。無由怨也。又深知人理之不可以不循。故於達僚之母若妻。皆禮接之。而加保護。其入人國也。於子女玉帛無所取。其下之淫掠者。有誅。古及今有如是之勝家者乎。有如是之得國者乎。故雖兼弱取亡。而身死之日。亡國之民。皆為流涕。而達僚家族之眾。感慟尤深。忘其為失國喪家之窮虜也。讀亞烈山達之本紀。至今猶有榮光。求諸歷史之中。前之所絕無。後之所未見。若亞歷山達所謂聰明神武者非歟。

復案。甚矣。哲學之有益於主術也。夫亞烈山達者。英主也。非德人也。其為善者。深知天下之利莫此大也。蓋受教於雅理斯多德深矣。厥後羅馬之安敦。（見後漢書）及奥力烈等。皆深於斯多噶之哲學。而輓近最顯。無若普魯士之伏烈大力。法蘭西之拿破崙。二君皆深於哲學者。顧吾國士夫。或謂空虛。輒加訾敫。可謂一言不智者矣。

夫欲二種之民為合固。法莫使於通其婚姻。亞歷山達之選其妃后也。常於所服屬之國求之。且獎其廷臣使學已。上行下效。故馬基頓之民。娶妻必波斯女矣。後世拂箖與白爾根柢民亦相為通。惟威西峨特民族。既得斯巴尼亞。則禁之。俄而其禁亦開。狼巴邸民與他種為通。不獨所不禁也。其上且獎勵之。而羅馬欲弱馬基頓之民。乃制婚姻必取近地之律。而禁異省男女之為婚者。凡此。皆考諸前世法律而可知者也。

復案。男女同姓。其生不蕃。乃生理公例。必不可誣。姓从女从生。所謂同姓。非趙李錢孫之謂。蓋血統之相近者是已。雖在蠻夷。猶知此禁。（見社會通詮）國朝之制。滿漢不婚。故至今二百餘年。猶存種族之梗。可歎惜也。漢人衆於滿人。漢人族較繁異。而滿人血氣心知。大抵相若。故此法行。滿人最病也。雖然。婚姻固以異種為宜矣。然其相睽。不宜過遠。過遠者亦不蕃也。近者日本。或倡雜種改良之說。英國哲家斯賓塞爾於此事最深。嘗寓書其國會。羅列確證。深誡和人。不宜與歐人為合。以求進種。謂二者血氣過於相睽。於事驗恐適得其反云。

將欲合二國之俗。而使之必同。則於波斯無數之殖民市邑。營造城郭。大抵皆以己名名之。其用意之密。得民之深。覿於身死之日。諸將忿爭。宗國之中。幾無完土。而波斯新附諸城。轉無一叛。功善於所周。亂生於所忽。不其見歟。

方其移民以實新國也。亦恐內地之空虛。故不得已而徙猶大之民。以實新造之亞歷山地利。蓋所求者。國邑充實而已。至於民俗雜然相殊。固所不經意者也。

且其寬大之規。不僅見於無易所勝者之禮俗也。即所用之民法。亦率其舊者。有時長吏侯王。亦不易置。其所用馬基頓人。皆以主兵。而吏事文法。則悉責之波產。蓋其意以謂。即不幸而有內訌之事。將不靖者止於一偏。而其勢常有以相救耳。

舊典宗彝。皆其所敏。故於一切表坊碑版。無論其紀功載績。抑以徒事鋪揚。悉加寶護。波斯之入勝國也。舉凡希臘巴比倫埃及之神祠教寺。無不摧毀者。而亞歷山達且即其已廢而修之。蓋當日之民。所最重者宗教。使來者而所奉不同。雖在勝家。不必誠服。而亞歷山達每勝一國。則為之王。每得一城。則為之長。此其故可深思也。繼希臘而王者羅馬也。顧羅馬之勝。常主破壞。非若亞歷山達之主於保全。王師無敵。而既勝之餘。所汲汲者。問必修何政。而後新附之國。民益富眾益強耳。顧他人為其功。此不能及亞歷山達者。才情不逮。一也。於私用費。不若其撙節恭儉。二也。於國家大業。不能輕邱山之貲。三也。惟彼嗇於自奉。而軍國之費。則信賞必酬。於同時無偶。常曰。吾於私家。不過一馬基頓民耳。至於籌兵食。犒士卒。戰勝而與希人分俘。斯吾為亞歷山達已。

亞歷山達所行之最不善有二。焚辟西波里。一也。殺吉里圖。二也。雖然。亞歷山達之悔過。亦天下後世所共白者矣。是故天下後世之人。忘其不善。而欽其德心。為傳紀之。若曰。是二者所遭之不幸。而非焚殺者之果於為是也。讀其本紀。聞其軼事。往往於憤欲勃發之頃。轉窺其人心德之美。即有過差。為之扼腕。未聞或致憾之者也。嗚呼盛矣。

試取亞歷山達與羅馬之凱撒而較之。凱撒。羅馬大將也。其意欲學亞洲帝王之所為。嘗以耀威之故。而致國民於絕望計窮之境矣。而馬基頓王。亦欲學亞洲帝王之所為。顧其事效。則與其初心所以求勝波斯者。未嘗左也。

第十五節　勝家所以保持武功之術

王者新以戰功。收一大國入其版圖。則有極利行之一術。是術也。用之以裁減專制之威可也。用之以保持所就之武功亦可也。是則勝支那之新主。所常行者。

今日之為支那新主者。長城以外之滿清也。將欲使所勝之漢族。無至於望絕而計窮。新勝之滿人。無怠慢而驕肆。又欲政府之無純於尚武。而滿漢二種之民。得守其畛畔而無相越。則滿主清家。為之政制。使直省之駐防。咸半漢半滿。蓋用其自然相忌之情。以相偵伺。訟獄之理官亦然。由之而得數便。二種相察。咸以救正。一也。文武之職事。各有所司。相倚而無相剋。二也。勝種蕃滋於其中。而常有別。不至於弱而亡。三也。其制如此。故於外患內憂皆無恐。古及今之為勝家而得國者多矣。然而常至於敗亡者。坐未有如是之善制以維持之耳。

第十六節　專制之勝家

以兵力而得廣土眾民者。其治常成於專制。其軍旅散於四封者。未足以為守也。王者必有黑衣自將之禁旅。有不憓者。急取而懲之。其數必多。其制必重。乃有以建主威而銷叛萌。遇不得已。雖假其下以甚重之柄。猶無害也。何則。其積威有以約之故也。是以今之支那皇帝。有自衞之八旗。皆長城以外之韃靼。此所以待髖髀之斤斧也。他若身毒之大蒙兀。突厥之薩爾丹。日本之天皇幕府。皆有衞軍。在其國常額鎮戍之外。蓋強幹弱支。專制之威。所由立耳。

第十七節　續申前說

往嘗謂專制人君之伐國也。既勝則常置其臣以為新主。觀之歷史。此固常術。於是有勝家焉。既得國矣。而於其舊君匪所易。或更冊而封之。則以為此仁至義盡之事。張以褒辭。不知此專制之至術也。果如史言。彼羅馬廣建藩王。以為奴隸其民之利器者。將皆為仁至義盡者耶。殆不然矣。夫彼之為是也。蓋有所不得已。以勝家而欲固持其所勝。將其勢有二難焉。新藩之待其民。與己之待其新藩也。將不去其兵乎。則樹國有相疑之勢。將去其兵乎。則權輕不足以鎮撫之。然則二國合而互受其敝。一方或搖。四面皆聳矣。惟取其素所服之舊君而冊立之。使天下曉然咸知其享國之由我。恩出於不期之地。則其心自悅服。彼之力對於勝家為不足。對於臣民為有餘。而吾一方之寄。可高枕矣。故曰此專制勝家之至術也。往者波斯王沙（波斯謂王曰沙）那狄爾征印度之大蒙兀克之。取其府庫之積儲。而復其五印之王位。此術此志也。

復案。凡此篇所言三制勝家之所為。大抵皆成往事矣。蓋自平權說興。而列強力埒。於是抵制之事起焉。抵制故甲既得子。則丙必得丑。不得畸重輕也。瓜分者。亦抵制之一形耳。故其始以抵制而弱者存。其終以抵制而弱者分。又況今之取國也。往往欲以外交之策而得其精英。不欲以軍旅之勞而爭其形質。近者東鄰之事。乃不得已。以不取威定霸。不能列其國於上流。辛苦一勝之餘。其所取償者。終在中國。亦欲得權利之厚實。不必土地。而冒天下之譏評也。

第十一章　論自繇法律之關於憲典者

第一節　開宗

夫國必法度立。而後民雖合群。而自繇如故。顧如是之法制。有關於國制而立者。有關於民生而立者。今將分而論之。此章論其關於國制者。後章乃論其關於民生者。

第二節　明義

今夫一名之立。歧義叢生。而人心觀念。從而為異者。殆莫若自繇之一言。或謂使我有權。得以驅除壓制之民賊。或謂由吾自主。得以擁戴出令之君主。或謂民有挾兵之權。雖犯上有所不禁。或謂君必與民同種。而法典必所舊行。義雜語尨。羌無定說矣。甚至某國之民。相傳綦久。謂自繇實義。不外可畜長髯。（自注。羅馬凱克祿言。往者希臘凡民爭訟。得由平等人公斷而用其俗舊例者。皆為自繇之民。又俄民經大彼得割髯之令。遂謂畜髯者為自繇也。）若夫治制。則以各有所尚之故。往往以自繇之義。專屬其一而斬其餘。尚民主者。則謂君主為不自繇矣。而樂君主者。乃又以民主為不自繇。（自注。如甲巴度舍拒羅馬之民主是已。）由此言之。自繇初無定制。各取其所習慣喜好者而稱之耳。總之。制無論君主民主。由之失道。皆足殃民。獨以民主之君。奉法遵度。其禍國原因。較為難見。故世俗之意。遂以自繇之福。屬之民主為多。而君主之制反是。甚者以庶建之規。而淪為無等。其民所為。乃若無所不可。因而以謂是固最為自繇之制也。而孰知自繇為一事。民權又為一事。彼惟不識。乃并之為一談耳。

第三節　自繇真詮

夫庶建之制。其民若得為其凡所欲為者。是固然矣。然法律所論者非小己之自繇。乃國群之自繇也。夫國群自繇。非無遮之放任明矣。政府國家者。有法度之社會也。既曰有法度。則民所自繇者。必游於法中。凡所可願。將皆有其自主之權。凡所不可願。將皆無人焉。可加以相強。是則國群自繇而已矣。

所不可不常懸於心目之間者。無制與自繇之為異也。自繇者。凡法之所不禁。則吾皆有其得為之權利。假使有國民焉。得取法所禁者而為之。將其群所常享之自繇立失。何則。法律平等。一民之所為者。將盡民皆可為之也。

復案。此節孟氏詮釋國群自繇之義。最為精審。不佞譯文。亦字字由戥子稱出。學者翫之。庶幾於自繇要義。不至墜落野狐禪也。

第四節　續申前論

民主制二。曰庶建。曰賢政。以言其形質。皆非自繇者也。求國群之自繇。其惟平和政府乎。且即此制亦非常得自繇者。必政府平和。其權無僭濫。乃庶幾耳。積歷史之所經見者而推之。凡人有權。其不倒行逆施者亦鮮矣。且必盡其權之所能至者而為之。此人道所以重可歎也。若曰雖行其德。不可不為限制。聞者將以此語為奇。雖然篤論也。

將欲使之無倒行而逆施。則自人情物理言。凡立一權。不可不更立一權焉。以為之限制。是故治制之成也。宜使凡法所不責者。莫之強也。凡法所不禁者。莫之奪也。

第五節　諸制之正鵠

凡為國家。自其大分言之。則皆有所同之祈嚮。曰奠國保民而已。雖然。是其所同者也。而亦有其所異者焉。如羅馬之所求。廣國拓土也。斯巴達之戰勝攻取也。猶大之宗教曁訖也。馬賽之商業棣通也。支那之內亂不作也。（自注。凡國無敵仇外患。或自以為邊圉已固者。皆如支那。）荷洛牴之航海無阻也。諸蠻夷之因任自然也。皆視其所求。而行政立法。因為輕重。若夫約而舉之。則專制之所祈者。其君之富貴佚樂也。君主之所祈者。君之休烈。國之榮華也。而波蘭之為法也。亦嘗以國民小己之自繇為之的矣。而通國之群。轉以此而蒙制壓。然則國群小己之自繇。判為兩物。豈可同而論之哉。

有一國焉。其所以為政法之正鵠者。則國群自繇也。不佞今將取其法典精神。所由得此鵠者。而詳論之。使於此而無可議。則所謂自繇者。真無遺憾矣。

即一國之法制。而討其所謂國群自繇者。非甚難之事也。使吾黨能明其法意。固將目擊而道存。不必深探遠求。乃有得也。

第六節　英倫憲法

復案。此節所言。大半本諸英哲洛克之民政論。

無論何等政府。其中皆有三權之分立。曰立法之權。曰行政之權。曰刑法之權。行政者。執國家之憲典。以奉行庶政者也。刑法者。憑國家之刑章。以裁決庶獄者也。

為一國之君相師尹。議法令於朝堂。而頒之於其國。或為永建。或為暫立。不足者補之。不便者更之。凡此皆立法權之行也。其於鄰國也。決戰媾。聯外交。而於國中也。奠治安。鞏牖戶。則行政之權在耳。他若攘寇賊。懲奸宄。明國民之畛畔。而敷私家之爭者。又刑法之權用也。今謂第一為憲權。第二為政權。第三為刑權。

所謂國群自繇者。合眾庶之心太平而成者也。人人自顧其身家。其勢皆安如磐石。則國群自繇立矣。故欲得國群自繇者。其立國之法度。必使民不為非。於天下之人皆可以無畏。

故其國憲政二權合而歸之一君。或統之以一曹之官長者。其國群之自繇失矣。蓋君不盡聖。吏不皆賢。彼既總二權而握之矣。將有時立煩苛之法令。而以威力行之。是固民之所甚畏也。有如是之畏者。不得謂之有自繇也。

又其國之刑權。不與憲政二權分立。而與其一合者。則其國為無自繇也。蓋使刑權而與憲權合。是斷曲直者。即為議法令之人。如是則是非無定。而民之性命財產。舉以危矣。又使刑權與政權合。是行法令者。即為審是非之人。如是則斷獄者。可濫其淫威。而獄之鍛鍊周內者眾矣。故曰無自繇也。

極之而三權者合。既議其法令。又主其施行。又審其所行者與法之離合。是憲政刑三權者。聚而集於一人一眾之身。是一人一眾者。無論為貴族。為平民。其治皆真專制。雖有粟且不得食。國群自繇云乎哉。

歐洲諸國之治。所猶享平和之福者。大抵其君上皆分憲政之二權。而其三之刑法權。則全予民也。獨突厥之治不然。薩爾丹高高在上。以一身而專三柄。此治之所以狹隘酷烈。而民不聊生也。

使三權而不分。則雖有民主公治之形制。無益也。義大利嘗為民主矣。而三權合。以言其國群之自繇。方之君主之國。且不及也。故其政府之立也。必用嚴威峻法以持之。其所為與突厥無以異。觀夫嬰圭什佗(官制。見前。)之設。又置師子口之駈以納告變訐隱之飛章。其治之紛。蓋可覩矣。

嗚呼。居於如是民主之下者。其民之昏墊為何如乎。一曹議法之長官。其權既不制矣。而即擁其行法之權。藉眾謀之僉同。雖深朘其國之眾民可也。又況輔之以訟獄亭法之權。彼民之冤抑者。又於何而赴愬。行上下其手之奸。雖毀其性命身家。不過片言一紙間耳。

是故專制之君主。其三權萃於一人。專制之民主。其三權集於一眾。

自其外形而觀之。則其制固民主也。而霸朝專制之威。民時時自覺其難忍也。

歐國之人君。往往欲攬不制之權。而厚集其勢力也。則以其身預於一切之政權。而皆兼其官而領之。

夫謂吾歐世貴之治如義大利者。其制之暴。即同於東方專制之君主。此非篤論。不佞非不知之。蓋同是權也。主之以一曹之貴族。與主之以至尊之天王者。其寬猛和峻。不能無異。既曰有眾。則其勢不能無異同一也。法廷既多。其勢力常有以相制二也。此如威匿思之治。其法度憲權。則屬考溫什爾之樞府矣。其措施政權。則屬之布列葛坻矣。而訟獄刑權。則為嘉蘭地亞之所專司。此不可謂之無分別明矣。顧其制有大弊焉。則權分於名。而不分於實也。何則。權有專官。而任其官者。則皆一眾之人而已。此何殊向者欲為專制之人君。取其國之有司。侵其官而兼領之者耶。

刑權所不宜畀之沁涅特者。以其為長立不改之曹也。法官宜選之於平民中。如雅典故事。其為選也。莫有定時。儀式去取有定制。而蒞事之時日長短。視事勢之不得已而為之。

刑柄者。人之所畏也。惟以此行之。而後於民等民業。無所專屬。而可畏者亡。向也民人心目間。常有一法官者存。自前術行。民知有法典之尊而已。不知有法官也。

蒙公罪之深議。如國事犯之類者。彼議之囚。宜予之以自擇法官之寬政。第其為擇。宜有限制。期與律意不背馳而已。即不然。於一曹法官之中。亦當許其自言所不受者。庶於所受。乃其自擇。而有以深服其心也。

若夫刑法而外之二權。雖付之永建之曹。蔑不可也。蓋其權之所治者。無關於國民小己之私。如憲權之所為。本眾民之好惡。取國之公志。而布為法度也。政權則法度之施行。取公志而見之事為云爾。

雖然。無永建之法司。而不可無長垂之法典。法司之不永建。以防其任久而起奸。法典之長垂。以求其有常而定志。故刑律之行。非有議制者之更張。一字不可移易也。設其不然。將亭法慮囚者。得以意為之出入。而民之居於其群也。將無所措其手足矣。

且刑獄之事。以賢治不肖可。以貴治賤不可。故歐之立法也。法官與囚在平等之地位。諺曰。良民之獄。毗爾聽之。毗爾之為言。比肩平等之人也。蓋欲使受斷之人。知一切皆出於公恕。而治之者。非以其虧體被刑為快意也。

復案。前說之詳。見社會通詮分第十一。嗟乎。刑獄者中西至不可同之一事也。猶憶不佞初遊歐時。嘗入法廷。觀其聽獄。歸邸數日。如有所失。嘗語湘陰郭先生。謂英國與諸歐之所以富強。公理日伸。其端在此一事。先生深以為然。見謂卓識。夫中國刑獄之平。至於虞廷之皋陶極矣。然皆以貴治賤。以貴治賤。故仁可以為民父母。而暴亦可為豺狼。若夫公聽平觀。其被刑也。如其法而止。民終不可以是為天直。以責其上。使雖欲不如是而不能也。是故天下雖極治。其刑罰終不能以必中。而僥倖之人。或可與法相遁。此上下之所以交失。而民德之所以終古不蒸也。夫民德不蒸。雖有堯舜為之君。其治亦苟且而已。何則。一治之餘。猶可以亂也。

使其國之議法定律。不為制防。乃令未嘗為惡之平民。可以受行政權之執禁。而不能自保。如此者。其國為無自繇。雖然。使其民蒙此。乃以法官於大逆重罪。欲速明而無所留難之故。則其民之自繇猶為未失。何則。法固有所不得已。民屈於法。雖有不便。無如何也。

又使國中之立法權。防私黨陰謀。有圖危國家之事。或私通國敵。於其所疑之民。固可使行政者。執而拘之。第如是之事。其為時常暫。彼無罪而身被之者。雖暫失其自繇。乃正所以保其自繇於無窮也。

彼希臘民主之額和里。威匿思賢政之嬰圭什陀。二者皆暫立不制之權。以待國之大變。考其所為。其專制而不便於民。實過前法。使其以是代之。猶為愈耳。

夫自繇之民者。猶曰自治之民也。是以充類至義言之。其立法議制之權。宜為通國庶民之所同有者。雖然。使其國而大。則其勢有不能。使其國而小。亦行之而有無窮之不便。於是推選代表之制興焉。夫代表者。民乃使之代為其所不能自為者耳。

民居一城一邑之間。或自其先世而已然。則於其地疾苦利害之端自審。非生於他所者。所能與齊也。於其人之賢不肖智愚自明。又非他所之人。所能幾及也。凡此皆至常之理。而人人所共知者。是故使民而舉其部之代表也。法固當以同部之民而推擇其同部者。無舍其鄉而求通國者也。

復案。使右之所言而是。則吾國除官之制。又理之不可通。而事之莫有利者矣。夫中國是制之行也。有所以然之故存焉。一恐為吏者之得眾。而其勢將與政府抗也。二恐以親故之私。而為政者有偏袒也。蓋惟專制之國家。其立法也。塞奸之事九。而善國利民之事一。此可即吾國一切之法度。而徵此言之不誣。顧用如是之法度。其國必不進也。不進而與進者鄰。殆矣。居今而言變法。其首宜變者。在乎此旨。所行之事。誠宜使便國者居其七。而塞奸者居其三。夫世無無弊之法也。乃議其後者。先務從其流弊而言之。又不幸其言輒中。此吾國所以日言變法。而終之無一事之可以利行也。

代表議員之便於政。莫若見於廷論國事時。此國民之所必不逮者也。此庶建民主。而不用代表者。所以非善制也。

民之舉代表議員也。所欲興之利。所欲除之弊。固盡告之矣。至乎入議院而論斷國事也。固不必於舉己之民。事取方略進止。如日耳曼之今制。吾非不知如此而後其人為真代表。而所持之議。乃與其部之輿論相符。顧必由此術。將事之遷延不舉者必多。而議員黠者。將以此為牽掣國會之具。設遇國有大事。情急勢殷。欲為當機之斷。所不能也。則政府之法輪。或以一二人之忽立異同。而全局坐以不轉矣。

復案。且其弊不止此。今夫議立法度。調御外交。非盡人能為之事。文明進而分功繁。則治人經國。猶之一業。非天與之材。親與之學。師與之教。必不逮矣。故國民之舉代議。非有錦而使人學製也。乃有玉而使人彫琢之。責其必取方略進止於所代表者。此所謂姑舍汝所學而從我也。夫愛國之民之用心。所求在利國家而已。非必欲身攬其權而後快也。故勞於得人而逸於謀國。彼築室道謀。不必君主之制。而後有此弊也。

雪德尼則謂使推舉代議者。為一社會一團體之民。如荷蘭則所舉議員其論決行事。宜對於所由舉者而有責任。但英倫舉選之制。與荷蘭異。英倫議員。常由州邑舉選。荷蘭之舉。以業以流。而英倫之舉。以地以部也。

其舉選代表也。一地之民。皆有出占擇人之權利。其無此者。必其地望輕微。於國事若無好惡之可論。抑有之而非出於自繇之本心。（案今英制。凡民所居之屋。官吏為估其賃費。歲不下四十先令者。皆得舉也。）

古之民主。其法過者。莫若通國之民。皆有親決機宜之權利。而國事之進止視之。不知其事本非齊民所堪任者。正法。齊民於政府之事。宜無所與聞。而所當盡者。在推舉一方之代表。蓋不在位者不謀政。而舉賢才。則固各有其所知。雖人不易知。然此亦云其確鑿分際耳。自大較言。孰優孰劣。孰賢孰不肖。雖在常流。亦能分別也。

由國民舉代表之眾。於憲權宜。於政權不宜。蓋代表之眾。於議立法度。與察官吏之違制否。所優為也。且為之而無其弊。欲為之而無其弊。非是所眾舉者。固不能也。

如是之國家。其中常有一等之民以門第名譽財力地望。自別於常流。假其國之待之。泯然與齊民無以異。其於斷論國事。亦不過獲一占之勢力而已。當是之時。將常眾之所謂自繇者。在彼觀之。直無異於蒙辱。必不樂其制之長存。且凡輿論所歸心。彼將悉為其反對矣。是故。如是之族。其分國之立法權也。必與其地望之高於常民者。略有比例。其比例奈何。曰必使之自為一流。而具有禁制民族鴟張之權利。猶之齊民自為一流。而具有抵抗貴族壓制之權利也。（以下論其上議院之制。）

是故國家議立法度之權。貴族之與齊民。常有分持之勢力。兩黨之人。自成風氣。各本其識力。各保其利實。以為互相抵制之資。則未始非國之利也。

吾前謂國家三權。刑權雖重。然以法為之。使無所專屬。故自其一方言之。謂之無權可也。至其外之二權。若議制。若行政。是真有力者也。顧亦宜有人焉。調劑其間。使之相得。是則貴族而議制者。所利行之事矣。

貴族之名業。宜傳世為守者也。自非然者。則不足為貴族。一也。有獨享之富貴崇優。須力持之而後可以長保。二也。夫自平民觀之。其所獨享者。其所府怨者也。使民權而既伸。是皆有岌岌之勢矣。

承傳世之名業者。其於議國事也。常以己之利益為先務。而於國民所同享者。或澹然而忘之。故於議法也。使貴族偏於顧私。而可得莫大之利益。如英國之供贍律者。法宜屏之。不令與議。宜獨與之以准駁之自繇。

而不與之以議立之權利。

所謂議立之權利者。其於法也。可從無而為有。如前所未立。而今立之是已。可從寡而得多。如他人所已立。而今附益之是已。所謂准駁之自繇者。其於法也。可從有而之無。可轉是以為否。如他人所議行。而已以為不可行是已。此向者羅馬法庭之特權也。夫曰准駁。則其權不獨可化有而為無。轉是以為否也。將亦有其所准者。則即有為有。即是為是。此與議立之權利。不既同乎。曰是不然。是之所准者。特著其無所駁而已。至於所准。則固他人所議立。非彼所議立以自附益者明矣。則二者之大異也。

復案。此段孟氏所詮。於英國君主及上議院所約立法權之分限。最為精湛明確。夫英之立憲。所以久行不敝。而上下相安者。其祕在此。蓋哲家洛克氏之成說。而孟氏取之。治法學者所不可不詳翫也。

夫國主者。行政權之魁柄也。蓋法度立矣。則如是之權。宜應機速行。無所掣牽。故其為物。畀之於一二人而最宜。治之以眾。將必有瓢裂之患焉。非若議法之權。一立之餘。期諸可久。集思廣益。此為最宜。設治之以一人。使之為獨斷。是大廈惟一木之支。誰與彌縫匡救者乎。

假使國非獨治。無君主以專行政之權。不得已。乃選之於議制立法之曹。使之兼執行政之柄。如是者將其國之國群自繇立滅。何則。憲政二權。必不可合者也。苟且而合之。一人之身。既謀且斷。既斷復行。斯專制之事。從此始矣。

國固有議制立法之眾也。而虛設焉。或有其曹。而久不合。則如是之國。無自繇也。何以言之。蓋憲權虛設。將必有二事焉。為之因。一曰上無法守也。無法守是亂國也。一曰以政權而篡憲權也。以政權而篡憲權。是專制也。是二者其國群皆無自繇者也。

議法之眾。又無取於常合。此不獨為代表人之累也。議多而法令如牛毛。則行政者苦之矣。行政苦法多。其於法也將莫能守。而其所盡心者非法也。其官之利實。其位之權勢。宜何術以持之使不失耳。

議法之眾。每會而民舉之。此常制也。常合不散者。無所更舉也。即有死亡。補其闕而承其乏云耳。如此。則議法之眾。方陳陳而相因。脫其眾風氣之既卑。將無術焉。以使之復振。蓋使每會而得新。則民之失望於甲會者。猶可冀之於乙會也。乃彼既常合而不散矣。故民望一失之餘。勢且無可復冀。無可復冀。其強者或激烈而鋌走。其弱者或呰窳而偷生。此其國之所以日衰也。

議法之眾。其聚也。行政之政府聚之。其散也。行政之政府散之。故議法之眾。方其未合。法不得自為合。此非漫為禁制也。有至理焉。蓋政法之事。一曹之眾。猶一身也。有形體。有志欲。然必合而後有之。未合之前。固無有也。無有又孰從而自合之。猶之人身焉。無所受氣。則不能自生明矣。又況莫之合而自為合。將其合也或不齊。有合者。有未合者。則其議法也。其權不全。合者曰。權存於合者。未合者曰。權存於未合者。此莫從定之爭也。且彼既自為合矣。則亦將自為散。然而自散者。可不散也。如此則議法者篡行政之權。此國家最危之事也。凡此皆大義之必不可者矣。若夫其曹之合散。有宜適之時。有久暫之期。而後於國事最利。是惟行政之政府主之。而後悉當。總以上諸義而觀之。彼自合者。非憲權之正也。

使行政權微。而不能制議法權之侵官與篡權者。將專制之治立以成。蓋議法者將自予以無限之權。而破壞國中一切之餘權也。

然而議法之權。又不可以有牽掣行政權之勢力也。蓋既專行法矣。將所行者。有自然之限域。更取而束縛之。甚無謂也。又況所行者。事資因應。期於不凝滯者耶。是故往者羅馬法庭。其擁甚重之權過矣。彼不獨可以撤議法者也。又可取政府之行權而靳之。此當日受弊之所以無窮也。

然使國為自繇之國。則議法權雖不可以牽掣行政權。而察所立法度行政者之有出入依違與否。又議法者應有之權責也。是故彼英之制。實軼古之革雷特、斯巴達而上之。革之科士美。斯之額和里。其行事於一切不受察也。

雖然。察矣。而無閒所察者事跡之何如。彼議法之曹。不得於行政者之身。有所逮問。抑於其事為。有所執訊也。蓋行政權尊。其躬例神聖不可侵犯。而所以為是者。正恐議法權之過張。而或淪其治於專制。或致其國於紛亂也。夫國之政權。為之魁者。固國君也。使國君而對簿。其國之自繇亡矣。

復案。以國君而對簿。英有察理第一。法有路易第十六。二者皆躬逢革命之厄運者也。當此之時。都城喋血。人無貴賤賢不肖。皆有朝不保夕之憂。雖易治更制之後。自繇幸福。或過其先。而際其時。則性命身家。皆非己有。此孟所以謂其國之自繇亡也。

設遇此等之事。則其國之向為君主者。立成民主。特民主矣。而不可以為自繇之政府耳。且行政之君。以神聖不可侵犯之身。而至於為惡而凶於其國者。必輔弼之非人。而後如此。如是之人。自其執法行政言之。則為輔弼。自其為法所保治而言之。則國民也。是故其身可逮問。而其事可執訊。假其有罪。亦刑罰所可加。此英之憲法。所以勝於古之匿都也。蓋古匿都之法。雖輔弼之卿大夫。如所謂阿密蒙尼（自注。希臘歲舉長官。見拜占廷史。）者。其行事亦不受察。乃至罷官去職之日。其身亦不可以糾彈。（自注云。羅馬長官去位之後。同於平民。即可彈治。）故下民雖身受無窮之冤抑。其於長上也。終古戴其覆盆而已。

雖以常道言。刑法之權。不可屬於議法。然其變例有三。乃所以為被議有罪之家道地者。

國中貴位尊勢之家。常為小民所側目。假令有罪。而治之以民權之理官。斯其獄有偏倚失入之可慮。且其民之獄。既聽之以毗爾矣。民理非貴族之毗爾也。是故貴人之獄。例治之以特設之法廷。則取於貴族而議法者之所成也。

律令之為物也。往往明於此而闇於彼。故其流也。或至於慘刻而少恩。尋常法廷。奉三尺法以周旋諸獄間。故其所為。不過為法令喉舌而已。於其威嚴。不能取而柔緩之也。苟欲為此。必特設之法廷。而後能之。蓋其權尊位重。故於律能有斟酌調停之事。以使其法利行。惟此亦待於貴族而議法者。

有時行政官吏。侵損民權。所犯重大。非尋常法司之所能治。且議法者本無鞫獄之柄。至於前獄。尤所不能。蓋其事為民權受侵。而赴愬者乃民。是以極所得為。下議院不過糾彈之而已。雖然糾彈矣。當於何等法廷而糾彈之乎。假令為之於尋常之法廷。則不獨以貴而愬之於賤也。且以法曹之眾。乃選諸民族與其儕偶之中。風力既微。未必不為人民所挾制。是故欲其獄之平而公。且有以著人民之尊貴。彼議法權中。所為平民之代表者。宜持其獄。而質諸議法權中。所為貴族代表者之法庭。（案此猶云。由下院而控諸上院耳。）彼之利益。與齊民異。而好惡向背之不同也。

此又見英之法度。特較古之民主。實又過之。古民主之遇此等獄也。往往以下民訟其官吏矣。而為之審判者。乃尋常之法庭。是民訟之而民治其獄也。烏由常平乎。

以右所言如此。故行政權之於議制。宜有一部分之權利。即前所謂准駁自繇是也。設其無之。將行政特權。為所盡奪。然議制之憲權。又不可分行政者之大柄。如其分之。行政之權。又將失也。

夫以國君之尊。而其於議制憲權。僅得有准駁之自繇。而無議立之權利者。蓋使有之。則民之自繇失也。其不得不有此准駁之自繇。以分此一部之權於議制者。蓋惟此而後有以守位。有以長保其所受於先之大業也。羅馬之沁涅特。操其國行政權之一部分者也。至其餘之政權。則散屬諸其國之長官。然而議制憲權。則盡握諸國民。所謂政權。不獨無議立之權利也。抑且無准駁之自繇。此其政府之所以不久輒變也。

然則所論之英制。其基扃之所由立。可以知已。其憲權所握。實分兩方。以各有准駁之自繇。故得相為箝制。且二方之憲權。又并受政權之約束。猶之政權之受制於憲權也。夫是三權者。（此三權。謂國主、上下議院。非謂刑憲政也。辨之。）其互相箝制如此。是若宜相牽掣而不得行矣。顧國家之事。常若有其不得不行者焉。既安既行。而其制之不相奪倫見矣。

以政權之於議制。其所得為者。不過即已成之議而准駁之。故於會議。無取於分席而與議也。且不徒不必與議而已。實亦無所取於建言。蓋其職非議政也。非建言也。人有所議政。抑有所建言。使其心以為不便。則雖眾謀僉同。議已斷決。皆得駁而罷之。使不得行也。

復案。所謂准駁自繇者。法家謂之威朵。猶禁止之義也。立憲之君。此為專有之權職。顧其用之也。必慎必慮難。不可以甚拂民情與國論也。法路易十六。於憲法既頒之後。凡國會所議行者。什八九皆威朵之。民情緣以大憤。而亂遂燎原不可遏也。

古有民主。其國論皆民聚而公議之。然其中政權。例皆預會。所有建白駁議。亦僅公決。此其事於治制粗具之日。固宜如是。蓋使不然。民之為議。將不知所歸宿。徒為發言盈廷已耳。

若夫成賦征抽之政。行政官不得有斷決之權。設其有之。將其國之自繇立盡。何則。如此者。是以行政為議制。又其所侵者。乃議制之最大權也。不寧惟是。但使憲權則壞成賦。以供朝廷。不每歲而議之。而欲一勢永逸為一成不可易之賦法者。其民族之自繇。亦岌岌而難保也。蓋欲持民權於不敝。必使政權常待命於憲權。乃彼既為其一成而不可易矣。是行政者從一議之後。而長有此責賦之權。久假而不歸。則其權之屬於憲若政又何分焉。是議憲者。無異自棄其權於行政也。權之棄矣。自繇乎何有。且此不獨可以言賦稅也。乃至海陸兵柄之誰屬。亦宜歲而議之。而後其國可以安。脫取其操柄而永建之。亦危道也。

欲止政權之為暴。議制者於國之軍政。不可以不慎也。兵者其所以為暴之資也。是故其兵必徵諸本國之民。而以民之心志為心志。向者羅馬之兵。自馬留思以前固如是已。將欲得此。其所由厥惟二道。或行伍之士。皆有地著身家。若為質於其同國者。而其執兵也。以一載為之期。此羅馬舊制也。即不能得此。而在行者皆國中奸悍無賴之尤。而其制又為常備之額兵。如此。則議法者。宜具隨時遣散之特權。庶有以遏其方張之勢也。餘則軍人雜居民間。不為分設砦壘軍房碉臺營帳之屬。凡此皆沮其為暴人之利器者矣。

雖然。兵者所以禦侮衞社稷者也。是故法度既立。軍旅既成。必以政權為之司命。統御之權。不可懸於議法者。蓋其為物。所以應變赴機。事取力行。而無關於審議也。

常人之情。重武勇而輕怯懦。喜剽悍而厭瞻顧。先膂力而後諮謀。故行間之子。未有不蔑視沁涅特之議員。而敬其軍之將帥者。軍中聞將軍之令。不聞天子之詔。何況沁涅特。彼方以謂畏死怯夫。欲號令之。必不行矣。是故欲國之精兵。伏於議制憲權之下者。非操此權者之自為將帥不能。夫非將帥而能駕馭國兵者。亦有之矣。則必有事勢之非常。為其所以然之故者。此或因其兵之不聚而常分也。或因分駐而形勢不足以自立也。或以都城天險。無待守兵而已固也。譬如荷蘭之所以安於威匿思者。以其守兵若叛。灌之飢之。將惟所擇。蓋其兵所駐之城邑。糧食芻薦。悉由外供。彼無儲偫。故不敢輕為亂也。

讀羅馬史家撻實圖之日耳曼風土紀。知英吉利政制之所濫觴。嗚呼。誰謂森林之中。乃此至美之制所孕毓耶。

雖然。人事將必有其代終。即茲所論讚之國家。亦將有一日焉。失其自繇。而告滅絕者。殆無疑也。羅馬、斯巴達、加達支之數國者。皆滅絕矣。第使其國有如是之一日者。必其憲權之衰斂。過政權也。

且不佞此篇所討論者。非欲察彼英之民。果享此自繇之幸福否也。不佞所為。不過指其法之得失。以謂是固宜享自繇而已。過此非所聞也。

又非以低佪流連於英制之故。遂於他制。致不足之意也。亦非以英制為國群自繇之極軌。遂勗他國之未至者。使必至於是而後安也。夫天下之事。雖極理想之精。而施之人事。有不必皆利者矣。故人類往往計得於用中。而功隳於極點。然則不佞之所指畫者。意可知矣。

哈林敦之作鄂顯那也。嘗極意以思憲法。謂必如何。而後國群自繇。乃無遺憾。顧不佞則以謂惟彼不識真自繇為何物。乃勞神疲精。而求諸幻想。有拜占廷之實境當前而不顧。乃極意經營其嘉錫棟。則哈氏此書之謂矣。

第七節　吾人所有之君主制

吾法所有者。君主之制也。其宗旨與英之以國群自繇為目的者異。吾法之所求者。其君國眾庶之榮業盛強而已。雖然。由此亦可以得自繇之精神。而因之以成大業。考其所得。與英之以自繇為治者。不相遠也。

是以吾法三權之分。與英之基於憲法者殊。然亦自有其所以為分者。

依於國群自繇之大理。蓋使不然。則所謂君主者。將陵夷而趨於專制矣。

復案。此作者忌諱之論也。然於結語。亦情見於辭矣。夫使所言而信。則十八稘之末。法民奚有革命之事乎。

第八節　古人於君主何以無了當之說

夫賢政。聚群貴而為之政府。太古之人無此思想也。庶建。以國民之代表。而集議法度。太古之人愈無此思想也。彼希臘羅馬之所謂公治者。大抵以一城一邑之民族。居於其間。而自為其政制。方羅馬蠶食四國之初。率土之濱。未嘗有一王也。義大利、高廬、斯巴尼亞、日耳曼皆無之。有者特小小之民主而已。即在阿非利加。國則大矣。而亦為公產之制。而是時之安息則希臘之殖民地也。是故城邑市府。未聞有所舉遣。而亦無集成眾志之國家。當是之時。必遠覽至於波斯。而後有君主之完制也。（苦列威爾曰。此說未盡確。當是時馬基頓、敘利亞、埃及等國。皆君主而有王者。）

吾非不知此時有民主之合眾也。合眾民主。各遣使者於國會以為之。吾意所云云者。謂當時無如是之君主制耳。

然則歐洲今日君主制之發端。可微論已。彼日耳曼者。固自繇之種人也。乃浸假而亡羅馬。學者讀撻實圖之風土記。自有以徵吾說之非誣。然而勝羅馬矣。其種人之入勝國也。在野眾而居邑稀。當其未出祖國雖欲合通國之眾。固甚易也。至既入而散諸勝國之野。其欲為此難。然而難矣。而國事又不可以不集議。以其為國之舊俗也。由是而有舉遣代議員之制。此峨特政制之濫觴也。顧其始也。實雜諸貴族君主而用之。雜諸君主貴族而用之。故平民常有所隸屬。而非自主。繼乃民權漸復。而此制長存。於是平民。得其自繇。而爵貴僧徒。至於君主之特權。亦與之相得而不忤。此誠吾歐之幸福。而為世界之所不逮者矣。所足異者。以勝家氣張意得之時。是宜為衰敗之所伏。爾乃不徒免此。且以成絕倫之善制。雖後世極其智慮。僅乃得之。苟欲過之。不可得已。

復案。代議之制。其所由起。幾於言人人殊。而最翔實者。莫若社會通詮。學者取彼所言。以與此參觀可耳。

第九節　雅理斯多德之說

雅理斯多德之論君主也。其為說幾不可以自通。彼嘗為五主之分。顧其所據以立別者。非以其法制之異也。而多取末節之異。則有如其君之仁暴。與其得統之為繼為篡是已。

復案。太史公取本紀。言伊尹說湯以素王九主之事。注家引劉向別略。以著九主之異。其為分之無當。殆過於雅理氏。亦坐多取末節之異故耳。

又以波斯與斯巴達為君主之國。不知波斯專制也。而斯巴達則民主也。皆顯然之失矣。

是故古之言政制者。居獨治政府之下。無三權分立之事。故其所以論君主者。終必無了當之義明矣。

第十節　餘子之說

意比魯王阿利巴。謂獨治之制。欲限其威權。捨轉為民主公治而外。無他術也。而莫絡絲則謂宜置兩王。以相牽制。不悟如此則所裁抑者。將非王者之私權。乃取國家公權而削弱之。所欲得者。兩雄之相軛。而不知徒為兩黨之相讎也。

故兩主之制。於天下無可用者。有之獨見於斯巴達。然是兩主者。非其國之全體。乃其制之一部分耳。

第十一節　希臘英雄時代之君主

當希臘所謂英雄時代。其間亦有獨治之王制。特為時不甚久耳。豪傑代興。或為其國開物而成務。或為之執兵而遏寇仇。或為之建立一社會之團體。或為之正經界而分土田。如此之人。常以其功。乘時而踐天位。身死之後。亦垂統於後昆。方其興業。其人為一地之王侯可也。為大巫宗祝可也。為理官士師可也。雅理斯多德五主之別。即此為之一宗。吾黨僅由此宗。稍窺君主國家之法制。顧以比近世之君主。則其創立之法制。不啻相僢馳矣。

復案。觀古希臘英雄之所由得國。令人憶三王五帝上至庖犧之所由興。此亦東西天演。所不期而合者矣。

其三權之分也。以國民主議制。而君王則總行政刑法之二種。若夫近世君主。其立憲者。常以王兼行政與議制二者。抑分議制之一部。至於刑法訟獄之事。則王者之所不能侵也。

以三權分執之不中。故當時之君主無久立者。蓋自議制之柄。專屬諸民。往往民氣稍涉囂張。輒為裂冕毀冠之事。而君主之大柄隳矣。此數見諸古史者也。

以自繇之國民。而操議制之大柄。處於城邑之中。轄於一主之下。故於苛政暴法。尤所不堪。當此之時。所善用其議制權者。在能置刑法之權於無弊之地耳。夫置刑法之權。於已得行政權者之手中。此制之最病者也。君之所由暴。吏之所由酷。皆坐此。故曰行政刑法之權。不可合也。雖然。使其君吏有行政之權矣。而無所分於議制。則其弊必至於無以守位。而冠履倒置大位奕碁之禍興。故曰。行政議制之柄。不可盡分也。蓋於前者。其國君之權則過盛。於後之制。而其權又太微。過盛太微。將其國皆不治。

夫人主之職。所以命刑法權者也。而必不可以親執其權。此之區別。彼希臘所不知也。然使於議制之權。無所准駁。則獨治之柄。必不可支。此其王之所以多被逐也。彼以謂獨治之制。斯獨治耳。無所謂分權者也。使權而分。則必求之公治之制。夫如是之公治。即希臘所謂庶建之制也。

第十二節　羅馬王朝時代三權之分何若

考羅馬王朝之政府。與希臘英雄時代之王制。大致有相涉者。故其傾也。與希臘王制之敝亦同。大抵由法度之不中。至其特別形質。不可謂非盡美者。

今欲學者之瞭然於其制也。故不佞於其始之五王。乃至塞維圖烈。與達爾昆之二代。皆為之分別而論焉。

羅馬之王。非傳世者。乃選主也。而當開國五王之朝。其舉選擁立之權。大分屬於沁涅特。

當羅馬一王之崩也。沁涅特乃大會議。定舊制之宜因與宜革。若眾謀僉定。以為宜因。乃於沁涅特之中。擇一人焉。以為錫命之長。而錫命之長。得以意推所宜立者為王。雖然未已也。其人必為沁涅特之所共許。又必為國民之所願戴。而終之其國之祝宗巫史。必宣言其人為天神社稷之所式憑。夫而後乃踐阼。假令是三之中有一異者。則必度其人而他擇也。

夫如是之法度。實雜三制而成之。蓋其中有獨治。有賢政。而亦有庶建之民權也。方其制之始立也。亦能調一國之柄以底於和。未聞有媢嫉忿爭之為梗。王之既立。職統一國之額兵。主百神之祀典。其於獄訟。無論為司域爾之私律。抑為孤理密之公律。皆得亭而斷之。主會沁涅特之眾矣。又得以詔書召集其國民。有大事。則下其議於國。而沁涅特。則佐王治理一切者也。

故治事之權。以沁涅特為最大。王常臨其眾。以討決國之大事。不決。而後詔庶民為會。以眾平之。事未經沁涅特。而即付諸民議者。固未嘗有也。

至於齊民之柄。得自擇牧己之長官。一也。一新令出。有拒受之自繇。不受則廢。二也。其於鄰敵有事。得承王命議戰媾。三也。獨至刑法大權。則不得預。荷思氏遼之以荷拉迭獄付眾民也。是固有特別之原因。而非常法。此可即氏阿尼修之史。而得其所以然之故者矣。

羅馬王制之更張也。始於塞維圖烈之世。蓋塞維圖烈之立。沁涅特為無權。陰謀煽眾。使國民公立之。既立。乃自撤聽斷百姓私獄之權。而獨留其公獄者。國有大事。常逕使下民公議之。蠲編戶之賦。而獨責之於其豪。是故羅馬自塞維圖烈而平民之權力大張。其君主之權。則與沁涅特俱受損矣。

自達爾昆之立也。既不受沁涅特之推選矣。亦不受齊民之擁立也。彼謂塞維圖烈為篡統。而己之大位王冠。則傳諸其先而應襲者。於是罪譴誅鋤。其沁涅特之大半所孑遺者。則付之不論不議之閒曹。終其朝未嘗開會議一事也。夫如是。其一己之權尊矣。然而獨治之權。固國民所大畏。又況親奪民權。於數事嘗拂眾人之好惡而立法者乎。當其未敗。所謂三權者。固集於君主之一身。然眀眀之民。未嘗忘其為議制之主也。一朝憤起。而達爾昆無所矣。此羅馬王制歷史之大略也。

第十三節　通論羅馬逐王以後之政制

史事之娛情。莫若古之羅馬。讀其書。論其世。其令人惓厭者。蓋未之有矣。故至今遊客。入古今天下之名都。不留連於近世之新宮。而饜觀於傾圮之舊蹟。譬若作山水遊者。既閱花明柳媚之郊坰。而路轉徑迴。逢危峯之障日。巨石之橫流。其心神乃尤快耳。

羅馬民有華族編戶之分區。華族曰巴脫力軒。編戶曰布理比限。華族之處優擅勢。由來舊矣。當其國之有王也。門第流品。固所甚重。而逐王改制之後。清濁之辨。且加乎前。然而彼盻盻勤動之民。於此不能無憾也。憾故日夜思所以平其勢力者。猶人情耳。然所爭在法度。而政府勢力。未嘗因之而或弱。蓋民之所爭者。二流之中。誰秉國成而已。而秉成者之有權。則固其民所不忌也。

方羅馬為選主之制而伏於君主之治也。勢不得不藉貴族為拱衞承翊之權。設其無之。將成於專制之嚴威。或下淪於無君之民政。夫民主之治。固無取於貴賤之分民也。是故方羅馬有王。所謂巴脫力軒者。幾不可以一日無。及置都護。是之華族。轉以為梗。而國民至是而去華族。推墜挽絕。若行其所無事者焉。猶向者之變其制度而不必俟其衰也。

塞維圖烈立。而抑損華族之權。當此之時。羅馬由王制而轉入民權。勢至順也。然民知抑損華族之餘。君權不可復盛久矣。復何慮而亟亟乎。國家之變法。所出有二塗焉。一取其舊行之法典而損益之也。一取而破壞之也。夫使其舊制之精神存。而法度更。此必出於損益者。又使法度變。而舊制之精神亡。此必出於破壞者。夫可破壞。亦其物之既敝而不足留耳。

夫羅馬政府。王制既除矣。則其勢固自趨於民主。其民議制之權。所固有也。而其逐達爾昆也。亦本於和同之眾志。向使民心不齊。而所持之主義中變。達爾昆之復辟。亦易易耳。然則謂羅馬之逐其王。乃為數家華族之所嗾使者。其說不待攻破矣。是故總觀當日之時勢。羅馬固當為民主。然而民主終不見者何哉。蓋其時王雖逐。而豪宗之權力猶有存者。是固不可以徑盡。而民之所得為者。特於法典之中。趨重民權主義已耳。國家之景運。往往見於治制更張。文物蛻嬗之際。以比守成不變。與乎新制既成之後。常為多也。蓋當此時。百昌興而萬物覩。國之真力。盡奮無餘。國民營職。而放棄權利者用希。黨論紛淆。而相攻相得。流濕就燥。或為仇讎。或為石交。守舊者欲捨生以殉古。作新者犯眾難以開今。皆極所能為。不遺餘力。此人道最貴之見形也。而世運之日蒸由此。夫豈老洫枯楊。所得同日而語者耶。

復案。吾譯此節之文。不覺首俯至地。而歎孟德斯鳩之精識為不可及也。如右之所言。與穆勒約翰（見群己權界論。）斯賓塞爾（見群學肄言。）所發揮之旨。豈有異乎。顧不謂十九稘晚歲之至言。乃發之十八稘之中葉。（法意出版於一千七百四十八年。）且語決神充。有如此也。嗚呼。賢者盛名。豈虛得哉。

第十四節　羅馬逐王以後其三權之分立何如

舊為厲政。以沮抑羅馬民。使不得自繇者。有四事焉。一曰、國家官吏。一切仕途。非華族則不得與也。次曰、大都護之權過大而無限制也。三曰、齊民受侵。莫從赴愬也。四曰、雖有會眾出占之制。而上下其手。民實無權也。所幸其民之力。有以自振。能取是四者而去之耳。

一為之制曰。國家治民吏職。齊民皆得膺之。舍操政代王而外。凡一國之爵位無高卑。皆可循序計資而自進。

次為之制曰。都護之權。宜分之以為數職之任。則為之廷尉焉。（西名布理陀。）以治一切之私獄也。為之檢點焉。（西名圭什他。）以主一切之國獄也。又為之中書省。（西名伊狄勒思。）所以督內政也。又為之主藏。（西名脫勒沙羅。）所以筦財用也。而終之則置司隸之官。（西名中蘇爾。）以察風化。敘官方。而兼有議制之權。故都護（西名康蘇爾。）以選主當陽。而其威柄無不制之患。蓋定制之餘。彼都護所猶得為者。為國會之主一也。有集散沁涅特之專權二也。而通國之額兵。步騎海陸。皆其所統轄三矣。

三為之制曰。據神聖律以立特別之法廷。使不獨有權。足以沮華族之侵奪編戶也。於公私二犯。亦皆有其彈壓之威。

終為之制。使齊民編戶之勢力。於國會得以益張。蓋羅馬之民。其區分之法有三。或以佰。（西曰仙初黎。）或以保。（西曰庫黎伊。）或以社。（西曰脫來白。）而群議出占之多寡視之。其平時之所以分。即會議之所以為合也。

故使其為合也以佰。則華族例為領袖於其中。豪富之家。沁涅特之眾。本同物也。因以操決議之大權矣。然使合之以保。則其權衰。更使合之以社。則其權愈益損。

蓋所謂分以佰者。其實非分民也。分其田疇財產而已。通國之民。法分一百有九十三佰。而佰得一占。其前茅之九十八佰。皆華冑也。其餘之九十三佰。乃散之中下戶之齊民。故富貴者之勢常重。傾齊民也。

向使以保而為合。彼富貴者之權。固已殺矣。然而尤甚盛也。蓋其決議也。舊法必卜諸國神。而視其繇。凡若斯之儀典。彼富貴之舊族實司之。且有所決。必先聽沁涅特之所為。沁涅特之所否者。國民不得然而行之也。獨至以社合者。斯無所待命於神。無所讓於沁涅特。一切平等。雖有華族。猶齊民矣。

方國民之易制也。凡議之舊以佰者。今乃以保矣。向之常以保者。今乃以社矣。夫如是。故斷決國論之權。乃奪之華族。而歸之齊民焉。

羅馬自柯遼拉努一獄。而平民得訊鞫華族之刑權。當為會以決也。則爭以社合而不以佰。其有新設之法廷。與夫行政之官吏。使其事為民利。則其合而推舉也。必以保為之。顧此猶其始耳。乃至事柄之歸民。歷久而益固。則推舉之議。皆以社合。而不止於以保。羅馬王制既更之後。齊民之所以附益其權。有如是者。

第十五節　羅馬當民權極盛之秋。忽失國群自繇其事何若

華族編戶之內訌。方洶洶然。而國民則謂。刑法者眾庶所待命也。為之明條定要。莫亟乎此。是不可以一二人之喜怒。旦夕之趨向。使出入輕重於其間也。顧其始議。沁涅特慮奪其權。亦嘗出死力以相抵距。繼以齊民論正。乃不得已從之。於是乎有十法司之設。則國民所使之明定法典者也。所不能不畀之以甚重之權者。蓋國中二難方搆。各有所持。不如是將依違參差。而法或不行故也。罷一切舊有之法司而貴賤訟獄。皆歸於此。

此亦眾議之所定也。是故十法司不獨為無上之法廷。而且兼大都護之行政。於其一。有召集沁涅特之專柄矣。又於其一。且畀之以會合民表之特權。然而十法司於沁涅特。於民表。終其任未嘗為召集會合之事也。當是之時。羅馬實為民主。而民主之三權。實聚於十法司。其以法自致於奴隸。而授人以柄。使得恣為暴也。實過於所逐達爾昆時矣。當達爾昆取國群之自繇。而破壞踐踏之。國之人相顧愕眙。知其權之見篡。至於十法司之為暴。國之人乃憬然自失。不知向者何由付此曹以如此不制之權也。故十法司之政局。今古奇聞。無過此者。蓋是時羅馬外患方殷。其居者之無恐。恃行者之奮武節而揚威稜。而十法司不過一曹刀筆文法吏耳。顧由此而并執治民主兵之隆柄。即用之以肆虐於其所恃賴為保蔽者之家。而尚武之民。外有殺敵之威。內乃帖然伏於舞文者之下。斯不亦異乎。

直至斐貞尼亞一獄。（事見前六章七節。）其父寧為自繇女貞。而手刃其愛女。蓋斐貞死。而十法司之權。亦掃地盡矣。及是時也。人人自繇。而即以人人曾受其虐之故。人莫不有父子之愛。則莫不自奮為國民也。洒然若縲絏之去體。沁涅特與眾庶。貴賤同於此情。皆不知向者何自建民賊於己上耳。

駴目怵心之事跡。起於通都廣市之中。則通國人心。為之竦動。此於羅馬之眾。尤為然也。而其朝局政制之變遷。每由於此。是故陳魯古力奚浴血之尸。而王制遂絕。負債者蒙傷過市。而民主之法。因以更張。若夫十法司之見逐。則以斐貞尼亞之俠烈矣。棄自繇而得奴隸。則凱撒之血衣實為之。法官欲行法於曼僚。非禁民之入城不可。凡此皆羅馬之民之故事也。

第十六節　羅馬民主之憲權

當十法司之柄用也。國民不敢為權利之爭。洎十法司去。民權復。而爭端起矣。齊民之眾。必與華族一切為平。而後意快。脫有一二特別利益尚存。彼齊民者必起而褫之。

夫使齊民所為。但期於平而止。猶無惡也。不幸彼之所為。不徒奪華族所以為華族者。且奪其所以為國民者。方其會合議法。而以佰以保也。其中有沁涅特有華族有齊民也。乃齊民曰。使我曹為會。而無沁涅特與華族者。以議制可。使沁涅特華族為會。無齊民者。以議制不可。所著之令。名國民法。（名布理比什特。）所成之會。名國民會社。（名康密沙。）因是之故。其國之憲權。乃反以華族而聽命於齊民。以貴下賤。所謂自繇。無乃過歟。彼齊民之所為。名曰庶建之制。夫庶建固以平等為主義者也。乃自事實觀之。實與其主義徑反。夫民權無限若此。設在他國。其不毀沁涅特之柄者幾希。乃羅馬幸免者。則以舊制至善。有以救之。而其二尤特異。一所以畀國民以議制之權者也。一所以限國民議制之權者也。

所以畀國民以議制之權何。有司隸。有都護。五年。則取國民之專體。而建立部署之。蓋國民議制者也。而二官者。則議議制之制者也。凱克祿嘗言孤拉楚之使自繇齊民。得進於國社也。非但以其詞令之激昂而為之也。乃以其微辭儀態而為之。夫民權之俯首垂翼久矣。向使彼不為是乎。將羅馬之朝。無所謂民主者可耳。

其所以限國民議制之權何。蓋沁涅特。於民權過盛之秋。所以能救民主於淪胥者。以其曹有建立令尹（西名狄克答陀。）之特權。羅馬法令尹既立。雖國君不能不聽命。故於國民既定之制。一切皆可以更張。而國民無由以異議。（自注。如民主理官所斷結之獄。令尹得而平反之是已。）

第十七節　羅馬民主之政權

羅馬國民。所斤斤者立法之憲權而已。至於政權。所不爭也。故其柄悉聽沁涅特與大都護共領之。所靳留者。不過選擇長官之權。與沁涅特曁諸將帥行事須其公認而已。方羅馬之為民主也。常欲宰制區宇。并吞八荒。而自始至終。以兼弱攻昧為事者也。其柄國者任重責鉅。殆無一隙之逸。非其寇仇合從以圖羅馬。即羅馬連衡以蹙其寇仇。是故其民既尚武而勇公戰矣。而欲國之常安無危。資深智遠攬而後濟者。則必任之以沁涅特之人才。故其民於憲權。則尺寸所必爭。防自繇幸福之或墮也。於政權則自知其不任而用人。知祖國之榮華非是莫能致也。

羅馬政權。沁涅特最大。史家波里彪言。外國不知者。幾以羅馬為賢政治制。非無故也。蓋沁涅特主通國之財政。凡關市物產之征。由彼以付牙儈。使斡其利。若授田然。平屬國之爭。封疆有警。決戰與媾。其徵兵也。定羅馬之眾凡幾何。屬國之眾凡幾何。某省使給軍需。某軍使應前敵。瓜代期至。選其繼者。凱旋之典禮。持節專使之交通。屬國小王之冊立。凡所以褒有德。賞其功。罰其罪。爭訟則聽其獄。或受之以為友邦。或屏之不與同列。凡若此者。一一皆憑沁涅特之所詔而定之。

大都護之職。將戰。主徵募國兵而將之。統海陸之眾。聯與國之師。而已為之司命。秉民主之國權。以臨其藩部。戰而勝。取舍之宜。要約之條。得自為之。或以付之沁涅特。惟其便。

羅馬之初。主戰媾者國民也。雖然。彼所用者。其立法之柄。非其行政之權也。當其有王。則取王所允行者而公認之。王制既罷。所公認者大都護與沁涅特之詔條也。考史載宣戰往往齊民持異議。不為變。則知於國兵事權力微矣。其後土地大闢。國勢彌恢。其民稍稍以政權自裨。則如創立軍政法廷。奪將帥舊操之柄。而當第一次布匿之戰。宣言惟齊民乃有宣戰之權。可以見其時民氣之囂已。

第十八節　羅馬民主之刑法權

羅馬刑法權。所分任者。齊民也。沁涅特也。邦國之守宰也。又有其特設之法廷。欲審其分。則先即其司域爾私獄觀之。

羅馬當王制初毀時。大都護固操刑法權者。而廷尉則大都護之所命者也。曩謂塞維圖烈自褫私獄刑柄。是後雖大都護立。未嘗復之。其預刑權。必有非常之獄而後爾。故其法廷名曰非常法廷。至於餘獄。大都護所為。止於敕授理官。不親聽也。觀氏阿尼修史所載亞標覺羅紂論。知此制自羅馬開國二百五十九年。既已視為定憲。其去塞維圖烈自褫此權之時。蓋不遠矣。

廷尉者。理官之長也。方其任職。則本其所知。歲選明法者若干員。以聽一國之私獄。以為常。其蒞獄。則集諸理官公聽之。其制大類今日英國之所為。雖然。廷尉所集理官。其人必兩造所願受者。（自注。其選派之法。見羅馬所傳塞維廉殘律中。其法或明舉。或暗鬮。有時則鬮舉雜用之。）此於保護國群自繇之道最為得也。（自注。凱克祿云。吾人之先祖父非所認受之理官。雖錢物細故不可。至關名節之獄。愈可知已。）英國助理之制。其異此者固多。顧其用意。則大較同耳。

其治獄也。法官所求在事實。譬如債負之訟。其所謹者。此債已償與否。事故之獄。彼受告者嘗親為其事與否。逮事證既確。無疑枉矣。其奏當請比。律應可科。則必傳之百法司以待裁決。（自注。百法司者。廷尉之僚也。往所謂十法司者。即其領袖。凡遇奏當皆在會焉。）

若國王所治。則公罪孤理密獄耳。王制既毀。此權傳之大都護。布魯圖為都護時。以其諸子與達爾昆之謀有連。悉置之死。所用即是權也。然此非善制。其權實過所當得者。蓋都護將國。既握民主之兵柄矣。乃又兼刑權以制內政。而其為獄也。武健徑簡。掃一是之文法。有類霸力壓制者之所為。非祥刑哲獄之道也。

由是而華勒利亞之律興。雖都護已決之獄。其有涉民命者。國民法得平反之。自此律行。都護乃不能獨科人死罪。必待國民公認而後行。

考之史。布魯圖之為都護也。正達爾昆失位見廢之後。其時有謀為達爾昆復王位者。既被執。布魯圖親鞫之。而嗣是再見之獄。則沁涅特與康密沙所公聽者。可以見其律之已更矣。

羅馬舊律。載齊民就獄。可以自擇法官。其民以此為特別之神聖律。然由此而民權遂有不制之弊。其為此不制也。於齊民為傲狽。而任其不制也。於沁涅特為偲柔。二者皆譏。實不知孰之為過大也。夫華勒利亞律所謂得為平反之國民。實兼沁涅特華族齊民三者而言之。而齊民顧謂。惟彼族乃足當國民之稱。而平反之權。為所專屬。故當日所爭者。乃齊民果否有訊鞫華族之權利。而柯遼拉努之獄。適興於時。蓋此獄成而華族沁涅特之權盡矣。方柯遼拉努之為法官所劾而數之於眾也。柯曰。吾華族也。華族之獄。惟大都護能治之。此非華勒利亞律之義也。而齊民之代表則曰。吾國民也。故柯遼拉努之獄。惟吾族能治之。此亦非華勒利亞律之義也。而齊民之代表則曰。吾國民也。故柯遼拉努之獄。惟吾族能治之。此亦非華勒利亞律之義也。二者於律皆違。而齊民則竟斷其獄矣。

嗣是而羅馬有十二章律。所以救前律之敝而設者也。中載大辟要獄，必鞫以國民大會之法廷。由是以社為合之康密沙。無聽鞫孤理密公罪之資格。其所得聽者。不過罰鍰小獄而已。蓋大辟之科。必以國律。而金作贖刑之罪。固有齊民律布理比悉達之可用也。

攷十二章律所要約。實有憂深慮遠之風。蓋惟此有以制齊民與沁涅特之平權。而兩家刑柄之出入。視刑辟之輕重。與罪犯之公私。亦使其議常處於不得不合之勢。

蓋自華勒利亞之法行。而羅馬政體。凡所以損益希臘之王制者。靡有遺矣。大都護為一國之選主。而刑權則非所司。其於民罪也。有公私之殊。雖國民過犯。動關風化。誠無一可以私言。顧其事或涉於國民之交際。或係於國家之治安。必欲分之。則前者可以稱私。而後者可以言公也。公獄常治以國民。而私者則遺檢校之官(原名圭什佗)以分訊之。至所擇遣。出於守宰可也。出於編民可也。檢校者。司寇職也。此著於十二章律者也。

至其治獄。檢校命其司李。而司李又以枚命其法官。如是而私獄之法廷以立。而檢校為之曹首焉。

於其命遣檢校也。沁涅特刑權之大小。可察而知之。知沁涅特刑權之大小。則知十二章所以為平權之用矣。遇有非常之獄。沁涅特且施其全力。以建令尹之官。而令尹即為之檢校。有時先以法廷之令。大會國民。會國民所以公舉檢校。然國民常法。則先公舉守宰一人。使奏其獄於沁涅特。而決獄之檢校。即由守宰舉之。此如李費史。所載訊決式解倭之獄。

正如是耳。

洎羅馬開國之六百四年。前所暫遣之理官。至此乃為常任。分國中公獄之數宗。謂之常察之獄。分設廷尉之官。於國中公獄。如有專主。一年受代。凡有涉於公獄者皆治之。任滿乃出為部督。

加達支之沁涅特都百員。皆理官也。終身任職。獨至羅馬廷尉。其任職不逾一年。他理官且不逮此。於每獄推擇之。本章第六節。已明此制之所以利。

自孤拉希時代以上。羅馬理官。皆選於沁涅特。及古拉楚乃著令選之於騎士。此實非常之變革。而立法者自謂。以一舉手之勞。絕沁涅特怙權之命脈。固篤論也。

大抵憲政刑三權之分也。有甚利於國群自繇。而不甚便於小己自繇者。如在羅馬。其國民所主之憲權獨多。而政權刑權。亦皆得其一分。故羅馬之治。其民權甚張。須有物焉。與之抵制。而後得其平。其沁涅特。固有政權之大分。而憲權亦與有之。雖然。彼徒有此二者。其勢力之輕重。仍不足以抗民權也。欲以抗其民權。非分司刑權固不可。

以是之故。凡公獄之理官。法必選諸沁涅特。而後無弊。自孤拉希變舊法而褫沁涅特之刑權。由是其曹與國民。無並立之勢。此其為齊民自繇計固甚便。而其國舊制。所以久立者幾何。彼不知使國制而隳。所謂齊民自繇者。亦不能久也。

國家一舉錯之不審。害中於根本。則其禍可以無窮。且夫齊民之勢。如火始焚。導而扇之。遂燎原而不可嚮邇。當孤拉希變法。實羅馬內訌方殷之時。變本加厲。舊之憲法。乃盡毀矣。且先是羅馬於沁涅特齊民之間。尚有所謂奈德者。以為之交際。至是而此類之民亦亡。蓋貴賤等衰泯然。而社會散矣。

夫曰奈德亡者。非真亡也。以操柄者置之上流。而其去齊民日遠。雖存而若亡也。蓋孤拉希選法官於騎士。夫騎士即奈德也。羅馬舊制。凡隸尺籍伍符者。其人必有土著田宅。若於其民以為守法不為暴之質者然。奈德者最殷實之編戶也。故籍之以為騎士。自孤拉希選若輩為公獄之法官。其地望乃與沁涅特埒。已而且過之矣。故往往自落舊籍。以與其國之貴族比肩。至邁列思募兵。不得已。乃去舊立軍人資格。無論何民。皆可執兵。以事疆場。此羅馬民主之所以衰亡也。

又況奈德者。乃當日領斡征(以商包稅謂之斡征)抽之牙儈也。夫身為牙儈。其人未嘗不貪。使掌刑權。其民愈病。且其人豈惟不當掌刑權而已。實掌刑權者所當慎察而謹防者也。吾法舊時之法。其察視此等人也。

無殊偵伺其敵讎。是以其制得也。而羅馬所為反是。不徒不察其所為。且使主斷決國民之獄。彼為富不仁者。將何所憚而不敢施。故自孤拉希法行。而大秦之民德群俗。國法軍聲。皆掃地也。

考氏阿多魯等史。所載與前說有相發明者。曰斯奇和拉當國。以前人常與牙儈為緣。而牙儈復操國中之刑柄。遂致政俗大壞。斯奇和拉欲挽其頹俗。而進之於古初。乃盡反前人之術而施之。牙儈有罪。必取以徇。或佴之獄。而盡釋牙儈法官之所頌繫者。

氏倭又言。其副名樸伯祿者。亦深惡騎士之為法官。方樸伯祿之奉使歸也。法官劾其得賄。既科罰矣。樸伯祿自請驗其家產。乃知法官所劾。故不以實。而其家所有。樸一一能言所由來。既白其誣矣。乃亟去其都。曰吾不願與若曹共居一邑也。

氏阿多魯又言。義大利人。於時買奴婢甚眾。驅之昔昔里。使為耕牧之事。而不畀衣食。由是奴輩相率為盜。持長戟木椎。蒙獸皮。從猛犬。殺越商旅官道間。舉部騷然。不得安業。非堅堡深溝之所守。一切不得保其有也。部無代都護。亦無尉捕主盜賊者。賊即得。亦莫誰何。以其為法官騎士大奴故也。於是羅馬有群奴之亂。嗚呼。以騎士而兼榷儈。頑嚚饕餮。所孜孜者利耳。常有取於眾。無所施於人。富者當之則貧。貧者當之則死。以如是之業流。乃羅馬隤隤。使主一國之刑章。如之何其不敗耶。

第十九節　羅馬藩部之政

憲政刑三柄之分。所見於羅馬之都者具如右。然非所論其見於外藩郡國者也。故羅馬即有自繇。亦見於中央首善之地。至於邊鄙。則霸權不制之區耳。

方羅馬幅員之不踰義大利也。其治制大類今日之合眾國。然民主法制。猶有存者。洎夫累戰勝而拓國無垠。其舊有之沁涅特。不能遙制也。刑政之樞。守在都邑。事事成馬腹之鞭。故其勢不能無任使。節督者所以代大都護者也。（猶中國之總督。）巡按者。出行之廷尉也。（猶中國之巡撫。）顧任使矣。而憲政刑鼎足之形乃失之。蓋所謂節督巡按者。不僅總一切政府之權也。實並國民應有之權而亦收之。地遠而民新附。其居官者乃一出於專制。則無異以回部之帕夏。而居於民主之中矣。

不佞於前篇。嘗謂公產之治。其長官行政之權。宜於兼資文武。而勝家之民主。所不能本舊制以治其所勝之國者。蓋其所任使發遣之長官。如節督巡按者。不獨其文武行政所宜有之權。實且并其議制之權。所不宜有者而亦具之。何則。所勝之民。舍勝家之長官。烏與議制乎。既行政。又議制。則專其刑法之柄。又可知此使者所以常兼三權。而其治所以立成於專制。而所勝之民之所以重可哀也。

復案。此驚心動魄之言也。何則。由此可知雖有至仁之國。必不能為所勝亡國之民立仁制也。夫制之所以仁者。必其民自為之。使其民而不自為。徒坐待他人之仁我。不必蘄之而不可得也。就令得之。顧其君則誠仁矣。而制則猶未仁也。使暴者得而用之。向之所以為吾慈母者。乃今為之豺狼可也。嗚呼。國之所以常處於安。民之所以常免於暴者。亦恃制而已。非恃其人之仁也。恃其欲為不仁而不可得也。權在我者也。使彼而能吾仁。即亦可以吾不仁。權在彼者也。在我者自繇之民也。在彼者所勝之民也。必在我。無在彼。此之謂民權。彼所勝者。尚安得有權也哉。

是故以勝家而為所勝者立制。極之於君主而止。則至仁之制也。凡其所任使。或司文法之行政。或司武備之行政。而皆有其法典之可循。而不必遂為專制之政府耳。

羅馬國民之理官。法必於其眾而選之。此最有關係之權利也。假其無此。將身處藩部之國民。有事。亦一聽節督巡按之所為。無可告語。今幸有之。故霸朝專制之令。得行之於所勝之民。不能施之於其國之舊族也。

羅馬為國。類前此之斯巴達。其中齊民。所享之自繇權甚大。而係累之臣虜。所處則奴隸之極境矣。

羅馬齊民之供賦。其為法常至平。塞維圖烈嘗分其民為六等。而以其產業之微鉅為差。至出賦之重輕。則視所任政權之多寡。是故其賦雖重。而民以勢力之大為榮。至於勢力之微。其民又以賦輕自慰也。

且塞維圖烈民等之分。羅馬所基之以立憲者也。而成賦取民之制視之。然則羅馬賦制。與其立憲之基。固不可分而為二。使其一而在。則其一有必行。是則其立法之美善者矣。

所惜者都邑齊民賦法之平如此。不徒貢納自繇。且有時可以悉復而無所取。（自注。羅馬自戰勝馬基頓後。其國民無賦。所以優之。）獨至藩部。則一任奈德之施奪侵漁。而不知禁。彼奈德者。固征抽之牙儈也。暴征苛斂。史不絕書已。

故密都里大提嘗告眾曰。安息全境之民。蓋日望吾身為之拯拔。節督之貪殘。榷胥之豪奪。詞訟刑獄。無一不以賄賂成。則其民之切齒腐心。欲群起而一與羅馬為難者。又何怪乎。

是以羅馬之為國也。雖日拓土而開疆。於其國之盛強。靡有益也。抑且損之。雖京邑大亂。其國民以失自繇。而藩部轉相慶焉。曰吾禍庶幾其有艾乎。

第二十節　結論

夫憲政刑三柄之分。理平之國。所同有者也。不佞豈不欲取其所見聞。一一為分析之。於以見國群自繇。民之所得享者。至於若干程度而極。雖然。為學者發明義理。宜常留有餘。使之自竭其心力。必盡言之。不徒冗長。又以無益。不佞之所為。非欲使學者讀而得之也。蓋將使聞吾言者。知所用心思而得之耳。

第十二章　論法制之關於小己自繇者

第一節　此章大恉

夫言一國之法制。徒取關於國群自繇者而論之。未足也。必兼論其關於小己自繇者。其義乃備。

於前篇之所論列。則知國群自繇。係於三權之分合。而論小己之自繇。其事不僅此也。蓋其事視身家之安否。與其心憂樂舒慘之何如。

是故有法制立而國群自繇矣。而小己自繇。則猶未也。亦有小己自繇。而國群憲法。則不足以語此。蓋其國憲法。有自繇之理。而或無其實。或小己有自繇之實。而憲法未具。臣民無可據應得之權。

夫建自繇於國群者。視法制之所立。而尤視經常大法之何如。至於小己。凡臣民之所實享。則視其國之風俗習慣。與其所薰染於外緣者。故有時一特別民律之立。即有以獎進而利行之。觀茲篇之所論。可以見也。

更有進者。國家以尊隆法制之故。每須抑損小己之自繇。然或至於太過。則欲知其民所實享之自繇。勢不得不取其特別之律而論之。而其於自繇精神。為獎為抑。可分見矣。

第二節　臣民小己之自繇

有心理之自繇。有群理之自繇。心理之自繇。哲學之所論也。其義無他。從心所欲而已。雖論此者學派至多。而謂吾人有自主之志氣者。則所同歸也。群理之自繇。法家之所論也。其義無他。安生樂業而已。雖附此者為義甚繁。而謂臣民有可保之身家者。又其所一致也。

臣民身家之難保。無過於被訟獄詈吏議之時。是故臣民小己。能否自繇。一視乎刑律之平頗。文網之疏密。

刑律平恕無頗。非一蹴可幾之境也。即其國上下勤跂自繇之幸福。於其境且不必至。雅理斯多德言鳩靡之俗。其子訟人。其父為證。則其刑罰之不中。可想見已。當羅馬有王時。以其法之疏。致塞維圖烈於妻父被戕。得親決安居摩什諸子以死罪。吾法先王覺羅帖烈。首定不兼聽兩造不得成獄之大法。以此知其初有不傳爰書。而定刑辟者矣。希臘自沙朗達而後有誣證之條。亦可知其舊典為何若。嗟乎。身為國民。使罪至罔加。雖冤不能自脫。則所謂小己自繇。掃地而盡。平等文明。皆虛語耳。

夫吾歐諸國之刑憲。其於公獄。可謂詳已。顧於訟獄。所可指為必平而不頗者。要亦無幾。自餘以降。則或俟於異時。今夫獄法者。生民大命之所懸也。故於諸學最貴。其他術智。之遠矣。

必講之至精。而實行之於獄政。惟此而後其民有真自繇也。第使鞫獄慮囚。獨為精當。他國之理。無能過之。則此國之民。即令昨對簿而今受刑。課其身所享受之自繇。實較亞洲諸國貴人。如突厥帕夏之所現享者。猶為過也。

第三節　續申前論

以一人之證。而斷死刑者。非自繇國法也。證獄至少。須得兩人。而後合理。蓋證者坐實其罪者也。而囚者不承其罪者也。一否一然。數本相抵。斷者尚莫適從。必更益之以一證。而後其衡有俯仰耳。

故希臘羅馬舊法。皆謂兩造之外。更益一證。可以定刑。而吾法之律。則一猶不足。必再證而後可。希臘人自謂其律本神授。雖然以詳刑悊獄之道言。吾法之法勝也。（福祿特爾曰。悊獄之事唯英倫至矣。以其有助理之制。而法無是也。）

第四節　刑罰與所犯之情形合而有比例者其民自繇

律之所科。一一若從其罪犯而起義者。此自繇法典之極軌也。蓋一一若其人所自為。而與造律者固無與耳。無與。故無所容心於耳間。而民不知怨。律之本原出於天。汝自為其所應受。非吾為之科條以相苦也。

民之所以為公罪者四。一曰瀆神。二曰敗德。三曰亂政。四曰妨民。有犯此者。則審其輕重。如所犯而為之刑。

竊謂瀆神背教之事。獨宜論其直接者。至於間接。如沮人向教。擾害禮神諸事。斯為侵人自繇。當論之於亂政妨民之科。

讀神之罪。固當加其身以神明之罰。使不得享宗教之利益。即如驅出寺廟。或久或暫。不得為教會中人。或愬之於神。而加呪詛。

脫其人所為詭祕。而入於亂政妨民。則民政國法。所當問者也。獨至獲罪神祇。以非人事。故無人譴。蓋其事在天人之交。天之所以降罰於是人者。輕重何如。遲速奚若。此皆非人智之所逮者矣。設有宰官。以是為不可容。而欲窮究其人之隱慝。是則亂天人之紀。所為未必有功。徒使國民。失其宗教自繇而已。將必有不肖妄誕之徒。承吏所為。以與此人為難也。

頗有人焉。以代天行罰自居。不知既屬天神。則斷無更需人代之理。且必欲代之。將其事以何時為究竟耶。夫人之為物。有涯者也。而神之為道。無窮者也。神不思而獲。不勉而中者也。人弱於行。昧於思。而無恆於其德者也。然則必以有涯代無窮。是亦不可以已乎。

憶波羅文思史家曾紀一事。讀之可見愚人以護法自居者。其所為可無所不至。馬利亞不夫而孕耶穌。其神最為公教之所重。有猶大人以誹謗聖母。坐生剮之刑。當臨刑場。忽有數人。帶面具。持刀。驅行刑者使去。意謂誹謗聖母之人。須若曹為手戮而後可。此其人用心何若。讀者將思而自得之。無假不佞為覼縷矣。

第二之公罪。謂之敗德。如男女淫佚。傷風壞俗之事是已。將如其所犯者而為刑。則媿辱囚禁。屏棘罰金。凡所以使之悔恨改過者。皆足以遏此風之萌長矣。蓋如是之過犯。多起於放縱恣睢。不必本有傷人之心。而後為此。

敗德與妨民不同。譬如男女淫奔。此敗德也。至於強暴輪姦之屬。則妨民亂政之尤。非僅敗德而已。

其三曰亂政。亂政莫著於擾害其國之治安。如所犯而為之刑。取其不再擾治安足矣。監禁之。放流之。或罰作胥靡。以銷磨其不靖強奡之氣。期其守法懷刑足矣。

雖然。此所謂擾害治安者。其人作奸犯科。然未嘗為越貨殺人之事。若夫侵奪財產。戕賊生命。則所犯不止於亂政。而入於妨民之科。

其四曰妨民。此真公罪。而法所必不容已者也。今夫刑之為義三。示儆以杜效尤也。改過以使自新也。報復以洩怨憤也。妨民之刑。主於報復。以其身於社會有所害傷。社會亦害傷其身而不恤。此謂視所犯以為罰。夫亦天理人情之至者矣。夫其身之所以當死者。以其殺人。或親為殺人之畫也。故殺人者死。乃法之窮而有所不得已。至於刦盜之事。亦有死刑。然以云刑罰當罪。似奪人之財。不如亦奪其財之為愈。第此可施諸均產之社會。今之社會。產業既不平等矣。是刦盜者。多無產業。故奪其財不能。則加之以當身之刑罰。

凡不佞此篇所論列。實皆本物理之自然。惟其法之出於自然。故其臣民有自繇之實也。

第五節　獄有特宜審慎者

為國主刑。所不可忘者。巫蠱左道之獄。不可不加矜慎而已。夫嚴如是之罪犯。使倒行逆施。其侵民自由。可以無極。所恃治獄者。知責法之不可以過云爾。蓋其獄未必有事實之可指。而所論在主義持守之不同。故使同國之民。愚昧拘虛。將其致禍尤烈。夫民雖持身至謹。言行無疵瑕。即於倫常天職之間。亦靡所不盡。而旁人欲加以如是之罪名。彼猶無術以自解。則其身尚有所措其手足。而稱自繇國民也耶。

當曼奴爾之世。普羅特斯答他嘗被謀殺羅馬皇帝之議。人謂其身有隱形遁甲之術。同時有阿侖者。人亦告其誦習唆羅門神呪。力能役使群魔。夫既信其人有如是之幻術。則常人之心。彼謂世間。實有巫蠱。若而人者。欲亂社會。至為無難。夫如是。彼具湯鑊炮烙以待其身。猶人情耳。

不幸害及宗教。將國人之憤疾尤深。東羅馬史記。言一畢協。得天神默示。謂教宗靈應。所今不古若者。坐有人陰執左道之故。於是所指之人。其身與子。均被誅夷。此赤族之刑也。顧其獄詭異難信。向使必窮其實。將見其獄。所待之外緣至多。不宜輕決如此。蓋必天神實有默示之事。一也。有默示矣。而畢協果身遇之。二也。教宗靈應。古實有此。三也。古有而今忽亡。四也。天下果有左道。五也。左道之力。乃足以破宗教。六也。所指之人。實執此破壞宗教之左道。七也。向使此七者。有一虛而非實。則此獄為冤。顧東羅馬之民。無所考驗。竟斷其獄。而不恤赤人之族如此。則當日之民智人情。皆可想見已。

希臘氏阿多呂為帝時。病而疑其臣有巫蠱者。意其人則悉逮之。因欲白其冤。則置爐中赤鐵。使操之。必手不爛而後為無罪。然則彼所指為巫蠱者。固不必有左道。而欲自明其非巫蠱者。必其人有幻術而後可耳。嗚呼。道之不明。而民愚如此。其所造者。天下至可疑之獄也。所以證其獄者。又天下至可疑之術。所謂反覆無一可者矣。

吾法當長王腓立白時。忽下逐猶太人令。問其故。則以其毒城中諸水源以癩種也。其入人罪之無理不根如此。所由然者。以法人深惡猶太種人也。後之遇此等事者。尚庶幾善用其疑可耳。

不佞之所云云。非敢曰左道不當誅也。特左道之獄。至為難明。聽此獄者。所宜獨加審慎焉耳。

第六節　治逆性之獄（逆性者。謂交接而逆自然之理。男色是已。）

有罪犯焉。為宗教德育國法之所明禁而交非。脫不佞為之異論。謂人情不當如是其深絕之也。天將厭之。為風俗計。其事固當禁也。為身犯之者。目前之醜。老日之羞。尤當禁也。故不佞所欲言者。非其事之可忍也。不佞所欲言。以社會惡惡之深。其嚴酷不容稍縱之情。或施之而失其當違其理耳。

夫是獄之起。未有不從其闇昧者也。闇昧故常由於一人之告訐。而遂成獄。且告者多穉幼。此其獄之所以多冤濫也。波羅可標秘史。載札思直黏嘗著此令。勑犯此者無閒於令前令後。皆即訊而科其罰。告發者往往為童子。為僮奴。其定讞也。每據是以為證。若所告者。為富戶。為綠衣。則其獄尤難動也。

嗚呼。刑之最酷。有過於焚殺者乎。而吾歐以此刑待三罪。則邪術也。異端也。而益之以兩雄之交接。雖然。是三者之獄難言矣。夫邪術巫蠱。兩間本無此物。此最易明者也。謂之異端。則所爭者。本彼是之是非。其別異無窮。其解說無窮。則其為等差者亦宜無窮。至其三之逆性。則常發諸極曖昧難明之地。然則是三者之獄。雖聖者聽之。未可以片言折也。乃不幸吾歐皆待之以刑之至酷。是非天下至奇之事也哉。

夫逆性之交接。其為惡誠不勝誅。然國之有此俗者。道民之制不善。有以致之也。假無以致。不佞決知此風之不日長而日微也。是故希臘之有此俗也。以少年袒裼裸裎而從武事也。吾法之有此俗也。以子弟就學。不先於家塾也。亞洲諸國之有此俗也。以富貴之家。廣置姬妾。而嚼蠟視之。貧賤之人。以身無妃偶。而別開洞壑也。夫曰逆性。則其事本人性之所無有明矣。故使社會政教。不為之媒。則民之失其性者。浸假將自復。夫性分之可樂者。亦至多已。即如男女之愛。不徒有以養其欲而順其情也。且有後果焉。於以娛其既老。種以是而日進。業以是而加修。此真人道之最樂者。使非為之媒。而先有以拂之。則人亦何取於必逆之而後為樂耶。

第七節　大不敬之獄

支那舊律。有大不敬之條。犯之者死。而所謂大不敬者。又無切實明晰之疏義界說。故輕重隨其喜怒。無不可以周內請比者。殺其身可也。雖赤其族無不可也。

竺赫德神甫日記。謂有起居注二人。以所載之事不實。遂罣吏議。以大不敬罪名死矣。又有某親王以無心之過。訾議皇帝硃批上諭。亦以大不敬論死。此為其時最冤之獄。殆為支那前史之所無者。

故以大不敬罪名之無定。即此可見其為專制之朝廷。不佞於後篇論造律時。當為之更詳其說也。

第八節　古誅誹謗妖言與大逆不道用刑之失

夫取莫須有之獄。而加之以大逆不道之名。此刑之最為驚人者也。羅馬律。凡指斥君上詔書。抑譏其用人之不當。如此者皆為妖言。與指呵天神罪等。夫古固有如是之罪名。特推概之不倫。則必其左右出納王命者之所為。可決也。其律又謂。凡謀殺近臣。與謀弒君上。同為大逆。考羅馬此律。造於某某兩主之朝。皆稱昏懦。其受近臣之指使。無異牛羊之聽其牧也。其居於宮禁也。猶奴虜然。其坐朝論政也。猶兒童然。其校閱軍旅也。猶賓客然。夫如是之君主。其所以守位執權者。即所以使其權日益旁落而已。甚至群奴共膽。謀為逆者。即其所嬖幸之人。且其為逆。非但害其君而已。實且取其宗國而害之。城狐社鼠之勢已成。而議者乃欲誅君側之奸。夫已自陷於大逆。內訌紛紜。刑獄滋章。皆坐欲誅此嬖幸之人而未濟也。

吾法先朝。當路易十三之時代。宰相為翊教李協旒。得君最專。勢燄煊赫。於是有謀去之者。其渠魁名囇馬爾。事發。法官廷鞫。當之以大逆不道之科。其所據依。即前者羅馬之舊律也。判曰。囇馬爾等之所謀害。誠非國君。但以國家治制而言。其所謀害者。實與國君無異。宰相之職。大錄萬幾。所行皆其君之所有事。其國之所待命者也。故謀害宰相者之所為。無異於君身而戕其股肱。於全國而傷其命脈。當以大逆。誰曰不宜。嗟嗟。古今讒諂之臣。其措詞之便佞。能有過此者乎。

又羅馬律。如華連狄黏、氐倭多修、亞加紂三朝所造。以鑄造偽幣。入諸大逆之科。此其事義乖舛。又令人莫能明也。彼不知大逆云者。驚心動魄之罪名也。乃今以此等事而竄諸大逆之科。徒使民視大逆為故常。脫他日真有所謂大逆者。吾不識執法者。將何以待之也。

第九節　續申前論

亞歷山達之刑官曰寶栗奴。疏言某法官斷獄。不如詔書。臣欲劾以大逆之罪。帝手詔答曰。朕一日在帝位。必不使天下有間接之大逆也。

又福思狄黏奏言。臣有奴某得罪。臣誓必殺之。誓曰。所不死此奴者。有如皇帝。是以臣至今不敢釋憾而赦此奴。何則。深慮赦之。且自陷於大逆之誅也。帝又答之曰。若汝所慮。無謂甚矣。汝殆不知吾為治之意也。

羅馬為帝制時。其沁涅特議曰。凡皇帝鑄像而不用者。臣民毀之。不當以大逆論。其塞維盧與安敦二帝所與滂兆詔書。亦言民賣皇帝鑄像。其未經薰祓者。不當以大逆論。又制詔刑官喀細言。庶民向空擲石拋墒。誤中皇帝像設者。不當以大逆論。考羅馬律。於大逆一科。立為限制如此。然由此可知臣民銷毀皇帝鑄像。及一切不敬之事。皆可周內。以入此科明矣。夫大逆之名罪既多。斯輕重之間。造律者又不得不為立別。是故羅馬法家烏勒偏之注律。既云大逆之誅。不以身死豁免矣。又曰朱柳法典所列大逆之條。惟起意謀害宗國戕殺皇帝者當之。其餘不在此論云云。

第十節　再申前論

英國當顯理第八之朝。著令曰。臣民敢預言王死者。以大逆論。此其立法。至為渾沌不明。而又屬專制煩苛之律。遂致作法。徒以自斃。考顯理大漸之日。所有國醫。雖心知病篤。莫敢頌言。而顧命之典遂廢。事之相報。有至巧者。不可訾國醫為不忠也。

第十一節　思想之獄

摩西呷夢斷其王氏阿尼修之脰。氏阿尼修聞則取而殺之。曰凡夢因也。若晝而不是想者。夜不是夢也。當大逆無赦。孟德斯鳩曰。是其用刑。可謂極暴者矣。姑無論其晝之所思。不必夜之所夢也。就令如夢。彼未嘗見之於實行也。夫國法之所加。必在其人之所實行者。過斯以往。非法之所宜及也。

復案。國法之所加。必在其人所實行者。此法家至精扼要之言也。為思想。為言論。皆非刑章所當治之域。思想言論。修己者之所嚴也。而非治人者之所當問也。問則其治淪於專制。而國民之自繇無所矣。尚憶戊戌之歲。清朝方銳意變法。而廷臣之向背不同。某侍御主於變法者也。疏論禮部尚書許應騤腹誹新政。上令自陳。以為無罪。而某侍御遂為與論所不直。夫其人躬言變法。而不知其所謂變者。將由法度之君主。而為無法之專制乎。抑從君主之末流。而蘄得自繇之幸福耶。嗚呼。可謂傎已。近世浮慕西法之徒。觀其所持論用心。與其所實見諸施行者。常每況而愈下。特奔競風氣之中。以變亂舊章為樂。取異人而已。鹵莽滅裂。豈獨某侍御言失也哉。

第十二節　口語之獄

徒以口語過失加人以大逆不道之名。而刑之者。非暴虐專制之朝。無此事也。夫心之精微。非口語所能盡。往往同一語也。而釋之者異詞。或起於惡心。或由於失言。此其為差。又相等也。發憤激昂之際。醉飽之餘。發言驚座。初非惡心。其過而自悔。又多有之矣。今乃取之以當極刑。有道之刑。豈如是哉。

在心為意者。在口為言。是故言猶意也。而大異於所行。使但自其言而觀之。則言者固有言也。而其所達之意。則常未定也。何則。同此言矣。以其聲音之異。而其意可以大殊。往往取所已言者而複稱之。而聞者憮然。則其意變也。且言之所達。其有待於外緣之附者多矣。有時不言。而意顯然。其告人者。過於言也。是故言者天下之未定而最難明者也。未定而最難明。乃用之以科人罪。非天下之至不仁。其孰能為之。嗟乎。使其民徒用口語。而蒙大逆不道之戮者。不獨其國無自繇之形也。蓋並自繇之影而亡之矣。

近者俄后詔書。定多羅古祿奇藩王死罪。以於后身嘗加穢褻之語。又一人以故用惡語解說詔書。並有悖慢之詞。侵犯神聖軀體。

夫國君者。億兆之元首。榮光所被。天下具瞻。乃有人焉。敢為信口之污衊。此其得罪。而為國法所不恕固宜。顧不佞所欲言者。竊謂使專制之君。有祥刑之事。似不必徒於口語。而當其民以大逆之科。用其次者。未為失也。

大逆。非日見之事也。其事為眾目所共覩。假有人顛倒其事實。則人人得指而明之。是固不可掩者也。若夫口語之得罪。則必有事為從之。而後可相持而並論。譬如有人入市。慢民為叛。此大逆也。因口語之下。事實從之。故雖口語。乃與事實同科。官之所治者。非口語也。乃事實而用口語者。蓋口語自法律論。從無得罪之時。必有事實相從。則口語同於事實。設鍛鍊語言。以入人於大辟。是自亂其例。而刑罰之不中甚矣。

氐倭多修、阿加紂、紇那留三者之為羅馬皇帝也。（羅馬皇帝與大都護常不止一人。）制詔廷尉盧非努曰。繼自今有議皇帝與其政令者。其勿加罰。使其言出於輕率。我曹之所藐也。使其言出於愚戇。我曹之所閔也。使其言出於媢嫉。亦我曹之所恕也。是故廷尉之職。於有所聞。在告其實。至於略言取人。略人取言。或罰或赦。我曹將自審之。

第十三節　文字之獄

文字猶口語也。其不同者。流傳久暫之間而已。雖有悖逆之文字。而無悖逆之事實者。不可以入大逆之條也。

羅馬之沃古斯達與泰比流二帝。得刺譏文字。則刑其人。比於違制。沃古斯達之為此。以當時所刺者。為國中要人。而泰比流則頗疑所言之及己。雖然。是二事者。實摧喪國民自繇之大者也。當此時有孤列妙子者。為國史長編。謂加壽為末流最後之羅馬主。其人亦由此而得罪也。

專制之朝。絕少謗諷刺譏之文字。法重而民痿。不獨慴而不敢為也。即欲為之。而文章能事。有不逮矣。使其治為民主。此等文字。固所優容。民主之所以優容。即君主之所以禁也。何以言之。蓋此等文字。所謗譏者。多取富貴有勢力之家。至於齊民所為。刺者常默然也。雖然。君主禁之矣。而不必悍然指為大逆之事。蓋得此譏誹。民之怨氣。常有所疏。鄙夷怒傌之既行。其致嫠疾視之情。亦從而稍殺。為嘲弄於饑寒。縱嬉侮於桎梏。往往厲氣潛消。而不至遂鬱為大亂。彼為君主之治者。宜知之矣。

復案。此節之論。與蘇明允詩論正同。

天下為民上。而最不耐刺譏文字者。其惟貴族乎。夫貴族者。分君主之權者也。惟君主以居位之已尊。握權之已盛。高高在上。常不為謗議之所加。就令加之。尚有時而勿校。獨至貴族不然。片詞之侮。如芒刺之在身。微露其情。語語如貫心之毒矢。此所以十法司主治之日。羅馬詩人。無一免者。何則。憾之誠深。故取之若彼其急也。

復案。此中國今日之尊官。所以獨惡報館也。

第十四節　治罪人不宜毀其廉恥

惟為國禮先而刑後。故所以保民廉恥者。諸國皆重之。夫使以刑僇罪人之故。而毀廉恥之大防。是成於刑者毀於禮。其為無道甚矣。夫道國之要。非欲民知恥。而存其秩序也耶。

東方有國。其刑婦人也。則使與象接。象其所素教者也。是誠何心哉。若所為者。是治人之罪。而先自犯其大罪。立刑而破禮。吾不知其何心矣。

羅馬之舊律。凡女子雖笄未嫁者。於法無死刑。泰比流之當國。有所欲誅。則令刑人先取而干之。而後即戮。以謂惟此而後與舊典之文合也。殘忍為賊如此。不知使民之廉恥墮。雖律文之合何取焉。知治者寧屈刑以從禮。不破禮以伸刑明矣。

若夫日本之所為。則尤有異者焉。其刑婦人也。當市而裸之。以四體行。若犬豕然。此其廉恥。存者幾何。尚有其所以強人母者。又有其所以強人子者。嗚呼。吾不忍言。吾意方其行如是刑。六種且為震動也。

第十五節　脫奴之籍使證其主之非

沃古斯達著令。凡反者奴婢。宜鬻於國。使得投狀。訐其主人。夫謀反大罪也。將發其覆。國家固無不可為者。然則有奴之國。雖奴猶許其告變。所不得已者也。雖然。必使身證主人。則已甚矣。

達爾昆之廢也。布魯圖之奴曰文迭格思者。知其主之陰事。然政府未用其人。使親證布魯圖之諸子也。夫告變於國誠有功。故雖復其身使得自繇不為過。然非曰與之自繇。即以親證其舊主耳。

故撻實圖之為律也。則曰凡奴不得證主人。即在大逆。不得為此。然此例當札思直黏纂律時。則未之收也。

復案。察孟德斯鳩之意。直云奴不得證主人耳。豈惟證之。即告變亦未嘗合於公理。此東漢之蒼頭子密。所以有不義之侯封也。顧孟之為言。若委曲迴護。將往而復者。誠以身居君主之國。忌諱至多。故不敢為率意之辭。以自蹈危機如此。至今讀其遺文。猶可得之於言外也。

第十六節　誣告謀反大逆

讀羅馬史。而為凱撒輩主持公道。則當知所載大逆諸律。殘忍暴酷。而實非凱撒之所為。夫謂告發謀反。雖誣不可以加罪者。乃錫拉之條教也。而孰意數傳之後。變本加厲。乃有賞誣告者乎。

第十七節　見知沈命之法

舊約載摩西第二宗律。有曰。使爾之兄弟同產。若爾子。若爾女。乃至共命之爾妻。同心之爾友。有誘惑爾曰。捨爾之神。而事他神者。爾其殺之。或擊之以石。云云。此宗教之神律也。然必不可以為國律。使其用之。將引民於險巇。而國俗乃紛不可理矣。

見知沈命法者何。國有反者。民知其事。而不告發。厥罪死。雖不與聞其事。不能宥也。夫如是之國律。其苛暴過前者之宗教律。鄙意若君主之國。不得已用之。即當明示限別。庶不至為冤濫之厲階。不然。國民無容足之地矣。可畏哉。

則非情節甚重之獄。其法不可用也。蓋所謂大逆謀反。往往有重輕主從之可分。是固不宜以一概論。日本之法。往往有悖於人理者。所謂沈命見知藏匿反者諸律。常加諸尋常之罪犯。而待以至酷之刑也。

有遊其國者。記言有二女子。其一涉於男女之私。其一以知之而未告發。既就逮。則置之木龕。四周密釘。齒齒內向。雖泥犁之刀山劍樹。無逾此者矣。

第十八節　以民主之國而窮治反者其事最危

民主而有反者何耶。欲毀公治之制。使歸於獨治者。則民主之反者也。然使既收其身。使不得以有為。則其事當止。逮捕之刑賞。無所用之。脫其不然。於民主之道舛矣。

夫大獄。國之大變也。欲鎮大變。勢不能不假一二人以大權。大權而歸於一二人。則民主之制。其有存者幾何。是以當是之時。與其為之猛。

無寧為之寬。與其網密。無寧漏吞舟之魚。與其盡奪其產而籍之。無寧使長享之。見民主之道大而仁恕也。彼攘臂鼓掌。稱為國民討賊者。大抵皆憑權怙勢之民也。故民主之所斬。無亂而已。非欲盡得亂人以甘心也。國勢既定既安矣。則嘉與其民。共登平等自繇之塗。人人為國法所保護。而不為濫刑苛法之所加。

與前說僢馳者。古有希臘之民主。其誅民賊也。亦少過矣。有時為群疑眾謗之所歸。其身家即可以無所。其加誅夷也。收其子孫矣。而有時或赤其五族。當是時。所藉為亂黨之巨室。蓋不可以勝計也。以所為殘暴之如此。故所立之主民。亦無一息之能安。方其起也。則舊家逐。至其敗也。則舊家歸。報復相尋。第見政府之屢易而已。

後是羅馬所為。則方之為善矣。加壽以欲變民主而得罪。既伏辜矣。或乃欲並逮其子女。則眾不議可。氐阿尼修曰。當馬西奄之內亂既平。議者欲去罪人不孥之律。且欲將錫拉所著於黨籍者。錮其子孫。令不得仕國。此真當時之過。而長為後人所指摘者也。觀史記馬烈與錫拉之戰。知羅馬之風俗。已漸即於不仁。吾於其所為無人理之事。深願不復見於人間也。然當三主柄國之世。虐民之政。實有過之。所異者常緣飾之以美言曲說而已。至今讀其愚弄國民之文辭。以掩其不仁之實者。猶令人發深憤也。亞皮安律。尚載其籍沒禁錮人之條例。語平而氣安。乍聞其言。若愛國保民而外。無他意者。國家之所以利。政令之所由行。富者之所以安。貧者之所以無擾。所欲衞者。國民之生命也。所欲鎮撫者。士卒之離心也。總之一用其術。民主有百利而無一害而已。孰知其為殘暴之尤者乎。嘻可異已。

當勒辟圖之大勝斯巴尼亞而歸也。凱旋之日。羅馬流血滿街。以其令曰。所不共樂此勝者。厥罪死。而死者緐有徒矣。噫、觀歷史中。更有如是之鉅謬者乎。殆無有也。

第十九節　國家於何時可以暫奪民之自繇權

雖在崇拜自繇之國。其中亦有法典焉。許其暫奪一二人小己之自繇。以為國群全局之自繇道地。則英國之血污題請律是已。(自注。血污題請律者。蓋英國治獄之法。假使案情重大。如謀叛大逆之屬。訊鞫數番之後。雖法官謂為事證確鑿。案無遁情。猶不得當其人以應得之罪名也。例必有合法之證據而後可。合法之證據何如。其獄將具。必先有兩人呈加誓之證書。乃可以決。非此。則其囚無死法也。今設有人被告為謀反大逆。或殺人之事。彼知必得兩證而後可以死其身也。則以術或以賄令是二者逃。則其獄為無合法之證矣。當此之時。設政府法官心知其獄之得情也。則為之血污題請。血污題請者。無異於為此獄而請專律也。其為題請也。與他大事之為題請同。詳疏事實以請之於上下兩議院。兩議院察其實矣。而後為之請制可於國王。使是三者無異辭。則其獄為已決。特題請之文書。初入議院時。囚猶得使辨護者白其冤。而議院之員有不合者。亦得駁詰之。以待眾決也。）此其事。實與古雅典之律同意。雅典律。凡民。為有資格國民六千人所同時共指為有罪者。其獄雖供證不備。可以決也。至於羅馬。則欲斷疑獄。必大會國民。公同出占而後可。此為國民特有之便利。其法由來舊矣。顧法家凱克祿則猶非之。彼謂一法之立。將以加諸通國之民。不宜因時地而有所易也。使緣一事而可為特制之律。是前法不信矣。何可哉。而不佞則謂。國家行法。雖在崇拜自繇之國。固有經權之異施。不見古之供神者乎。像設雖嚴。而有時冪之。彼自繇亦一神也。以利國家。雖不得已而加冪焉。未為失也。

第二十節　民主國家所以保護自繇之律

君主之糾察彈劾人也有專官。至於常人。非其涉己者。則為告訐。告訐目國律之所許也。惟民主不然。苟在公罪。盡國民皆可以指摘。使行之而過。則誣衊譖愬之風興。於其俗大不利。故必為之律令。使無罪者。有所恃以自完。此所謂保護自繇之律是已。其在雅典。使糾彈之事。付諸眾議。其得占不及五分眾之一者。彈者例罰鍰一千鋌。伊思什尼以告德植方不實。嘗被斯罰。羅馬之法。誣告者。黥其額作K字。（蓋其文為誣告字之第一母。頗似華文巫字也。）以懲其妄。方其廷鞫也。告者之左右。有卒監之。蓋防其交通證人與法官也。

又雅典與羅馬律。凡獄定。法官宣眾之時。囚欲先退者聽之。此亦保全廉恥。愛護自繇之意也。

第二十一節　古民主治債之苛

同為國民。彼司契而我司徹。此其地位既不齊矣。彼之貸我者。以有財也。我之貣彼者。以無財而必用財也。然則得財而用之。吾之既無此財亦明矣。夫二者相抗之勢如此。使國家又為之法焉。以益吾之苦況。重吾之束縛。此其為境。又何如乎。

雅典羅馬二民主。古法皆許貸財之家。鬻負債而不以時還者以為奴。以復其所前失者。洎唆倫造律。知其法苛。乃令民不得以國民之軀應私負。化良法也。而羅馬之十法司。則因仍其法不肯改。雖有唆倫之事前見於雅典。不為動也。雖然。彼十法司所以罔民之政多矣。債律特其一端而已。

不中之律。未有不召亂者也。羅馬以債律煩苛之故。民主之危屢矣。嘗有人焉。身被數十創。浴血入市社。問之。則新自債主之家逃出者也。於是市之民大震動。而同時又有數十百人。脫縶而出。則債主聞變。所不敢拘者。於是國民乃登其都之神陵。請改律。不得。僅得一長官許為調護。當是時國幾亂。幸而解免。顧免矣。而長官擁眾。又有專權怙勢之虞。滿遼者羅馬之大都護也。以取悅眾情之故。欲盡釋民為債家頌繫為奴隸者。然其計不行。而法之不中如故。於是為民畫還債之法。直至羅馬開國四百二十八年。大都護因緣事機。始著債主不得私繫負家之律。先是一子錢家名巴比流者。以財貸一少年布白遼。及期不還。則繫其身。加桎梏。而欲淫之。事經告發。舊律乃廢。故論者謂羅馬以色斯篤之為惡。得國群之自繇。以巴比流之行暴。得小己之自繇也。

羅馬民之於自繇權也。往往以壓力之暴橫。而舊享者以張。是豈其國之前定者耶。夫專權之可畏。當盧孤力沙時。既見之矣。乃必以十法司亞彪思之篡斐真尼亞。始發憤而誅民賊。此一事也。債律既廢於巴比流之事矣。乃後三十七年。又有一事。其暴戾相方。於是國民退即羊尼邱崙。而新律乃有實行之力。斯亦異已。

自茲以降。貸財之家。轉以違制。致常為負家之所控。而貸者之控負家不多覯矣。其人事之遷流如此。

第二十二節　君主國傷害自繇之政

君主之國。其所以少自繇之福者。坐有政焉。於君上無豪末之利。而於臣民有邱山之害。則如不任士師。而派遣專員。以治私人之獄是已。又以其於君主無所利。故其法亦因仍而不改。夫愛重國法。樂為臣民持公道。士師大抵皆然。若夫發遣之員。則以為吾名位既崇矣。於國家有可分之利益。懷其瞻顧憂疑。此獄之所以多不平也。

當英國顯理第八時。爵貴舊族有罪。必選上議院之員以治其獄。坐是而顯理所欲殺無一全者。

第二十三節　君主國所用之偵探員

假有叩於不佞者曰。君主以一人高拱而治其國。欲耳目之聰明。則偵探員殆不可廢者與。則將應之曰。是故無賢君耳。誠有賢君。偵探員所不用也。今夫賢君之所責於其民者無他。奉法令而已。法令既行。其所期於民者盡矣。而民之對於其君者。亦過此而無餘。彼守法之民。自可視其家為神茈。（解見社會通詮。）而一己之私。宜莫有過而嬲之者。夫國用偵探之員。使所用者為正人。猶可忍也。顧以其事之不光大。端人君子。往往避之。耳目既託於小人。斯其害有不勝言者矣。且人君之於臣民。曷不可將以至誠。坦白而相任乎。必使之不自安。憂疑而怖恐者。非治國之象也。但使察焉而知其法之既行。則君位有泰山之固。若夫小己私家之事。彼齊民社會。將自為之。而為君上者復何憂何懼耶。且理平之國。民之愛君尊主。不待教而能者也。君為榮寵賞慶之源。澤之下施。皆由此始。而刑罰之猛厲。則法典之所為。其身蹈之者。臣民自不淑耳。無由疾視其長上也。是故君之臨其民也。天宇清明。無所用其慚怍。上有榮華。則其民之所與有也。下有疾苦。則其君之所惠懷也。欲知民情愛戴之深。視其倚任之情而可見。膏之屯也。其民曰此左右之所為。吾君聖明。豈有是哉。即有時而過。禍亂從之。民猶曰此拾遺補闕者之罪也。樞府執政者之所詿誤也。無徑斥其君者。身處困阨之中。苛政之下。嘗曰奈何得令陛下知此情也。可見元元之心。常以其君為不能過。而神明帝天之崇拜。殆無以加之。如之何猶察淵魚。以讒說殄行之徒為耳目乎。

第二十四節　匿名揭帖之律

匈奴之俗。所用之矢。皆有名字。所以著射者之為誰。馬基頓王腓立白之死於圍城也。其鏑有文曰。死者腓立白。殺者雅士德云。夫使有人。其告發人也。以為社會國家。此不必以飛章投之國主也。投之有司足矣。乃今不為是者。知有司奉三尺之法。於誣告蓋嚴。而膚受之愬。易行於人主耳。夫所為如此。是不欲法行於己與所告之間也。其不欲法行者。有所忌於法也。苟告人而有所忌於法。此其言尚足信乎。則屏而不之察。不得謂受者過也。是故飛章告變。必其事懸於頃刻之間。王者身危。一經有司。且不及事。下此不當察也。使告密之事。而出於正人。則必出於至不得已。不得已而為此。而後其情乃可原。若夫待匿名飛章之正道。彼康思坦兆嘗言之矣。曰使其人無自名之告者。而有隱名之仇家。法於此人。不宜問矣。

第二十五節　君主之治術

夫君主之治。慶賞刑誅。自君主出。則君權者萬事之源也。是固宜有絕大之自繇。而推行無所阻。故支那美大其君德曰天。曰天者何。則天之道是已。

雖然。君主之用權。有宜充其無窮之量而用之者。有宜黜聰塞明。而自屈其權於限域者。知臨御之際。其用權縱縮有不同。而時措咸宜。斯君權之妙用見矣。

用君主之治制。而能使其民熙熙者。其故無他。民常以其政府為寬大不諱之朝而已。小人而長國家。則其術反此。常使其民蹙蹙然。覺其身之為奴隸也。夫自其實而言之。率土之濱。莫非王臣。君主之民。固奴隸也。然奴隸矣。而為政府計。使蚩蚩者。日游於奴隸而不自知。養生送死。若竟忘其桎梏者。獨非大利乎。日為之文告曰。吾王視民。固如傷也。固痛一夫不得其所也。至於事實。則使焦然如不欲生。嗚呼。為君誠難。然亦有其易者。鼓舞獎進。使其民舉欣欣然。至於操斧斤。治髖髀。則任法而不任情。曰吾為此一面之網矣。爾小民勿自觸之也。

第二十六節　去壅蔽

與其用詗伺。而求之於隱。不如去壅蔽而達之於明。故君主使臣民欲自通於己。如登天者。非有術之治也。且其事未有不叢脞者。而姦亦伏於不可知。聞之披黎曰。（法人曾著俄史者。於一千七百十七年行世。）俄之大彼得嘗著令曰。凡國民有寃抑疾苦。欲上書自陳者。必先言之於二有司。有司而不察。乃可自陳於札爾。陳札爾有欺飾不直者。其罪死。蓋自是俄國無叩閽者。然而效可睹矣。

復案。臣民得自達於其君。此左右覩賞所大不便者也。故是法行。則必有廉遠堂高之曲說。與夫垂旒塞黈之謬談。謂其非治體者。不知人主之所忌者。察察為明耳。而非明目達聰之謂也。察察為明者。人匿不告。而我欲知之也。明目達聰者。人爭來告。而我從而知之也。一靜而一動。一逸而一勞。其於治之效大異。不可同而論之也。是故帝者諦也。不許臣民之自達。是帝而不諦。溺天職矣。尚憶戊戌之夏。詔許臣民上書。上將親覽。當是時封事日數百通。又不諳忌諱程式。於是議者以為煩。而無益於治。八月罷之。不知其所以為煩者。坐令始行耳。數月朞年。其數自減。就令不減。如德皇英帝。日皆受數百通書。言之事在人。而聽之權在我。未見其遂害治也。嗚呼。有明之世。閹寺諸奸。且不容其君讀書遠眺矣。於議者何尤。

第二十七節　君德

夫君德之有關於下民自繇。不減於其國之法典。課其功效。蓋可使人為禽獸。亦可轉禽獸而為人。使其尚耿介剛大之風。其所治而為之長者。則國民也。使其取苟賤而樂諂諛。其所聚而為之主者。必奴隸也。將欲治道之必成。而其國日強盛乎。其所與居者必求乎節操德義之臣。而有功者必賞。至於學問才藝。皆夢寐之所旁求者也。夫人主於臣民之功業才學。無所容其爭且媢也。使知重之。則與之齊。而可收之以為己有矣。民之心可以收也。民之氣不可以折也。愚賤之愛。常出至誠。故宜寶之。不當以其微而鄙之也。民嵒不可以不凜。雖降尊以親之。猶未失也。蓋天澤之分既嚴。而相距甚遠。固無所慮其褻威。呼籲之至。待之以哀矜。要求之來。處之以果決。尤當念膏之屯者。常存於遠民。而澤之渥者。僅被於近習也。

第二十八節　君主臨其臣民不可不敬

王者所不可不慎者。其戲言乎。使其謔而不虐。猶無惡也。然亦開慢易之端。至於虐謔。其於愚賤無傷。往往於王者最病。一言之加。使終身飲恨者有之矣。

至臨臣民。當稠眾廣場之中。顯然侮欺。尤所不可。蓋王者之於下也。可赦可誅。而不可以廷辱。

使必取其臣民而辱之。是其為虐於下也。雖突厥莫斯科洼之所為。莫是過也。突厥莫斯科洼之所為。特卑屈之而已。未嘗賤蔑之也。人君好行無禮。居其下者。未嘗不自恨其卑屈而賤蔑者矣。

亞洲之俗。有異者焉。雖受侮於其上。其心猶以其上為己愛。而兒子畜之。而吾俗不然。遇侮於其君。侮已足羞矣。更望絕心灰。不知其恥之何從雪也。

夫氣節自重。可殺不可辱之臣民。王者所當禱祀以求之者也。何則。惟如是之臣民。緩急乃有恃。其剛德勇氣。雖臨難。不苟免而危其君矣。往者吾法之顯理第三。嘗取蒙彭西爾公夫人之陰事而襮之。銜恨次骨。終其身為顯理之仇讎。他若支利亞。闍人那爾塞。子爵於利安之前事。皆君主所當取為殷鑒者矣。

第二十九節　雖在專制法典亦有自繇權雜用於其中

苟自其大較而言之。五洲專制之治。誠如一邱之貉。雖然。以人事之不齊。或宗教之異尚。或風俗之相沿。或鄰國之師資。或王者之喜怒。遂使立法寬猛。樊然不齊。此又可得而微論者。

是故立政之原。常有所尚。質文代變。宗風不殊。如在支那。則云元后作民父母。而大食自其開國。王者即為宗師。主宣教道。如所稱迦力弗是已。

又有神聖經典。垂自太初。而永為政法所折中者。此如回部大食。則必主哥瀾。火教波斯。則衷諸咀羅斯特。婆羅門法典。大抵原於四韋陀。而中國六經。為千古不刊之典訓。雖宗教崇信。各事異同。而犁然有當人心之言。往往而遇。故其文為國律之所據。而其力亦足以匡拂專制之廢而有餘也。

乃至疑難之獄。理官常周咨爰度於宗教之大師。此在專制之邦。未始非良法也。如突厥之迦狄。常就商於穆拉是已。若夫重大之獄。則理官教主而外。又參以節督之辭。而後定讞。蓋理官專司民法。教主獨具神權。而節督則定之以國論。此又特別三權之分合可見者矣。

第三十節　續申前論

必專制末流之極。夫而後夫之罪可以及妻。父之誅可以累子。不然無此濫也。今夫一人被刑。為之孥者。雖不被戮。亦已苦矣。彼為之君者。雖有不制之權。獨不能容解釋營救者之居間。使少殺其怒。而惟刑之恤乎。

摩勒地維亞有善俗焉。有大臣得罪於其王。則日踵宮門。至其王釋憾而後已。蓋其人之當前。常有以殺其王之怒也。

有專制之國。例不得稱罪人之名於其王前。稱者以大不敬論。嗟乎。立法如斯。是使其君之怙過而勇於不仁而已矣。

亞加紂與紇那留立法曰。有敢為罪人訟枉者必不省。此可謂苛法矣。雖行之於專制之朝。猶為苛法也。

波斯專制之國也。然有法焉。差為寬大。則不禁其國臣民之出亡也。他專制之所為反此。視其臣民。猶奴虜也。而出奔者。又以為逋逃。波斯得此。所以使專制淫威有所減損者。以帕夏常恐其民不償逋負而亡。因不敢過為暴虐耳。

第十三章　論賦稅重輕關係自繇之理

第一節　國賦

請先為國賦之界說。夫國賦者何。國民財產身家之保險費也。彼各出其財產之一分。期於安享其所餘也。

故成賦大中至正之經。在衡於國費民生二者之間。而各籌其所不容已者。以為之程。所最忌者。以意為之國費。而以奪民生之切需。

何言乎以意為之國費耶。事起於君上之私。妄意奢心。於以求無補不可成之功績。或起於其心德之不恆。為輕舉而妄費。每見好事喜功之君相。所欲行者。不過求遂其己私。輒以為國家所不容已。遂致勞民傷財。舉國愁歎者有之矣。

民之為生也。必棄其一分之財以為公。而後有以收其餘財以為私。是二者之間。所為多寡相待之率。雖竭當國者之智計遠慮以為之。未為過也。

民之出賦也。當課之以所應出之數。不當計之以所能出之力。設計之以所能出之力。則所以為永久者。又何以待之。

第二節　富國之讆言

東方之所謂富國者。非富其民也。富其君也。以富國之可歆。遂以賦稅充盈。為國家之幸福。此極謬之論也。彼蓋見夫君主小國。介於大國之間。雖民之所出。幾於無賦。而貧乏之象。較之四周大國。苦於苛斂者。殆有過焉。故不察事實為此論也。獨不悟彼蕞爾之君主。所為賦至輕。而民猶困者。以其中無實業故。無美術故。無製造故。而終之其為四周大國所束縛而沮遏者。不可勝言故也。彼廣土眾民之大邦。有實業。有美術。有製造。而又有相傳之商律。為之保護。而平不平。是以賦雖重。猶可以支。而是小國者。終古食貧而已。何則。無生財之道也。賦雖薄奚益乎。

更有甚者。有人焉。見二者相懸如此。則倜然曰。若是乎重賦固不足以累民也。且實有使民勤業之效焉。嗚呼。是何言之謬耶。且其民之不勤。又有故焉。處重賦之國。盻盻勤勤。不足於生。已乃逃於其中。為喘息之地。向也為勤而不富。今也寧貧而求逸。夫如是之民。加以重賦。有死徙流離已耳。何勤之能致哉。

是故國之賦輕而民富者。其民之好進無窮。斂苛而民貧者。其民之心灰亦無限也。以好進之無窮。故不厲而勤業。以心灰之無限。故游閒以自舒。

視民勤惰。而加賞罰。最公者其天乎。天之所以勗民勤業者無他。以西成之與東作。有比例也。有賤丈夫焉。有貪主焉。奪天之所以與民者。則其所以酬勤惰者反。而蚩蚩之氓。所以為一生之幸福者。有其惰游而已。當此之時。國之貧富不可知。而如所責斂者之皆貧民何哉。

第三節　國有俘虜之耕奴其賦稅宜何如

戰勝得國。往往有奴耕。以籍其所係虜者。雖然。其地利主奴宜分得之。而後可以為長制。蓋亡國之民。勞力固其分。而勝家以天幸而食稅衣租。然欲其局之可長。非與之均其豐嗇。雖為之峻法無益也。

第四節　以民主而有耕奴

民主收一國之民。以為之耕。所歲納者。不可無定制。且必為之法焉。使本國之民。於耕奴之租。不得以意為增減。古斯巴達法即如是。彼知使希洛氏種民。知其稅不緣豐而益重者。其治地之勤。將不待策。又知使斯巴達之民。知所責於奴者。不能逾於定制。其風俗之淳古。自引而彌長。此斯巴達民之所以為勇也。

第五節　以君主而有耕奴

君主國之貴人。其所食采。常以奴耕。顧其所責者。亦不可以無定制。夫一國之君。其所取之財。所賦之兵。固可以取足。特其有取於民也。宜以貴人為之間接。而貴人則轉取諸其奴。苟不由斯道。將主賦之吏。日擾小民。取之務盡。彼小民力窮望絕。惟有轉溝壑而走山林耳。

第六節　以專制而有耕奴

其在專制。尤不可已。蓋專制之公侯。雖有地而時可削奪。其耕奴知主者之無常。則亦無意於治地。此地力之所以日微也。俄之大彼得。始改稅法。如日耳曼之納金。而不任物。同時所立。有善令焉。其國守之。至今勿廢。有土之貴人。總其賦於佃民。而納之札爾。地有定額。使戶口流亡。佃者衰減。其所納於札爾者。猶此數也。反是而增。賦不加廣。故貴人之於佃。常不煩擾以徠之。

第七節　無奴之國其賦法宜何如

使其國之民皆自繇。而無係累之奴隸。各享利實。猶國君之承執其主權。如是之國。其成賦不出三物。於丁。於地。於物產。或兼其三而取之。或取其二而置其一。

設於丁而賦之。則勿以財產為比例。以財產為比例者。或轉不平也。雅典之民。實分四等。歲於其地。能收五百石漿。若乾實者。出一答倫賦以餉國。收三百石者。出半之。收二百石者。六前之一。其不及二百石者。無所出賦。此為四等之民。其賦法於古稱平恕。然而非以其所收者為比例。蓋可見也。夫賦之為道。其視民產為比例也。不若視其家之所需。一民之身。若自其所需而言之。則差相等。所需固賦之所不宜及者也。過是以往。則課其所寶用者。寶用可賦也。然而不可深。賦之所可深者。其所謂饒衍者乎。饒衍而深之。不獨可足賦也。而其效且可以止淫。

以地成賦者。常為之簿籍。以著其肥磽左便之異等。雖然。是欲疇而得其實也難。雖有謬誤。吏痛癢不相關。不為之更正。則其求實彌難。不實則不平。其不平有二。不平之出於人也。不平之生於物也。夫使賦不煩苛。而所出之數本簿。民有衣食。有以自完有餘。是之不平。猶無害也。假使民生已困。其所得者。倮然僅足以資生。則不平雖微。猶足以致大變矣。

國之賦民。與其過之。寧失於不足。夫使民之所出。絀於所宜出者。

此未為病也。民之優游有餘。非社會之公益耶。反是而觀。使賦累民。而身家以困。其國未有不傷者也。夫國、民之積也。是故必民之幸。而後國幸。民之便安饒裕者。未有其政府獨貧而告困難者也。是故二者之間。國之興廢視之。將寧貧其民。以充溢其府庫乎。抑少遼緩之。使富於民者而富國乎。善為政者。固將擇於是二者之間。而衡其得失。其一者富國之始事。其一者富國之終事也。

上雖取民。而民不即覺者。其惟物貨乎。何則。以其有賦之實。而無賦之形故也。為之得其術。雖取之甚厚。而其民可無所知。其為術奈何。曰取之出貨者。而不取於受貨者。彼出貨者。知上之所取。非吾出也。用貨者實出之。而用貨者。又以為價固然。不辨其中之有賦也。史家謂羅馬宜祿。除奴價百四之賦。而責諸飾奴而賣之家。朝四而暮三。名實固未虧也。而眾狙以喜。民之蚩蚩。常如此耳。

歐洲有兩國。其於榷酒皆重。顧甲則取之釀酒之家。而乙則雜取之飲酒者。於是甲之民雖飲貴酒。若無事然。而乙之民則囂然矣。賦同所出也。異者見不見耳。

且使賦而責諸用貨之家。其煩苛可立見也。入室家。數甕盎。持一囊之物。道有吏卒焉。止而露索之。姑無論其緣而為奸也。就令無奸。其侵百姓自繇甚矣。賦未集而怨已叢。為此者夫非天下之至拙者耶。

第八節　賦稅使民不覺其術何如

賦雖加。而民猶以為價。則所加之輕重。必與價有相準者。是故物之賤者。不可以加極重之稅也。吾見國之為征也。有十數倍二十倍其本價者。則民憬然於賦之無藝矣。憬然於賦之無藝。則未有不悲己之為魚肉。而其上之為刀几者也。

況於廉物而加無藝之賦。欲如是而無漏巵。必官自售之。而民舍官莫由得其物而後可。不然。是為淵敺魚之術也。必官售之。而民購之。無窮之奸竇。又緣之而開矣。

物廉而賦重。則偷漏者利豐。賦愈重。則漏者愈不可塞。此誠物理之自然。而天之所以報苛斂也。不可塞而必塞。則必從事於峻法而嚴刑。其民乃鋌走。此盜賊之所以充斥也。

有道之國。其刑罰必中。刑罰中者。刑與罪相當也。夫逃無藝之賦。輕罪也。而治之以大不道之刑罰。非專制不道之尤。烏得有此法乎。

夫如是之厲賦。國家常使儈焉斡其權。儈之利愈厚。民之欲漏愈深。漏愈深。而民與國交益貧。當此之時。彼言富國者。無餘術也。日與儈以甚重之權。雖格殺可無論。其甚者且懂之以私刑。受者飲恨次骨。日圖以相報者。然則國之上下交離。而內訌之興無日矣。

第九節　厲民之稅

有國焉。執民一切之契約質劑而賦之。顧其為賦也。斡之以吏。立之規條。視其事之大小重輕。而定賦之高下。不知其事至難定也。非深於律令之學者。無能與斡稅者爭得失也。雖有規條。則亦恣吏之所為而已矣。徒富斡者。而不惜以民為之魚肉。可謂厲民者矣。不佞觀於各國之前事。竊以為不如為之印花。即其所用之紙素而稅之。而無分於其事之大小。當較為便也。

第十節　賦之輕重視其治制

惟其如是。故專制之國。賦不得重。而常至輕。不然。雖有地。且莫之耕已。不寧惟是。夫專制云者。民有責於其君。而君無責於其民者也。民有常供。而上無幾微之報。雖有之。又非其下所得責也。夫如是而猶多取。其於物理固不能。

且專制之君常至尊。而其民常至賤。以至賤而對至尊。其間不容毫髮過失也。故其成賦。必立之至明之法。而顯然可計。主領之吏。雖欲為之增減。而其勢有不能。地產所登成。人頭之可會。貨價之值。每百而取若干。專制之所可賦者。盡此而已矣。

身為專制之商。非有其自衞之固者必不可。專制之吏。其於上猶鼠。其於下猶狼也。況其斡稅者乎。稅非有以自衞而謹守之。必無幸矣。

第十一節　籍貨充公之法

以大較言。歐之法常平。而亞之法常峻。獨至貨物充公一事不然。若亞輕而歐重者。此其故宜可言也。何言乎亞輕而歐重耶。歐之以逋稅而籍人產也。常並有舟車而取之。亞未嘗為是也。嘗求其故。蓋使歐之吏而過。商猶易得直也。若夫亞。則以刑政二柄之合。使吏而過。商匪所得直也。假如突厥之帕夏。以非法籍商之產。商又烏從而呼愬之乎。

夫如是。故其君之著令也。不敢盡法。知其吏之豪橫。不得已為民先留其有餘。故突厥於進口之貨。一稅而通於國中。不更稅也。雖有偷漏。不籍其貨矣。而稅且無所加。支那之關吏。必商人行李而後驗之。餘無所驗也。蒙疆之吏。於闌入者不充公也。倍其所應納者而已。西域城郭。貨之過境者莫稅之。獨日本法峻。有敢闖關者罪至死。然而立法之意。乃所以杜外人之交涉。非為賦也。由此觀之。是其法之寬。乃所以容奸而止亂。懼吏之横行。而民鋌走也。（自注。日本海禁甚嚴。不得已。乃擇其二國。於歐則荷蘭。於亞則支那。設居留地以處其商人。餘則嚴禁出入。不翅俘囚也。）

第十二節　自繇與征賦之比例

征賦與國民之自繇。相反為消長。民愈行則賦愈重。愈病則稅愈輕。此歷史通例也。蓋其理由於自然。殆不可易。試觀英倫荷蘭。漸降而至於突厥。此例之行。顯然可見。瑞士之民自繇矣。而無所出賦。此若為變例者。然使審而得其所以然之故。則適足以發明吾例。蓋瑞士山瘠之國。民生極艱。而戶口甚眾。若言其產物之勤。彼之所費。雖四倍於突厥之所以奉其君者不止也。

勝家之民。若古之希臘羅馬。與所勝者居。例無所出賦。此又若於前為破例者。雖然。非破例也。蓋二者之對待。主奴也。非君民也。主奴非前例之所概也。

苟以所享之自繇。與所出之賦稅合計之。而得其和。則天下之民皆相若。平國之民多出賦。而復之以所享之自繇。專制之民無自繇。而所出之租賦常最寡。此謂與之牙者去其角也。

吾歐有君主國焉。其中有數部。以民政之特善。故較餘部為優樂。於是執政者曰。是可以重其賦而無難。不知如執政之所為。實旦夕謀毀其民政耳。民政毀。其民固無幸矣。即其君主庸有利乎。

復案。往者中西人士。皆怪吾國號腐敗矣。顧以賦稅論。則若獨輕於西國者何耶。覽孟氏之所論。殆可憬然於其故矣。夫歐民之出賦重。非以奉其君之臺榭游豫也。欲商旅之棣通。則道路不可不修。欲牖戶之綢繆。則陸軍不可不練。欲長駕遠攬。得地殖民。則海軍不可不廣。甚至河渠修。則免於水旱矣。樹木茂。則遠於疫癘矣。他若博物之院。藏書度畫之樓。蓋無一焉而非為民設也。事不可以虛舉。無財不可以為悅。則其需甚重之賦也固宜。而自所收之後效言之。出一錢且有百十之報。此惟至愚之民而後不肯為耳。矧乎其民力之甚厚而易此也耶。專制者。奴使其眾。虜用其民。下有常供。而上無幾微之報者也。則何怪其民之睊睊乎。文王之囿。百里猶小之。而西國之囿。則其民之囿也。使事便而力足副之。雖千里何辭焉。嗚呼。知言者慎勿以歐美之賦。例吾國之賦也。何則。二者實至異而必不同耳。貊桀之論。抑未中也。

第十三節　必何等之政府而後民不病其加賦

賦加而民不病者。其惟民主乎。身為國民。國為公產。吾有財而用之於吾國。及身之享無盡。有餘且以遺其子孫。此其樂輸。真人情耳。又以其制之便民也。故賦雖重而民輕之。

其次則有道之君主。其賦猶可以加。何則。以其政理之平。而民有藏富之事也。若以酬其君。然以其君之敬法而愛其民也。故其出之也。猶子弟之供其父母（復案。惟三代之盛而後及此。然尚遜於民主明矣。）至於專制之賦。雖毫釐不可加。加則民怨。怨甚則亂。專制之民。人奴也。人奴之奉其主。奉之彌豐。其為奴彌甚。角尖之供。皆為奴據。世有出財而求為隸者乎。固無有也。則何怪朝言加征。而民夕狼顧者乎。

復案。今日中國之時勢。所最難為者。其惟國用乎。對於外侮。武備誠不可以不修。而兵之為物。固耗國之尤者也。然則其加賦乎。夫賦固已加矣。髮捻之亂。則有釐金。甲午敗而東償於倭。庚子亂而西償於歐。為數十餘萬萬。為時三四十年。輦億兆之膏脂。所以仰事父母長養子孫者。致之海外。問所由然。則專制政府之僨事也。敲骨吸髓。所餘幾何。乃今而猶言加賦。忍乎。雖然。賦猶非不可加也。特制之何如耳。

使其參用民權。民知公產之危。雖毀私家。不可以不救。其立法也。為之以代表之議院。其行法也。責之以自治之地方。是其出財也。民自諾而自徵之。則所出雖重。猶可以無亂。然而政府所不為也。不收民權為助。曰是區區者吾將自取之。吾見其無往而不蹶矣。

第十四節　賦稅與治制之對待

頭會箕斂。奴隸之賦稅法也。故於專制最宜。貨榷市征。平國之賦法也。故於自繇無惡。其異無他。一煩苛。而一無擾而已。

專制之霸朝。其興也常以兵力。論功行賞。與其將卒以財者寡。即與其近臣以財者亦無多。當此之時。一國之地。皆新主之所有者。故其酬庸也例以地。而復其賦焉。此其大略也。使新主而言利。其為賦也莫便於抽丁。而人頭之賦。從古未嘗豐也。彼欲著其所抽之異等。常至難。吏緣為奸。人情洶洶。於新主大不利。不得已乃取其最下者以為之程。計人而不計產。此其所斂之所以常無多也。

征貨。平國之通法也。出賦之實。非商賈也。商賈先之而已。用貨之家。并於價而復之商。商代用貨者前納之於國也。由是言之。國家之取貨征於民也。常得商賈焉以為之居間。官責賦於商。商出財者也。民納賦於商。商受財者也。商斂眾民之宜出者。而先納之官。納者其總也。民具所宜供於國者。而徐復之商。復者其散也。是故使其國政平而信矼。而國群與小己之自繇交不病者。商之所代民而納者。雖甚奢不殆。彼知利之可恃。而力優為之也。英倫之酒商。每筩入國。所先納者恆不下五六十鎊金。設在回部。彼雖富寧為是耶。就令冒險而為之。群吏眾目睽睽敗矣。

第十五節　自繇之失

夫民自繇。則國賦廣。固也。而坐是之故。國家乃濫用其自繇。以政之平。而收美利。及美利收而政乃不平。以稅之可以重。乃重之而不知止。夫彼之得利。由有自繇也。乃浸假不感自繇之惠。而棄置之。轉而求之於苛法。嗟夫。使苛法能以美利與人國者。則自繇弗貴矣。

自繇生厚斂。厚斂生苛法。苛法生貧賦。

雖有東方之君。彼逢部省水旱偏災。猶有蠲除之詔令。此其所以施惠而流慶也。顧吾歐之君主不然。其詔令未頒。而民已惡之矣。何則。其所言者。皆上之乏也。吾儕小人生計之艱。非彼所慮及者矣。

復案。吾讀旁行書。其中於東方之政教。大抵多貶詞。其有低徊稱歎。謂此善於彼者。固已少矣。即如右之所云云。為支那之民。不當以之自憙者耶。於此而猶以為非。則於卑君自損之罪。又何辭焉。雖然。雅理斯多德言。愛真理過於其師。使吾援此例而為言。讀者亦察其果為真理否耳。使真理而有明。則不佞雖用此而得罪。其敢不為天下白。夫西方之君民。真君民也。君與民皆有權者也。東方之君民。世隆則為父子。世污則為主奴。君有權而民無權者也。皆有權。故其勢相擬而可爭。方為詔令。其君方自卹之不暇。何能為其抗己者計乎。至於東方。則其君處至尊無對不諍之地。民之苦樂殺生由之。使不之卹。其勢不能自卹也。故有蠲除之詔令焉。此東西治制之至異也。聞之西哲曰。西之言倫理也。先義而後仁。各有其所應得也。東之言倫理也。先仁而後義。一予之而後一得也。彼孟德斯鳩前言自繇與征賦之比例。既知賦重之生於自繇矣。寧不知蠲詔之非幸福耶。蓋將以譏誚其為君者。姑假焉以為之辭云爾。夫必非其意之所慕明矣。吾國讀之。慎勿以是而自憙也。

雖然。彼東方之民。常得此惠於上者。亦自有由。或以其政法之異。或生於風土之殊。又以其君臣娛逸之故。不必苦民以無盡之供也。其國之經費。所為亙古不必加者。以其國無新圖待舉之功也。即令為之。亦皆耳目近圖。無俟不訾之財而已辦矣。上之不煩擾乎民者。亦其自憚為煩擾也。若夫吾國之財政。雖有聖者。莫能為之定額明矣。每歲國事。常有其不可前知者興焉。則又烏從與其民為不變之定額乎。

歐洲近世之俗。國之所取以為計相者。非其善理財者也。擅巧術。深心算。精於聚斂。府庫由之而盈者。真其選矣。

第十六節　回部戰勝

夫羅馬之所以亡於回部者。無他。坐賦重耳。（自注。羅馬叔世。其賦稅之苛而無理。駭人而悖謬。其史具在。可復案也。夫安那斯答壽至欲於人之呼吸起征。其他又何道乎。）其君主之貪饕無窮。則百變其術以漁其民。而回部之貢助雖重。猶簡徑易行。不為吏所苦。是故其末流也。民寧服於夷狄之君。以取一時之喘息。猶勝將亡之國。既失種種之自繇矣。而奪其人奴之生。乃未有艾也。

第十七節　增養兵之費

禍心起而競心應。戾氣之馳。風霆不啻。則今日歐國之競於養兵是已。夫增兵練甲。非獨一國所能為也。甲國倡而乙國懼而隨之。且加甚焉。終之無濟。徒為天下病而已。方其言練兵也。一若立有滅國絕種之災也者。而其所以和平者。無形之戰已耳。歐之西有三大國焉。即其時勢而言之。則皆天下之窮子也。地大物博。商業之通徧五洲。而吾國之貧如故。且俄而其民將皆兵矣。是由文明而變韃靼也。強國之王。雇小國之民以為傭卒。未已也。則歲輸金繒。以結其聯盟之與國。凡此之所為。皆無異輦國膏脂而棄之耳。何補焉。兵常廣。賦亦常加。其弊且不可救。何則。彼之所為。未嘗計民力也。則無異竭其力以與國之母財戰耳。賦稅之源。關征之入。方其求財。則盡所有而質之。用非常之策。以自致滅亡。嗚呼。雖鄉曲無賴少年。典祖宗田宅以償博進者。其所為不如是之已甚也。

第十八節　蠲除租賦

東方帝國。知部省之民已困。則詔蠲錢糧。豁除逋負。此西方君主。所當倣行之仁政也。夫西國固亦有為是者。而其國乃益困。何耶。彼蠲之於一方者。而不蠲之於全國故也。王用之數。常自若而不可少。甲鄉而病。其所減者。乙鄉未病者之所增也。彼減者未甦。而增者固已困矣。是故其民常困於二難之間。畏催租之逼。則賦不可以不完。而既完之餘。將又有其益至者。此其民之所以不聊生也。

夫善理財之完國。未有不於歲用之餘。為之儲待。以備不虞者也。國與私家等耳。私家於歲入盡出無餘者。其終必大困。而國之為道。寧異此也哉。

將欲救一方之民。乃或曰是之告甚病者。不必信也。安知彼之非合以欺其上乎。雖然。善為國者。未嘗以無據之疑。倜然行不道之政。以自危其國也。

第十九節　將於上下兩無損賦之收也。將斡之以牙儈乎。抑監之以使官乎

斡之以牙儈。自不如監之以使官。國主賦稅。監以使官。無異私家田租。以家主親司出納。無所糜費。而事有定程也。

由是國主之於賦政也。可相時而為之檢發操縱。酌乎國與民二者之所急。而為之平法焉。由是而牙儈之中飽免。牙儈者徒損國以肥其私者也。由是國中少為富不仁之家。暴發非分之財。而為國人所側目。由是而賦稅可徑入於國藏。以曲折之少而侵漁者希。亦由是而國無厲民之法。不至斡以牙儈。使法令若牛毛。取快目前。而不為其後嗣計也。

富者不與勢力期。而勢力自至。是以斡賦之家。聲生勢長。乃至有以

左右其國主。亦等閒事耳。夫斡賦者。特駔儈耳。非立法議制之人也。然其權力。常有以使立法議制者。

國家新立一稅法。使人斡之。固亦有其利者。彼以其利害之切於其身。故其為法常密。監稅官吏。遠不逮之矣。雖然。使先斡而後監之。於國固甚利也。英國之縱容稅。郵政稅。皆先斡之以牙儈。後監之以官吏者也。故皆法密而少漏卮。

民主國稅。大抵皆政府自征。無一斡者。羅馬所為反是。遂至敗壞不可收拾。是以雖在專制。但使賦政得宜。下無中飽之牙儈。則其民亦可以息肩。觀於波斯支那。可以徵吾說矣。最病民者。國以市埔發租。以收其賦。此與斡稅理同。歷考古史。凡君主國以斡稅而民不堪命者。蓋不止一二書矣。

宜祿之帝羅馬也。以斡稅者之暴橫。乃不恤國用之無從。而下蠲除一切之令。惡主有善制。此類是已。然所惜者不知變斡而為監耳。其令曰。凡前此之禁令。所為牙儈而設者。舊皆閟之。今則悉出而布於眾。使咸知之。又凡前去一年之租賦。當悉罷以便平民。特置臺官。以糾察斡稅者之無狀。得置文法從便宜。終之國中商賈舟車。皆不復算。夫烈風雷雨之秋。往往有一二日之晴旭。宜祿此令。固不得以其素行無道而短之矣。

第二十節　斡賦之牙儈

夫牙儈者。賤丈夫之業也。故富有餘而貴不足。假令而貴。則其國將滅亡。此在專制。猶或無害。專制治民之尊官。往往皆儈而已矣。至於民主。則必不可。必欲用之。可以鑒於羅馬。君主以榮寵為精神者也。使其貴儈。其精神先亡。將使名器大輕。一切所以旌異其民。而其君所恃以厲世摩鈍者與俱去矣。何則。彼之所行。與其所以立國者。相背馳故也。

古亦有處污濁之業而驟至高貲者。則史中所紀五十年戰之所為也。乃在當時。人用為誚。而今之俗。則相率而豔之矣。

嗚呼。生民所業不同。而所尚亦不同也。斡榷之儈。所業者財。所尚者富。世家貴爵。所結想者。事業功名。好爵榮譽。方其為求。雖性命有不惜。若夫盡瘁事國竭心思手足之力。夜以繼日。視國之利害若己私者。此古今所敬仰。而稱道弗衰者也。

第十四章　論法典與其國風土之對待

第一節　此章大意

以土地之肥磽。天時之舒慘。而民之心靈情志。隨以大殊。夫使此例而信。則法典之從乎心靈情志而異者。不得不因風土而異明矣。

第二節　民以風土不齊而氣質輒異

萬物遇寒則縮。遇暖則伸。是故氣寒則民之腠理蹙。而肋糸（糸音密。至細之絲也。與系異。）之韌性亦增。既蹙且韌。故血之周流亦易以速也。然則所以使之遵緊堅彊者。即此使縮之寒而已。氣暖者反是。陽精發越。支糸弛縱。是故肋緩體柔。而精力減。

寒國之民多勁悍。以其氣之高寒。其心之鼓血。其四末之迴血。周流開闔。皆較溫土之民為遒。以血氣之利通。故其心部亦強而不病。夫心者統血之官。而人身之主藏也。使此而強。其利眾矣。約而言之。則其人勇德之盛也。自視貴而度量閎。則接物恢疏。不記嫌怨也。有自恃無畏之情。故寡忌諱。薄猜嫌。有耿介之風。無小慧之好。凡此皆人倫難常之美德。而若人獨富於天秉。聞者疑吾言乎。則試置一人於曲房溫室之中。久之將頭涔涔然。或欠伸而欲臥。當此之時。有旁人者試進之以冒險敢為之事業。吾意其言未易以得當也。蓋受者方處於形神最憊之時。故其意必疑而多畏。是故熱帶之民。如老夫。其於行也。常長慮而卻顧。寒帶如少年。其入世也。每喜事而有為。試觀近日之戰。（自注。爭斯巴尼亞之傳位。）此其事猶在吾人睹記之間。非若古事之疏略。不見北土之民。遣居南國。則其為戰也。必不若處北之有功。則吾前例之驗者矣。

北民以肋糸堅強之故。其腸腑所出之漿液亦粗。由是而二效生焉。其周身之白液。（西名林肥。或譯明汁。）以其積冪較廣。於長養肌肉為宜。而又以質粗。故不足為腦絡涅伏之利用。夫肌肉進則體豐碩。而涅伏失養則腦力衰。此北方之民所以多壯佼。而以云機智。則大遜於南人也。

涅伏者。發於腦海。而彌綸周身者也。方其及膚。則相結而為紐。自其大數而言之。則涅伏固不動。動者特其中之少少許耳。處於溫土。膚弛而竅張。故涅伏諸紐。居其身際者亦然。由之而感覺最靈。微觸輒動。其處於寒國者不然。膚閉而竅合。涅伏之紐。大半痿凝。是故覺力達腦為遲。必大感動而總至者而後覺之。今夫人心之用。如懸想。如賞會。如感激。如機智。皆視此感覺之靈蠢遲速以為多寡淺深者也。然則南北民才之異。又可見矣。

間嘗取羊舌之尖而察之。舌上簇簇種種。有所謂胎者。是可以裸目（凡不用管鏡窺物者。謂之裸目。）得也。諦以顯微之管。則胎上茸茸可見細毛。而間胎而見者。又有無窮之稜柱。下壯上鋭。其末如鉗。意是稜柱者。其別味之器乎。

已以取舌之半。寒之以冰。則其胎大減。此又裸目可見者也。其胎之減。非滅絕也。胎各有室。因寒而縮伏於其室也。更取顯管以驗舌尖。則向之所謂稜柱者不可見矣。旋復溫之。稜柱又稍稍出。即涅伏之紐。亦可用顯管而得之。

由是而推。可知不佞前言之不妄。寒帶之民。其涅伏當膚之紐。多縮而不舒。往往伏於室穴之中。而難為外物所感觸。此其覺悟之靈警。所以不逮溫帶之民也。

復案。由此可悟堯典命羲和分宅四表。既言候日測景之事。必兼及其民之析因夷奧者不徒然矣。

是故高寒之國。其民儉於樂方。所以怡情者寡。至於溫帶稍增。而熱帶輒流於淫佚。今夫言風土者。多以北極出地之高下為殊。而使以人心情感之濃澹分之。亦可見也。吾嘗北遊於英倫。而南及於義大利。適有遊歷樂部。以一曲而歌於二都會之中。伶工詞曲。宮商科介。靡不同者。顧其效驗。於觀聽者乃有大異。北人澹然而寡悰。南人讙爾而神動。其為感淺深。有不可思議然者。茲非其明驗歟。

復案。如右所云云。其所以致然之原因多矣。孟氏徒以其地之南北寒熱當之。其例必易破也。今夫義大利美術之國也。而英吉利實業之民也。以二者而同為選舞徵歌之事。不待問而知其賞會之不同矣。又況宗教之通介不齊。風俗之和峻異等。凡此皆使相差。不必盡由風土。不然吾國燕吳分處南北。其地氣寒燠。較然不同。而不睹所云云之效者。獨何歟。

樂方如此。楚痛亦然。夫楚痛非他。體中肉系。有所綻裂。而涅伏之靈。傳達入腦。使覺其所不勝者也。造物之宰。以是為生之反也。故為之大法。使腦海覺痛之重輕。與肉糸綻裂之大小有比例。將使有生者。知緩急之救也。夫體碩糸粗。其受綻裂也。固難於體纖而糸弱者。是故南人之覺痛。常比北人為深。而性情之勇怯仁暴。從而判矣。時諺有之。莫斯科涅民。必生劙之。而後有覺。即是謂也。

復案。此例則驗於吾國者也。北方之民。有混星者。其受刑也。義不呼謈。窮極求財不可得。或斷腕刲肉。以驚人得之。凡此皆南省至不常有之事也。往者英將戈登統長勝軍。佐李文忠公削平髮捻。生平最喜吾國士卒。以謂其兵材遠勝歐美。且扶創雖劇。在歐卒為無望者。吾卒多不死。此其故有二。不畏楚痛一也。習於蔬穀。其血肉方之肉食者為疏冷易復。二也。大抵文明之民。其歉楚痛。常不逮於質野。吾見北方小民。遇鄰境有戰。彈丸如注。輒伏天然遮蔽中。狙伺少間。出爭擷拾之以易為利。此其心何嘗知有險易者乎。

南土之民。以其覺根至靈之故。其情感於男女之合常最深。而最易動。血氣方新。若生人捨此他無可樂也者。

北土極寒。重裘累裀。其動人情慾者。常伏而不露。民不見可欲。故其情亦易持。平和息土。男女之好未嘗無也。然常附之以無窮之節文。雖或至於失真。而禮由之始。乃至暑溽之土。其民舍是無以為娛。是以即事可欣。視若性命。雖放蕩流失。不知反也。

總之南土之生。質器脆輕。而感情醲至。是以愛根至重。捨閨闥而外無樂方。甚則廣田自荒。而女德多莠。戕殺之禍。興於媢嫉。此其生之以不安也。北土之生。其機體偉碩。而覺根遲重。故其行樂。必震撼激昂。其神始快。是故畋獵戰鬬。醇酒壯游。皆其事矣。今使吾法之人。行而北首。將所遇之民有敗德矣。而美俗亦滋。慷慨誠篤。其天性也。轉而南行。則所遇大異。一若前之禮法。皆屬虛拘。而色荒獨至。一切惡行。皆由此生。若夫中和之土。其民幸矣。顧不恆其德。亦承之羞。不獨其善之難恆也。其惡亦猶是。蓋風土遷易。不能陶其民品以歸之一塗故也。嗚呼。中無所主。而視外為移。此人道之所為足閔也。

有時生於極炎之國。若中衡赤道之區。則雖使其民心力身能。薾然盡萎廢可也。始於肉體。終於心靈。由是而好事之風。冒險之氣。與夫慷慨大度之情。舉以不見。主於靜受無所措施。逸豫惰窳。以為至樂。而以用心為生人最苦之事。故寧長處奴界之中。依人作計。若使奮發有為。強力自繇者。彼方掉頭掩耳。以為非吾事矣。

第三節　南民之變例

印度者。天生怯懦之民也。故達韋尼曰。百歐之卒。可以摧千印之卒而無難。往往以歐人處於印度。其所生之子女。亦失其種之勇德。然則前例之不誣。可以見矣。所以不可解者。其中宗教禮俗之事。又復至為慘酷。鈎肉貫體。甘之如飴。其寡婦殉夫。以自焚為節義。以素怯之民。而堅忍如是。則又何說焉以通之。

復案。夫國兵之強弱。其故多矣。持一例而概之。未有不失者也。因於風氣。因於宗教。因於種性。因於體力。因於教育。而最重者又莫若其國之治制。吾嘗見夫鄉民械鬭者矣。約期之日。妻勗其夫。母誡其子。黎明而起。為之庀械具饔。若非勝則無以相見者。何則。其所與戰者公敵。而亦私仇也。且其死鴻毛耳。而勇往如是。國家之使民戰。生則有賞。死則有名。其樂趨敵。宜相萬也。乃卒多委之而去。若無與者。此其所以然之故。寧不可思而得之歟。

今夫天之生此民也。固賦之以弱榦。是其所以怯之因也。然亦予之以甚深之感念。而妖巫神鬼之說興焉。其畏死固也。而以其思想之冥。將有無數物焉。其可畏過於死。是故方其迷信。難赴火趣湯。有不憚也。猶兒童之待教。急於腦力既足之成人。如是之民。其有待於善治。且過於文明之歐國。蓋民之感覺愈靈。其所以感之者愈不可以不慎。慎之非他。明之以誠。養其是非之心。充其思辨之能。使無入於妄而已矣。當羅馬之世。吾歐北部之民。靡所謂教化者也。無藝術。無庠序。甚且無法令之行焉。然雖愚魯。而終以其簡質樸健。不為靡靡者之所污。逮夫羽翼已成。乃出於森林之中。而叔季之羅馬。當之碎矣。

第四節　東方諸國其宗教禮俗德行法令不變之由

東洲之民。以根器輕靈之故。其受感於外物甚易。然由此其心之能力亦衰。多所靜受。少所奮發。是以神明之地。常有其先入者以為之主。一誤之餘。求其天明內振以自拔於所誤者。蓋不能矣。此所以其國之法令德行風俗。甚至不足重輕之事。如衣飾者。皆一受於前人。不變以終古。有遊其土。所見於今者。大抵皆千歲之所流傳也。

第五節　善為治者有以救風土之偏。不善者從而益甚

印度之民。以寂靜空無為萬法本始。又為萬法究竟。故其為教也。亦以寂滅為極樂。而人道所求在此。南掌之民。亦謂息機寂靜。為圓滿之福相也。

獨不知其所處國為炎墟。以其熇炎。而體疲力散久矣。是土之民。固宜樂靜而惡動。故其為教。若出自然。佛者印度之法王也。乃其為教。不思有以救其風土之偏。徒本其一心之所欲者。使之益甚焉。又何怪其民之不振乎。故佛道者。懶道也。頹然自放。而人道無窮之弊生焉。

復案。孟氏以此攻佛。可謂不知而作者矣。佛道脩行之辛苦。其所以期其徒之強立者。他教殆無與比倫也。

若夫支那之聖人。所以為其民立法者。勝佛遠矣。其言曰。仁者先難而後獲。又曰務民之義。故其為國也。於宗教哲學法典。皆素位躬行之

禮。而無出位之思。蓋彼知息土之民好逸。故極意使之為勤。以救其弊耳。

第六節　熱國之田功

力田者。人事之首務也。熱國息土。其民惡勞。則為法者。必使力趣於勤。而後有以皆救。乃印度之法。一國之土。悉籍於王公。而民無立錐之地可以致力。是以其民因之愈惰。此實助形氣為虐者矣。

第七節　僧徒蠹國

多僧之國。其為弊同前。溯厥所由。亦以東方燠國。民憚為勤。而樂遐想故耳。

是以亞洲僧道祆巫之眾。輒隨其土之熱度而增。印度最熱。故其數亦最多。歐之神甫祭司。其所以為眾寡亦然。

今欲救風土之所偏。則其立法也。正宜使惰游之民。其勢且無以得食。而吾歐南國。所為法正反此。不耕不賈之民。名曰薰脩。但為逸耳。彼則與之以名勝之地。畀之以甚厚之貲。彼食之而有餘。則徹以惠養小民之無業者。民無恆產。得僧之惠養。而其身可以不勤。久而成習。彼且以貧賤為可樂。其國安得而不病乎。

第八節　支那善制

支那歷代帝王。皆有籍田親耕之禮。時節既至。有司奏儀。帝躬執耒而三推之。其所為隆重若此者。示食為民天。穀為食主。所以曷通國男子。知力田也。

又力田之民。使操業特優。有司歲貢其名於朝。則錫以八品冠帶。以優異之。

波斯古之王者。常於某月名差林魯支者（農月之特號）之第八日。撤從衛。去鑾儀。獨之田間。與其國諸農會食。是其所行。與支那耕籍之禮同意。亦以勸稼穡也。

第九節　獎勸實業之政

夫惰民常驕泰。此其所以然之理。不佞將於後十九章明之。今之所言。特明上之人可因其驕泰。去其惰心。此用果破因之術也。何以言之。譬如南歐之民。絕重朝廷之榮寵宮爵。此驕泰之情之見端矣。顧使用得其術。即有以摩鈍而起慵。如擇力田最著者。實業最優。有所制作。肇行新法。足以為農若工永遠之利賴者。則為之明揚而激賞之。使生其向慕。近者愛爾蘭之民。有造織麻之機。成歐洲最大麻業者。膺其國之特賞。即由此術者也。

第十節　防民湛湎之政

溽暑之國。其人以多汗之故。血中之液易亡。亡不可以不益。其益又以水為最宜。（案當孟之時。已知血中有赤白二輪。膠質之細縷。其餘黃水而。）故其飲尚漿茶之屬。試用醇醪。以其性熱。將至血輪乾枯凝皾。而大病生。

復案。霍亂之所以為險症者。即因血中之水盡泄於大腸而血輪成塊之故。故其症常呈指螺下陷諸象。而小便見即可得生者。以水回血中乃有溺故。

塞沍之國。其民不汗。而血多液。故利用醇以鼓之。否則水以寒而血亦凝矣。（復案。故凍死之人其色青。與以火酒。常得活也。）是以其民好飲。酒行血動。其體乃和。

故穆護默德倡教天方。以飲酒為厲禁。實則穆護未出以前。大食之俗。已飲水而不飲醪。何則。其天時固宜是也。加達支居地中海南。為至燠之國。故法亦禁酒。是二國之所為。蓋不期而合者矣。

使處寒帶而張是令。則為失其土宜。北民易流湛湎。猶南民易流於媱。二者皆自然之所使。故其事動成風俗。異乎一二人之偏嗜。自其大較言之。民之嗜酒。與風土之寒溼有比例。由赤道而之二極。其民之酒失。隨緯度而日增。北歐之芬蘭。南美之護登都。皆以酒醴為性命者也。

夫使酒為其風土所不宜。則狂飲必足以致疾。夫然雖施之以重罰。誰議其非者。獨至風氣沍寒。則飲酒而醉之事。於小己為不多見。於國群尤所希聞。極酒之弊。不過使民遲鈍蠢愚而已。至於發狂。則猶未也。故其立法。於醉酒而害。分別加罰之。律常加於小己之一身。而非其國群之通法。日耳曼人之於酒。俗也。斯巴尼亞之於酒。癖也。癖關於小己。而俗則係於國群。

復案。右之所言。考之於所見之事實。亦不盡合者。夫使酒為風土所不宜。將其民之酒失自寡。雖不為之法令以禁減之。猶無害也。使酒而宜。將民因其宜而至於過。故今日五洲民飲酒而病。妨衛生。害種嗣者。多見於寒國之民。而燠國無此事也。中國之飲酒。雖醉不獨無罰也。且為騷人墨客之所亟稱。以為可得酒以全其德。如劉阮李杜之所云云者。使以示英吉利日耳曼之人。吾不知以其語為何若也。中國之民所病者。非酒也。蔦也。鴉片也。是於其風土政教。亦自有其相召者。非偶然也。是故酒之禁。當在北而不在南。鴉片之禁。當於右文之民。而不在尚武之國。孟氏之所云云。夫非適得其反者耶。

國土熇炎。腠理鬆散。其水液之所出多。而渣滓之所祛少。今夫人身。一方死方生之局也。故者時去。新者時增。其渣滓少祛。實緣肋糸不強。韌力微弱。經用不多之故。經用不多。則其待補苴亦寡。用物之精。少許已足。此其人飲啖之所以無幾。脫為有餘。反以成病也。

是故國以天候地氣之不同。而民之資生各異。資生異。故飲食居處不齊。而其國之法律亦從而不一。四通之國。與夫深山窮裔。老死不相往來之民。其為政豈可同術也耶。

第十一節　為風土癘疫而設之法律

史家額羅多圖言。猶大風癘之律。本諸埃及。蓋病同者。其治療預防之法亦同也。希臘與羅馬之初。其國無此疾。故無其法。埃及與巴勒斯丁之風土。其政皆所不容已。覩其疾傳染之速。然後知其法之不徒然。而為聖智者之所立也。

法蘭西於古為高廬地。亦蒙其法之影響。蓋自十字軍沾被此疾而歸。

其所以不至為國大災者。即賴師其律令耳。

義大利之有癘人。蓋先十字軍而已然。此可考狼巴邸舊律而知者也。羅達栗思令民患癘者。皆去其鄉。別闢地居之。雖有產業田宅。不能主執。蓋自癘人去鄉之日。自國律言。同於已死。其不得自主產業者。以與社會斷絕往來。不能為一切授受故耳。

世傳羅馬大都護滂壁之勝敘利亞而歸也。其軍中有沴疾。與癘無異。然未聞羅馬當日政法。所以待此疾者為何等。竊意其時必有所措注。蓋自是以後。直至巴邸之時。未聞之疾之廣為民患也。

又有一沴疾。為二百年以往。吾洲之所無。嗣是有之。乃由新洲傳此。遂成生人至酷之禍罰。歐之南國尤多。往往巨家患之。以其常見。民之畏惡。減於前時。不過以為篤疾之一而已。嗟乎。溯吾民所由得此。寧非金銀為之媒孽也耶。以逐金銀故。歐之赴美者。日以益多。洎其歸也。則每挾惡疾與俱至也。(或曰。美之有此。非美所本有也。斯巴尼亞人挾是疾而布之於南美。由是而轉相尋耳。)

宗教家謂天罰無妄至者。此其說似矣。顧其毒往往致之其妻。延及種嗣。夫小兒何罪。奈之何任其蒙此而不救也。

且保衞民生者。為政者之天職也。為之法焉。若古之摩西。使免於相傳之酷。未始非仁智者之所有事也。

猶有所謂黑死核瘟者。其延及尤速。埃及得之最先。由是沿緣徧五洲矣。今歐國所以待此災者。大抵至善。一鄉有此。則使卒守之。猶圍城然。不得妄出入。此其所以為拔本塞源之道也。

獨回部突厥之政不然。彼見景教之徒。雖與同城。不被傳及。而死者獨彼族人。乃轉買病人之衣而服之。起居出入。若無事然者。蓋彼法篤信死生前定之說。故其心無畏。而為之上者亦袖手而觀。無所舉措。有叩之者。且曰是天災之流行。於人力乎何與。人之所為。順受而已。吾不為不祥之禁也。

第十二節　自殺之禁

古羅馬民。無無故自殺者。此可得之於其史者也。乃英倫之民。每自殺而莫得其所由然。往往身居福澤富貴之中。而亦為此。竊謂羅馬以教育之善而致然。其民義國俗。不容為此。至於英國。則風氣之戾。民為所轉而不自知。夫非他有因由。使惡生而樂死也。（自注。英民血敗則致鬰疾。病者得此。每不自聊。而喜怒哀樂無常節。是或其一因也。）

必求其故。則恐由於腦液不足之故。通體機關。失於運動。令人起無俚之思。其精神魂魄。固無病也。而時時有厭生之意。今夫百體之中。使其人有一方可指之痛楚。則治療之。而其病良已。獨至惝怳愁悲。不可名狀。則其人以生為附贅懸疣。以死為決疣潰癰。而戕生之事起矣。

有國焉。本其教育。著之律令。以自殺為天下之賤行。其為是必有所據之理明矣。獨若英國者。使禁自殺而懸之以誅。將其所誅。必在風狂之後果。在風狂之後果。猶無誅也。何則。使其人不狂。固不自殺。既自殺矣。則其人必狂。天下去有畏誅之狂人。雖施之以身後之罰。又無益耶。

第十三節　英國風土之所致者

其國以風土氣候之特殊。至使其民漠然。無一可忻。甚且並其生而厭之。如是之民。夫亦可謂難治者矣。然則其治之之制也。將必使之不得致所不快者於一二人之所為。且極其趣。非治之以一姓之人也。而實治之以一宗之法。夫法不可仇也。彼或不耐。而欲易其治者焉。則必易其法而後可。不易其法。其政府常如是也。

又使以其風土氣候之殊。致其民無持久之恆德。常厭故而喜新。與為陳陳。則不可耐。夫如是之民。與之以若前之政府。乃為最宜。

夫所謂無持久之恆德。與夫其不可隱忍者。其初固不必甚可見也。顧使有勇德焉。挾而與偕。則甚可畏也。

且吾所謂無持久之恆德。與夫其不可隱忍者。非輕剽疾迅之謂也。輕剽疾迅之民。其起也不見首。其止也不見尾。舉不得其因由。而英之民不如是也。其不持久。其不隱忍。固也。而其心皆懻忮。其氣皆木彊。其懻忮木彊何也。久於艱難危苦之中。深喻生人之憂患。在他國以久習而相忘者。在彼以身受而愈厲也。

夫為自繇之國民。而有如前之性質者。其於摧陷奸人之霸政常最宜。奸人之為霸政也。如虎之狙物然。其始常遲緩而恇弱也。其終乃奮迅而猛鷙。其始若伸一手以為援。其終乃舉百臂以拊之。此霸朝之所以建。而奴隸之所以多也。

噫。奴隸乎。奴隸乎。奴隸未有不以酣睡為之倀者也。今乃有民焉。操危慮深。其身若無一地之可安。若無一息之可逸。國之所處。民之所居。無一逃其耳目手足心思者也。而所見者。又無一焉而非天下之至苦。夫如是之民。雖或搖之使為酣睡。難矣。

夫智計之於成功也。其事若井榦之綆然。日所為割。固至微也。鍥而不舍。雖石梁之斷有期。而茲所論之國民。不如是也。不安於久待。不屑為煩碎。而諷議商榷之紆餘延緩者。又其所不能為。使其為是。將他民所能得者。彼不必得也。是故使有所得。恆由武力。不由文事。

復案。孟氏處十八稘之初。其所見之英民如此。顧至今觀之。欲得其詞之所指難矣。雖然。孟氏之所見者。革命更始之民也。自革命更始而言之。豈獨英之民有如是者。若使處十八稘之末。其所見於法民者。亦如是而已矣。吾譯是章。所深感於其言者。彼謂酣睡為奴隸之侲。此其言與大易之稱苞桑。孟子之言憂患。何以異乎。

第十四節　風土餘效

法民本種。出於日耳曼者也。其中風土有以平人民之血氣。嗜慾既淺。而感情亦微。以是之故。其初民之為刑律也。往往據目所可見者。為之重輕。過斯以遙。非所論矣。雖然。此據目所見者。施之男子鬭毆。取瘡痏微鉅為程。猶可說也。至於傷污女子。重在情節。不可行矣。故古阿盧芒（日耳曼種人號）律。於此等事。最為千古笑端。如其律云。有褫婦女之衣。露其面目者。當罰金五十穌。露其足至膝者。罰同前數。過膝以上。所罰倍之云云。此其定污辱婦女之罪。直若幾何家之算三角形冪積者然。其為可笑甚矣。蓋彼許之律。僅識目所可見者為有憑。至於辱之重輕。所謂罪之情節。事關思想。非所及矣。雖然。洎彼中之民。流徙南土。如斯巴尼亞等處。則前律遷地弗良。有不容不變之勢。故威西峨特律。禁醫士割刺平民婦女。必其父母丈夫兄弟子女在前者。不在此論。可見國家造律。世重世輕。大抵隨其地之人情以為變。使其民魯。其律亦質。使其民刻者。其律亦精也。文質升降。繫於風土者亦多矣。

是故威西峨特種民於男女之別最嚴。顧其造律也。本於弼教正德之意寡。而主於報私復怨之意多。則如犯姦男女。使為本夫或其所點辱親屬之奴婢也。又云平人婦女。與有妻男子通者。情得。則以與本妻。聽其處置。又主母犯姦。雖奴婢許其捕捉。以獻主人。甚至以子女而訐其親。刑鞫犯姦者之奴婢。令其廷證。法皆許之。諸如此律。雖有以嚴男女之防。顧以為中正之法。則失之矣。故斯巴尼亞野史。載於利安子爵。以其親女見淫某王之故。謂必弒主傾朝。而後洩憤。而後卒賣其君於摩洛戈。而摩洛戈以回部奄有斯巴尼亞。歷世不墜者。亦以禮俗刑政。與其所勝之民合耳。

第十五節　法典寬嚴本於風土者

日本之民。以風土之使然。懻忮乖張。故其國法常嚴。而其君若吏於民。無所信也。主以刑罰立威而已。凡民所為。一舉踵移足之間。皆奉法吏所得察者。是故族有五長。常以其一為之正。而使監其餘。一人被辜。重者則其族為之連坐。蓋立法之人。其任民之意至淺。所必為此相監連夷之法者。以必如是。而後有以繫累其心。使重犯法。又以相及法重之故。其民常相督相疑。而後姦無所伏耳。

而天竺人民。其性質乃大異。柔良和易。而悲閔人。故其土之政家。亦主於寬大。而與民相任。其刑罰疎簡而輕。且多縱舍。諸父之於猶子。保傅之於孤兒。無異吾歐之父子。其裁判傳襲也。但使承業者為無忝。法不更問其餘也。蓋其俗以為人道為交。舍推赤心以置人腹。信其天良。必不吾負者。無餘術矣。

印度雖有奴隸。而復其人之身則甚易也。為謀昏嫁。待之如己之所生。嗟呼。以水土風氣之中平。使生其土者。懷刑而自愛。主治者馭之以寬法。常較他國之重典而有餘。夫非世之幸民者耶。

第十五章　論國有奴制原於風土

第一節　民間奴婢

奴婢之制何。定名正義。對於主人而有者也。主人於其性命財產。有無限之權利者。真奴婢也。故天下之奴婢無善制。不獨害於奴婢也。於其主人尤無益。其害於奴婢何。待之不以人理。彼將不以人理自為。故無一事焉而用其天良也。其尤無益於主人何。以其於奴婢惟所欲為。故常喪其人德於不自知。嚴酷卞躁。放恣頑嚚。皆以有奴階之厲矣。

小己謂之主奴者。國群謂之君臣。專制之國。其君臣無異於主奴。故其視奴婢。若天經人紀之固然者。異於他制矣。當此之時。人人得有其性命。與其所以為活之資。夫已甚幸。故其云為臣為民。即無異云為奴隸。又何惡乎。

獨至有法度之君主。其國以榮寵為精神者也。以榮寵為精神。其於臣民。務略存其節操。而後緩急有足恃也。是以其國不宜有奴制。乃至民主。以平等為宗。賢政雖不盡然。而其立法也。宜以平等自繇。為之祈嚮。則奴婢尤與其道相倍馳矣。假使有之。將使私家之權畸重。是則其制所大不利者。

第二節　羅馬法家之視奴制

夫奴婢者不仁之制也。顧孰知其制之始行。乃起於人心之惻隱乎。蓋見於歷史者。有三焉。

其一、則起於戰勝而有所俘。其始則殺之而已矣。既而有禁其殺者。乃縱其眾收之以為奴婢。次則羅馬之律。責逋至嚴。子錢家虐用逋者。殆不堪命。故法許逋者之自鬻。三、使父母而為奴婢矣。其子女不可以自存。必為奴婢。乃得所養。此奴之子所以常為奴也。

復案。中國奴婢之原。似稍異此。其字古為童妾。皆從辛。辛罪也。然則古之奴婢。皆罪人輸作入官。若三古之胥靡。漢律之左校。今之披甲。與西律之苦力是已。而戰勝之俘。名為纍虜。則秦漢以後之事矣。

雖然。是三法者。皆非道也。夫兩軍相加。勝負互有。無必殺之理也。公法殺敵。必其事之不得已。而後為合。乃今既可縱之以為奴矣。則其非不可不殺之俘囚。灼灼明矣。夫既不必殺。則雖勿殺而奴之。亦非仁也。總之兩國交綏之頃。其彼此所得加於俘虜者。必拘其身。令不得害於本軍而止。過是以往。皆背公法。是以文明之國。於神夷血冷。殺俘屠降之事。皆所深惡而極非。等之平時之謀殺。雖在勝家。必犯天下之公憤矣。

至於自鬻為奴。尤事義之違反而不可通者矣。將自鬻者。為自繇之民乎。抑不自繇之民乎。使其不自繇。則彼又烏得而自鬻。使其自繇。則鬻必有價。方其自鬻為奴。將其人之身命財產。已盡歸於其主。誰則受此價者乎。使奴自受。則非奴也。使歸其主。是無價也。主無所出。奴無所受。雖鬻猶不鬻矣。法之論人也。皆有其己私。謂之皮鳩利文。獨奴無皮鳩利文之可論。何則。與其人之身常俱往也。且法之所以視自殺為不直者。以其為國民之身。義不可以自弛。使其國失一民也。然則彼自棄其自繇者。其為不直又已明矣。蓋國群之自繇非他。即此小己自繇之所積者。若夫民主。則至尊主權。乃此小己自繇之合。彼放棄自繇者。無異取其國至尊主權。而損之矣。是故自鬻為事。於人理輾轉為論。實無一義之可通。即購者可俱價值。以取他人之自繇。而其物之在本人。固非價值所得論者。今夫國之所以有法律者。以通國之民。皆有所主故也。有所主者。以人主物也。今乃以主者。而自同於所主。若牛馬械器之可以相售。由是則人理廢。人理廢。則國法與俱廢矣。是故一言國法。將自鬻之事不可以存。存者不可為法也。

復案。穆勒約翰曰。一人之身。可自繇於萬事。獨自繇於放棄自繇不可。蓋二義相滅。不可同居。故文明之法。於鬻身契約。向所不認。此可與前說相發明者矣。

至於其三之非法。可由前二而推言之。夫使其身不能自鬻。則安得並其未生之孩。而前鬻之。夫使所俘之囚。不可以為奴婢。則其子女之不俘者。愈無論已。

今夫國有常刑。雖取罪人之身而流殺之。且不得以為過者。以有是常刑。彼罪人平生。得其保護之功。而性命身家。有所恃以無恐故也。平生則蒙其利。事至則自毀之。藉令不誅。是法不行也。法之不行。彼之身家。且不可保。何則。世亂故也。是故殺人之賊。取財之盜。彼之所蒙之條。即其平生所託庇者。彼既受其庥矣。則取以還治其人之身。彼之不得有辭決也。至於奴制。則民之為奴者。未嘗蒙其利也。無論主奴。皆被其害。此所以奴婢之制。於人情天理。舉無一合。而與社會之所以為社會者。正違反也。

或曰奴之所伏於主人者。以常受惠養之恩故也。解衣衣之。推食食之。非得此者。彼為餓莩久矣。語不云乎。無德不報。然則所樂為之奴者。誠以受恩深重故耳。何云其逆人道耶。則不佞將應之曰。果如客言。世所畜之奴婢者。必於疲羸殘廢。不能自食其力之曹。而後客言乃有當耳。顧使有如是之奴婢。吾不知收而畜之者其誰也。耕誰事。曰奴也。織誰事。曰婢也。彼不勤而食於社會者。主人則或然耳。奴與婢未嘗爾也。方其孩提。天實生之。母實乳之。至於年長。貧賤之身。勤勞愈至。雖有推解之惠。而奴婢之報已豐。就令未豐。其不能奪其自繇。取其性命積蓄而全收之。曰此吾為主人者之權利。又明矣。

且奴又非國法之所宜治者也。夫命之曰奴。屏其人於社會之外者也。國法為社會設也。彼既非社會之分子矣。又安得而治之。然則雖有逃奴。此固主人之事。彼治之以一家之法可耳。既外國法。又非天理。故曰奴制無一可者也。

第三節　奴制餘因

有時以風俗之不同。而強弱又異。於是奴制興焉。加瑪羅帛言。斯巴尼亞人。既得南美。日於聖摩陀見數筐之螺蟹蝗螽。知為土人之食品。則大惡之。吾知此等之事。與夫歐洲之特俗。如吸蔫。如撚其鬚作異式。皆斯巴尼亞人所視為主奴之異者矣。

故曰。多聞見使其人仁。明是非使其人義。而舊見成心。皆可使人敢為殘暴也。

第四節　續申前說

有時以所勝者之宗教。與勝家不同。而奴制之事又起。彼謂得此。而宗教之傳。乃可廣也。

歐人之新至美洲也。焚掠淫夷。靡所不至。問所以忍於為是。亦由宗教之不同。當此之時。入新洲者。皆以深入景海之人。而為天下至不仁之事。一若宗教既異。則不可一視而同仁。貴賤所分。強弱而已。此其種之所以多奴隸也。

往者吾法路易十三。見藩屬黑人。悉編奴籍。意大非之。欲改其律。後其神甫言。所以編之奴籍者。以其教之異也。假令歸化。彼固非奴。然則欲景教之風行。殆莫此律若矣。路易聞而止。

第五節　黑種常為奴隸何理

今使不佞出而主張黑種人所以當為白種人奴隸者。則不佞之所以為辭。其大率將如左。

不佞將曰。自歐之白種。既入美洲。亦取其民。禽獮而草薙之。蓋靡有孑遺。耗矣。乃今欲治其空虛之土地。是非資非洲之黑種。使為吾奴焉。固不可也。

且種蔗之為業。必有事於黑奴。否則吾所需之糖必大貴。此白人之大不便也。何可哉。其通體之皮如鬃。而蹶頤鶡鼻如此。此天之棄民也。何足恤乎。

上帝者。至仁之主。亦至智之神也。豈有靈魂。畀諸如是之醜質者乎。殆不然矣。

夫欲第民品之高卑。而以其色為之準者。自然之理也。是故亞洲之人。以其國之用閹奴也。得一黑奴。則宜宮之。使與貴種之民。不相混也。

色異則髮亦異。埃及之古人。最深於物理。其聖人乎。其論人於髮特重。故遇紅髮者。則必殺之。以為非人類也。況黑者哉。

外形如是。而其心之靈蠢。又何如乎。其為瓔珞也。不喜吾人所特重之黃金。而取所偏嗜之頗黎。然則曰其人有是非之心得乎。

吾於黑種。雖欲強名之為人。不可得也。苟強名之以為人。是使天下疑白種之非景教宗徒也。可乎哉。

是故彼取我之所以待黑種而深非之者。皆煦煦為婦人之仁而已矣。假真如若輩言。向以歐洲列強之寬大。有不為之明約。以昭其仁聲仁聞者耶。又不然矣。

第六節　奴制本始

然則天下奴制之所由起。其真實必有可言者矣。蓋其制雖出於人為。將必有自然之大勢以導之。是不可以不論也。

奴之所由有。其國家專制者乎。故專制之民。無所憚於自鬻也。蓋專制者。國群之奴隸也。以國群之奴隸。而生小己之奴隸。

披黎曰。莫斯科洼之民。動輒自鬻。此其故易明也。蓋自鬻者。鬻其自繇之權利者也。彼之自繇權利其微久矣。則何必斤斤然寶此不足重輕者乎。此自鬻之所以易也。

蘇門答臘之北部曰亞青。（今屬荷蘭）其民莫不自鬻者。貴人奴指。動以萬計。大商鉅賈。養奴尤多。而奴之下又有奴。其主人輒畀以業。使經營之。其中雖有自主之民。而以其法之苛也。彼寧自鬻於勢豪。以求一身之佚樂。

以是之故。國之於奴。其法有甚寬者。蓋自鬻之奴。與迫脅之奴稍異。可自擇主。而主奴之對待。成倫理之一端也。

第七節　奴制之出於自然者

此外奴制之立。尚有他因之可言者。則人間至酷之奴制也。其所居國。以天時炎熱之故。使其民體憊而神疲。惰為常德。非有刑威。不能驅之使力作也。是故其國有奴。若稍合理。雖然。彼奴之於其主。猶其主之於其君。皆怠荒而曠職者。故於私家奴制之外。加之以公家之奴制矣。

往雅理斯多德之為政論也。謂主奴之分。出於自然。為生人所莫能外者。顧觀其所云云。似未嘗自圓其說矣。假使五洲有天生之奴制。則如不佞所謂。本於天時者歟。未可知也。

雖然。人無生而貴者也。自其初而言之。固皆平等。而奴隸之制。不得以自然稱明矣。而其國之天時地利。使之易成於是制者。又弗論也。是故取如此之國。以較吾歐。其相異固遠。吾歐者天然平等之國也。故奴制雖行於古。而今已矣。

布魯達奇之傳解瑪也。謂當希臘神代。鎮星當權之世。其國無所謂主奴。雖然。此何必古所云乎。即今歐洲固如此耳。則景教風行之力也。

第八節　奴制無益於歐洲

是故自然奴制。有之者天下不數國也。生於他國。雖有至苦之功。治之以自繇之民而反利。不必奴矣。

且此非吾率臆為之言也。有歷史之證焉。當歐洲有奴。而景教之行未廣也。鑛功采山之事。以其勞險。謂必奴隸罪人而後任之。乃至於今。則吾歐之鑛工。計勞受廩。未嘗以勞瘁告也。且為上者優之以獨有之利益。可使民爭趨之。其勞頓固也。而庸雇亦優於常工。蓋既稟稱其事功。民固自知其擇業耳。

使計工而受庸。持以公平。而無所用其貪虐。雖有至難之功役。未嘗為人力所不逮者也。亦有勞苦之役作。他國必徒隸而後可為者。（如埃及之積塔秦代之長城。）今則機器之巧。有以承其乏矣。如突厥之鑛。其在廷密掃爾者。固較匈牙利之鑛為肥矣。然而利遜之者。則以其純用繇徒故也。

不佞之為此言也。不自知出之於思歟。抑情有所偏。而主張過也。雖然。以謂即令國土天時不齊。使為上者苟有以勞徠。未見其工不可治之以平民也。蓋惟法之不中。而後其民惜力而游惰。又以游惰而其國之奴制以興。

第九節　奴制之別

蓋奴有二。一曰地著之奴。一曰家生之奴。地著之奴。隨其地為田丁。此如撻實圖所紀日耳曼田奴是已。彼非為人僕妾者也。受地於人。時至則貢其穀麥牛羊。及他水土物。如舊章。無餘事矣。蓋至今日。匈牙利番希米亞與日耳曼之下國。其俗猶有存者。

家生之奴。其所治者室家之事。與夫主人之一身。凡所以服勞奉養。供奔走使令之役是已。

亦地著。亦家生。斯為奴之下下。此如賴思第猛之希洛氏種人是已。既盡力於田事。而以身事人。復受種種之僇辱。故人奴之生。至希洛氏而其苦極矣。地著之奴。多見於民生甚樸之國。而室家之事。則婦子之所勤者。家生之奴。則見於風俗驕奢之國。以自奉之崇優。非有奴焉為之服勞。固不可也。異哉希洛氏之奴制。舊制之存。風俗之敝。於其一身而見焉。夫非人道之極足閔者耶。

第十節　奴制所不容已之法令

無論國中奴制為何等。為之立法者。一當防主者之肆虐次宜防奴隸之作奸。凡此皆有奴之國。所不容已者矣。

第十一節　主者之肆虐

回部之女奴。不獨性命財產。操之主者。即其節守。亦無術以自完。

大抵如是之國。其中之最不幸。而常為其國之敗因者。其大半之民。乃生以供其餘之縱慾。彼身為僕妾。而能勝其所處之污者。徒以逸居為可樂耳。雖然。自一國而言之。則其為禍敗甚矣。

宮禁闈帷之中。彼處之而以為至樂者。徒以無所作勞而已。世固有民。所憚者勤劬。而以逸居為最樂。雖然。國有奴制。而所得者不過使之逸居。則奴制之本旨。無乃荒歟。

夫有奴固將使勤事也。而所勤又主者之事。故以道言之。奴制所以給事。而非以恣情。給事而外。主者之權。宜有制矣。況乎禁淫佚。戒無別。文野諸國之所同也。同故其原出於天。彼放蕩恣睢。蔑斯法典者。必無幸矣。

雖在專制之國。使其法嚴男女之別。而為僕妾保節操者。未有不蒙其福者也。則行之於君主可知已。行之於民主愈可知已。

狼巴邸有律焉。宜為有奴之國所取法也。其文曰。使主人而淫於僕婦者。則其僕為平民。此非至峻之法也。顧其法行。而富貴之家。因以止淫者眾矣。

羅馬之律。其所失於此者大矣。使為主者可無所不為。而奴婢之婚配。常為所錮。彼之為是。意固曰。奴婢者賤人也。是焉得與尊者言曲直乎。姑無論此言之非公理也。獨不悟律所以為奴婢地者。政所以厚富貴者也。絕之於人理。甚乃並婚嫁而錮之。則他日所傾覆敗亡此富貴者。皆此至賤者之所為矣。吾故曰蔑公理者。必無幸也。

第十二節　奴隸之作奸

有道之國多叛奴。而專制之國無格虜。此其所以然之故。必可言矣。蓋國多奴隸。此隨其政制而異。影響於社會者也。方其政之為專制也。以國群之不自繇。民忘小己之束縛。雖見脫奴籍。而其身所享之生事。或較諸奴有不及者多矣。若宮闈之閹尹。若營業之豪奴。若受田之耕隸。以言其實。固皆奴也。而託於主勢。居處雍容。雖齊民有不及。是故其俗不以奴婢為羞。不見自繇平民或已勝也。

而有道之國。乃大不然。夫曰有道者何。人人有應享之權利是已。以國群之自繇。而小己之自繇益重。無小己之自繇者。勢不得享國群之自繇也。當此之時，彼居奴籍者。親見社會之休明。而已則不齒於國民之列。又識人人皆有國法。為之保護。而已則受人之魚肉。而赴愬無階。人有身家。得安享其筋力之所致。人有心性。得姱修而日進於高明。而已則若牛馬然。折骨糜筋。所出者主人之厚實。不能保其一身。不能庇其所愛。天地雖寬。而非其容足之所。才力雖富。而非為榮譽之資。故其與自繇之平民居也。人固人也。而我實馬牛械器而已。則其叩心切齒。飲恨呼天。而隱然與所居之社會為敵仇者。豈足異哉。其所居多憂患。其所遇多橫逆。故其術智深。而死亡有不足顧。使如是之人而眾。則不群起而為亂者。未之有也。

是故專制之邦。雖有奴可以無事。何則。人人皆奴。不睹身世之可悲故也。若夫國有常典。而君上主有限之權。則奴制不可以不廢。不廢則不平之鳴興。而怨毒中於社會矣。嗚呼。可不懼哉。可不懼哉。

復案。辯矣孟氏之言也。今夫法國之革命。而駢殺其王后貴人也。實在華盛頓以美民自立之後。向使法國不鄰於英。不親見美民之自立。雖至今其治如俄國如波斯可耳。是故為國者之難也。民智未開。則不免於外侮。民智既開。則舊治有不可行。行則內亂將作。此不易之道也。今者中國守四五千年之舊治。使海禁不開。則民養生送死。雖長此終古可也。不幸門戶大開。舟車遄往。使其民日聞所未聞。取彼之所由富強。以較我之所由貧弱。則既忿忿於操柄秉制者之無術矣。又況彼之法令。所以保民身家者也。我之刑律。所以毀人身家者也。不平之鳴既興。則其怨毒必有所中。而議者或欲以威力壓制行之。庸有濟乎。

第十三節　奴兵

使奴執兵。其在君主國者。未若在民主者之可畏也。蓋君主之民。大抵尚武。而統兵者又其國之勳貴。此足以沮叛奴之舉大事矣。獨在民主右文。民安生樂業日久。一旦使其奴戰。而其主不知控馭之方。所謂以多怨之人。而執殺人之器。亂之既起。求定難矣。峨特族既勝斯巴尼亞之後。散處新國中。已而遂弱。然亦立至重之法。凡三章。一、除其族與羅馬民通婚之禁。次、則凡在齊民。屬於費斯區者。例當兵。否則降為奴籍。三、凡峨族有奴。必以其十之一供徵發。違者有刑。夫十分其奴之一。至少之數也。又其入伍。雜於齊民之中。而非若蒼頭特起為異軍。是故其奴雖在行間。其勢與在主家無以異。不至亂也。

第十四節　續申前論

使全國之民。有尚武之風氣者。雖籍奴為兵。不足慮也。阿盧芒之律。凡奴以穿窬而竊人財物者。其科罰與平民等。若公然行刧。則但使復所刧之物於舊主人而已。無餘罪也。其為法之寬縱若顛倒如此。間嘗考其法意。蓋日耳曼為國。方以尚武勇健厲其民。故於越貨之盜。以其敢死。轉入輕科。是故古者民主國立治成之後。必挫折其奴之勇氣剛風。而阿盧芒所為反此。蓋其民以豪健自期。常時不去刀劍。故其於奴也。不徒不折其悍而已。實且優之。以長其輕剽敢死之風。及其率之也。如獵人之於鷹犬然。上焉則與之捍國仇。禦外侮。下焉則與之縱劫奪。致攻剽也。

復案。至今德之國俗尚爾。父母之教其子也。使其為兵。則曰戰陳必勇。他事從若所好可也。使其為商。則曰必獲倍稱之利。雖不得已而違於正道。亦可為之。蓋其素教如是。然其弊終當見耳。

第十五節　國有奴制所宜預籌之事

君主之國而有奴。苟處之以寬仁。則前之所云云。雖不見可也。蓋人之於其所居養也。無一焉不可久而相忘。奴制其一事耳。但使有此奴者。無為其已甚。則歷世之餘。彼且自忘其辱矣。往者雅典之民。待奴最有恩意。此所以叛奴之亂。常聞於賴思第猛。而雅典未嘗聞也。

羅馬之古初。亦未聞奴之或犯上也。至於後世。其受害於群奴之內訌。實過於加達支布匿之外憂。無他。以其主人失人理耳。於群奴乎何尤。

大抵趨業作苦之民。其待奴之有恩。常過於富貴而逸居者。夫羅馬之民。

與其奴僇力土田。同牢食飲者也。雖有過。其罰之也常不寃。而多所縱舍。吾聞其時至重之罰。不過使奴背負丫叉之木。以徇於其鄉。下此乃箠朴。然則其時之禮教行誼。固可使奴義不背君矣。而法令科條。雖不立可也。

洎乎後世。羅馬幅員。以并兼而日廣。於是主奴天澤之分乃益嚴。非相與戮力作苦之人也。其所以遇奴者。乃以著崇優。恣淫佚。而惟其風氣之已漓。於是治奴之令。如蝟毛而起。且其令煩矣。又必益之以深刻。庶幾社會乃有以相安。何則。主人暴戾。而奴隸譸張。彼之左右使令。大抵皆寇讎耳。

羅馬有西拉那律。載凡主人遇害。其宅中諸奴。凡在聲呼相聞之處。皆處死。有收藏殺主逃奴者。與殺人同罪。即主人命奴殺己。其竟殺之者。不得以奉主命邀輕議。其親見主人自殺不沮止者。與殺之之罪同。其有主人於途中遇殺。與同行及逃者。皆抵罪。就令其奴無殺主事。亦無所逃罰。蓋其律之用意無他。所欲奴視主人極隆重而已。察其所由起。非由於治法之正。而實起於奴制之不中。如兵戰然。主奴兩家。實同讎敵。特兵戰之敵在外。而主奴之寇在內。其不同也。故西拉那法者。起於國際法。但有一社會。雖其中諛諂至多。猶不可以不保全也。

夫國以其制之不中。遂使立法之家。雖欲為寬恕而不得。此非人道之至不幸者耶。彼知主奴之倫。有不相得者。於是為之峻法。使奴必嚴恪於其主。雖然。峻法未足恃也。彼明於法意者其知之矣。是故羅馬之奴。知法之不吾庇也。而羅馬之法家。亦知奴之不足信也。其為峻法者。其術之窮也。

第十六節　主奴之倫理

國有奴制。則不宜使至於饑寒。此可以法為之者也。次則必有以為其養老送終之地。此又國家之所宜問也。覺羅紂令曰。奴有疾病。而主人棄不恤者。其奴立脫籍為平人。此令行。奴隸固獲自繇之慶。然所以周恤之。使無為溝中之瘠者。獨無法乎。

法使主人操奴婢之殺生者。此實畀之以法官之權利。不止主人之權利也。則宜有法焉。防主者之肆虐。不然。主奴之難殷矣。

方羅馬禁人親不得自殺所生也。則以法定為父所得加於子之刑。今以主而操殺生其奴之權利。豈不宜有法焉。以為其用權之限制耶。

摩西之律。其於主奴極嚴。假如有人毆擊其奴。致立斃者。則抵罪。獨其奴受擊逾一二日乃死者。則其主為無罪。彼以為奴婢固主人之產業也。不得以平等論。是其為法。不亦異乎。於天理人情。皆不合矣。

希臘之法。奴受虐於主人。至不可勝。得要其主。使轉售之。羅馬中葉。亦存此法。使主奴而不相能。於法固宜離也。

非其主人。而虐使侵陵他家之奴婢者。許其赴愬於法官。夫惡聲至而反之。橫逆施而抗之。此平人天賦自衞之權利也。乃柏拉圖法。與他國之刑章。皆禁奴之為此。嗟乎。使社會又不為之保護。奴又烏所託命乎。

斯巴達奴。雖受侵侮於國民。無所控愬也。故其所居。極人類之至苦。蓋以其身為一主之奴。遂使通國得共奴之。羅馬之法。所不使非主而虐奴者。蓋視奴若犬馬器械然。主人產業。法當保護。不得恣毀傷也。若斯巴達之說。以國民公財。奴遂犬馬器械之不若矣。阿桂連法之論傷奴也。與論傷畜等。視價值之減損幾何。以定所罰者。獨雅典法於奴最優。非其主而害之。罰重或至死。蓋其用法之意。以為彼奴既失其自繇矣。乃使之無所託命而安生。則太甚也。

復案。或曰中國之民。猶奴隸耳。或曰中國之民。非奴隸也。雖然。自孟氏之說而觀之。於奴隸為近。且斯巴達之奴隸。而非雅典之奴隸也。何以言之。使中國之民而非奴隸乎。則其受侵欺於外人。當必有其責言者。今中國之民。內之則在上海牛莊各租界之近。外之則在美斐諸洲之殖民地。其見侵欺殺害者。亦屢告矣。而未聞吾國家有責言之事。是非五洲公共之奴。烏得有此。

第十七節　復奴之法

民主之國忌奴多。吾於前節既明其故矣。是故民主之國。必有復奴。復奴者。前為奴隸。而今脫籍為平民也。雖然。其勢與生為自繇齊民者。不能無少異。是故以多奴之國為民主者。將必有二難焉。使仍舊貫。則駕馭不可以周。一也。使盡復之。則新復之奴。失主而莫為養。其勢將終累於國家。二也。且新復之奴之為患。將不亞於向之群奴也。是故為之律者。不可不深知二難。而謹為之所也。

羅馬之沁涅特。其為奴設之法令亦多矣。方其為復。或縱之。或操之。則當國者。維谷於二難。可以見矣。故有時且不敢為之法。方宜祿之帝羅馬也。國民有請沁涅特下教。使得更收所復之故奴者。宜祿詔曰。此國民家事。爾等得自議而自決之。無取國家為著通行之令也。其模稜如此。

至於善治之民主。其法令於此宜何如。此則不佞所難言者矣。蓋所待於事勢而為異者多。雖然。吾黨試思其術之宜。

以通行之詔令。使其國卒然有無數之復奴。是固不可。和樂西年以復奴之眾。新操出占斷事之權。則相約而行至不道之令。如云少女嫁平民。

其第一夜宜與復奴共寢。噫。使是而可忍。孰不可忍乎。然則復奴固不宜使眾。而忽操出占裁決之柄亦明矣。

雖然。復奴亦多術矣。使得其術。雖不驚眾。不累國家。可也。無他。亦慮之以計。為之以漸而已矣。法欲復奴。必先以法。使得各立其恆產。恆產立而後許之以自贖。其不能自贖者。仍為奴也。是則使之知重自繇矣。而勗之使自奮之道也。其次。則若古者摩西之所為。為定年時。書傭相抵。故希百來之奴。例六年則得復。然則慮之以計。將所復之奴。以其年力之強。勤儉之素。雖多不累乎國家。為之以漸。而每歲所復。常有定數。而社會不驚於猝變。是其法既盡美矣。且又有濬本清源之術焉。蓋奴者。皆為主人治業者也。如通商。如航海。皆所事矣。今使其中之執事缺出。則奴與平民分補之。既補則復其身。而脫奴籍。此又甚易行而無迹之法也。尚何憂於前者之二難乎。

復案。讀此令人思柳子厚之治柳州。

舊為主奴。其勢至異也。乃今而復。忽然平等。然則其主必忌。而其奴必驕。是故復奴而眾。宜為之法。使舊為主奴者。雖復而猶有可持之交際。則至順而兩利之道也。

新復之奴。其地望宜進於社會矣。而猶難於國家。蓋國家事重而體尊。雖在平等之國。不宜使舊賤新復之民。遽進而操其柄也。

羅馬復奴極眾多。而所以駕馭其法至可尚也。大抵無所絕其希望。而其所以實與之者則甚微。乃至立法之權。亦彼所分有。獨至裁判之際。則其勢力又輕。仕進之塗。未嘗不容其進取。宗教貴位。且所得躋。而公選則難邀於眾可。軍伍非不得入也。然必先列其名於尺籍。至徵發而後能與之。復奴之婚姻。通於平民矣。而求繫援於沁涅特之會員。則法所不許。是故身為奴隸。雖有時而復。名為齒於平民。顧所實得者。特免於舊時之污處耳。號曰復奴。則未即具平民之資格也。必其子姓而後乃為真平民。

第十八節　復奴與閹奴之異

其在民主。所謂復奴立法者。宜與平民相去無幾。以平其不平。斯為最便。乃若專制國家。其君主處至尊無對之地。華侈驕泰。予奪從心。故其人以近主者為最貴。奴隸且優於平人。況復者乎。朝殿之間。視其顏色。蠱惑心志。竊其笑顰。而簧鼓天下。此當羅馬帝制之時。所謂復奴。盡如此矣。

使其國有閹奴。雖與之以無窮之權利。而復其身如平民焉。猶無望也。蓋其人勢不能有室家之奉也。而其身不可以無所隸屬。故其國雖以變制之故。而復其身為平人者。亦矯偽而已矣。

然則刑餘者。不可復之奴隸也。顧有國焉。其所以治平人者。政用此等。丹壁耳記曰。南掌交趾之間。其所用為文武大官者。皆閹官也。(自注。古支那亦然。有二回民由大食至其國。其日記所謂閹尹皆節度也。此第九世紀事。)其人必有主人而無家室。性至貪殘。故其國之王公。常用其身。以為收利作威之利器。

丹壁耳又謂閹官無家室者。無子孫耳。至於妻妾。法所不禁也。蓋彼雖不能人。而不可以無婦人與共居。不悉其隱者。方以此為異聞。而法所以容其有室者。一則畏重閹奴也。一則視女子至賤也。

其法之意若曰。閹奴所可以為大官者。以其無子孫故。而律又許其娶婦者。以其乃大官也。

故閹人者。於官形固有所缺者也。顧官雖失而慾則存。彼方勉強其所必不能。而由是而得樂。英詩人彌勒敦者。嘗為史詩。以歌天魔被謫永墮泥犁之事。曰一身剗盡惟存欲。即用無能泄憤冤。閹人娶妻。政如是耳。

觀支那之史書。當一朝開創之初。莫不立甚密之科條。鑄券勒碑。以禁閹人之用事。至於日久政荒。則刑餘之人又見。嗚呼。不謂刀鋸薰椓之餘。乃於泰東為不可逭之災如此也。豈天之所以罰其以非刑加人道耶。

第十六章　論妾婢之制原於風土

第一節　家庭奴制

為奴婢而非眷屬。與為眷屬而在奴婢之例者。稍殊。今欲立別。故婢妾之事。謂之家庭奴制。

第二節　南國男女地位相懸由於風土

熱國之女子。自八歲或十歲。即可與男子交接。（自注。如穆護默德傳言其聘迦狄賒於五歲。而八齡受御。天方印度之間。女子適人始於一八。而交接之候差遲。又非洲摩洛戈阿爾遮諸土女子。一八以後即能孕育。）故其俗嫁娶。恆在童稚之年。至於二十。即為衰老。智慧少艾。不得同時。當其少艾。不得自主。至智識開明。可以自主。則已早衰。夫女子所擅。容色為先。方其少美。不能自主。雖老而智。豈能得之。故終其身。依人而立。是以熱國男子。所娶恆不止一妻。此若出於天時之自然。而國律亦無為之設禁者。

溫帶平和。女子容色。最為耐久。長成差遲。孕育亦晚。故其衰老。

略與男子肩隨。而適人之時。己之知識。亦常圓足。容智既皆及時。女權自然易立。此匹合之制。所以行也。

寒國男子。俗多湛湎。而女子不然。男子酣於狂樂。而女德惺惺。故其智慧。常較鬚眉為勝。

天之生人也。以才力與男。以容悅與女。男子權勢。視才力為等差。而女子之所以調伏男兒。與容色殆相終始。是故生於熱國。女寵常有初鮮終。其權力與年俱進者。不恆有矣。

國家著律。男子不得以一時而有二妻。此律與形氣宜者。見於吾歐而已。至於亞洲不然。故耶回二教。回之行於亞甚易。而其推於歐則難。耶之守於歐甚堅。而其進於亞則緩。但取支那一國而論。其中亦信向穆護者多有。而崇拜基督者寥寥也。夫人功不敵天事久矣。天事既定。人功欲與併馳。難為力已。

羅馬之華連狄黏。頒眾婦一夫之律。其行此也。有特別之原因。而其後氏阿多修亞加紂紇那流等。取而廢之。亦以其律於吾歐風土為不便耳。

第三節　多婦之俗可行亦由財力

其國男子。可娶數妻。而國律不之禁。其妻妾之數。常視男子財力之何如。顧不得謂多妻為雄於財之結果。蓋有時其俗甚貧。而亦有多妻之果也。此不佞當於論蠻夷之俗言之。

須知國俗多婦。不必即為逸樂之端。每緣逸樂。而後得此。熇炎之土。民之衣食易供。俯畜之資。本無難事。是以女子雖多。不以為累也。

第四節　多婦之俗緣於多女

歐洲戶口。常有著籍可稽。大抵女少於男。（自注。如某博士謂英倫男丁。常多於女。）而亞洲則女多於男。故歐洲男子。所娶不過一妻。而亞洲一妻之外。猶有媵妾。則地氣為之耳。

乃至亞洲高寒國土。所產民眾。亦雄過於雌。是故衞藏喇庥之法。乃與前者相反。而以一女配數夫矣。

自不佞觀之。則國土風氣。雖此多女而彼多男。然其比例相差之間。終不至如是之睽。謂非行多婦數夫之法。必不可也。此不過見其地女子之多數。或男子之多數。其氣體與所生之風土。特相合耳。

雖然。使歷史所載為不誣。如班丹之眾。十女一男。則多婦之法。不為過也。

故以上所言。不過取異俗而考其所由始。至其法之得失。則未暇及也。

第五節　論馬拉巴法律之所由來

馬拉巴濱海之區。有奈爾思部者。俗男子所娶。不逾一婦。而女子則可以數夫。此其法之所由然。無難見也。蓋奈爾思於其種為貴族。執兵戰守之眾。常出其中。吾歐常法。男子少壯。當兵未滿。不得有妻。所以去其室家之戀。然以馬拉巴風土之異。此法有不可行。故使有妃偶矣。而以術減其繫戀之意。乃使眾雄而共一雌。用愛不慱。其內顧之情亦薄。此所以求其敢死。而武德不衰也。

第六節　多婦本制之良楛

自其大理言。而不計風土之特異。則多婦之制。誠無益於人倫。其於男女。均為病俗。男病者也。女所病者也。且此俗最不利者。莫若所生。蓋父母之慈。必不逮夫匹合者。譬如以多婦之故。一父而有百男。其愛情之施。必不逮一母之於二子。固可決也。乃至一女而有數夫。害種滋甚。蓋一母生兒。莫知誰父。認其遺體。各在或然或不然之數。則求厥考用愛之篤。又甚難矣。而顧復其雛者誰乎。

復案。中國多婦之制。其說原於周易。一陽二陰。由來舊矣。顧其制之果為家門之福與否。男子五十以後。皆能言之。大抵如是之十家。其以為苦境者殆九。而子姓以異母之故。貌合情離。甚或同室操戈。沿為數世之患。而吾國他日大憂。將在過庶。姑忽論也。雖然。欲革此制。必中國社會。出於宗法之後。而後能之。否則無後不孝之說。鯁於其間。一娶不育。未有不再求側室者也。其次。則必早婚俗變。男子三十。而後得妻。否則乾運未衰。而坤載先廢。三則昏嫁之事。宜用自繇。使自擇對。設猶用父母之命。媒妁之言。往往配非所樂。烏能禁別擇乎。四則女子教育。必為改良。蓋匹合之後。寡女必多。非能自食其力。誰為養之。竊謂多婦之制。其累於男子者為深。而病於女子者較淺。使中國舊俗未改。宗法猶存。未見一夫眾妻之制之能遂革也。

回部之摩洛戈。其薩爾丹宮人。實備諸種。白黃椶黑。無美不臻。雖然。虛設而已。彼所幸者。非內寵也。

雖妃妾之多如此。其漁色之事。未嘗絕也。蓋好色不殊於貪財。往往積畜彌多。而務得益甚。好色者亦猶是耳。

當羅馬札思狄黏時代。其時學者。嘗惡景教拘拘。乃入波斯之境。吾聞阿迦地亞言。所可異者。雖有多妻。不足以止國人之淫行也。

是故多妻之俗。往往生逆性之淫。蓋人道之惡。每降益荒。常如此也。尚憶史言君士丹丁訥波爾革命之秋。阿虛默既廢之後。國人破其宮禁。不見一女。又聞回部阿邇遮雖有深宮。乃無妃嬪。可以想見矣。

第七節　眾婦平等之制

律不禁多妻矣。而其待眾婦也平等。如穆護舊法。男子可娶四妻。而一切供養。飲食衣服。當夕侍奉。皆無攸異。摩勒地維亞法。得娶三妻。其平等亦猶是也。

舊約載摩西律云。假如人令其子以女奴為妃。厥後更娶平人。其飲食衣服當夕之事。不得坐以減損。又云。新人財物。雖可多得。而舊人所受。不宜使減於前。

第八節　嚴男女之閑

身居息土。長於富厚之家。以律所不禁。而妻妾常至眾多者。勢也。廣田自荒。故男女內外之防。不容不謹。富家之事。宜如此矣。如逋負者然。財力不周。計惟自匿。以避追呼而已。又以所居風土之殊。血氣之所動常強。道德之自持至脆。假令男女共居。少縱即逝。攻者甚力。禦之無由。故如是之民。無所謂戒力者也。惟有峻其牆宇。嚴其扃牢而已。

吾觀支那勸善之書。謂逢女子獨居。而男子猶能以禮自將。不至於亂。此其節操。乃曠世不數覯者。聞此則可知其民氣質之何如。而杜漸防微為不得已之事矣。

第九節　家制國制相關之理

方國之為民主也。民所居之境地。常恬平和樂。有優游自得之風。當此之時。雖欲取種之雌弱者而制之。其勢有所不可。是故女子馴服。而地道稱無成者。其惟君主之國乎。此亞洲振古洎今。所以無民主之治制也。

至於專制。事事行束溼之威。彼責女子之服從。真其所耳。是故亞洲。國之奴隸。家之童妾。二者常表裏而並行。

若夫其政府以老洫為治安。以讋服為秩序。法於女子。固當尤嚴。何則。女德無極。婦怨無終。固男子所最畏也。大抵如是之政府。於民行固無暇於致詳。惟於一切所為。每懷猜忌之意。而於女子陰機。則防之尤密者矣。

欲知彼之所以畏婦人。而不得不施壓制之術者。但設吾國婦人。以彼之輕婧任情。愛憎無定矣。益之以情欲之感。燕昵之私。如是而假以自繇。佐以蠱媚。凡所見於吾國者。舉而致之泰東之鄉。彼一家之長。欲求其一息之安得乎。充其所為。勢必使男子之行。無所往而不可疑。無所遇而非怨毒。如此。則國家之大勢必傾。而流血成渠。不旋踵耳。

復案。中國女禍烈矣。而歐洲尤然。大抵一戰之興。一朝之覆。無不有女子焉。為之執樞主重於其間。近古之事。如法路易十五之彭碧多都巴麗。路易十六之馬利安他涅。皆會成革命之局者也。而俄羅斯前之加達林。與今之達格瑪。其致禍之烈。尤所共見者矣。

第十節　東方錮女主義

妻妾眾多。故一家之中。愛情嘗分而難合。惟其難合。斯統御之法。尤不可以不講也。以人人利益之不同。故必有法焉以束縛之。使會成一家之公益。

於是錮女之法尚焉。女子之事一夫也。不獨中菁嚴密。屏於外人而已。乃至一宅之中。亦離居分處。若自為一家者然。如是而幽閑貞靜。柔婉敬愛之德容重焉。總之凡所以使女子之意不外馳。而專壹於其所歸者已耳。

婦職於一家之中。亦綦眾矣。欲使之克盡是職。斯凡男子所有事。無論為燕樂。為事功。必盡絕之於其耳目而後可。

是故泰東諸國。其中女德清濁。一視其所以防閑者何如。富貴之家。其防閑尤多術。而貴家婦女。遂與社會。若不相謀。若突厥。若波斯。若蒙古。若支那。若日本。其女德皆有可稱以此。

獨至印度不然。蓋其國地勢甚散。外多群島。內則割據離析。盡成蕞爾小邦。又無往非霸朝之制。此其所以然之故。今所不暇致詳者也。

總一地之民。強者為暴。弱者受侵。雖有貴族。而家產皆薄。所謂富人。實則僅足資生而已。如是之家。其防閑婦女。勢固不能甚密。流蕩踰禮。遂成故常。而風俗之澆。有出意慮之外者矣。

由是人事隳。而天時之為效大見。血氣之僨興難制。有不可思議者。譬如巴旦。其女子之淫佚誕蕩。至使男子以窮袴自防。而後免為所嬲。又斯美德言。非洲幾尼亞男女無別。殆不減於巴旦。

第十一節　家庭禁錮有不必因於多婦之俗者

有時雖法禁多妻。而禁錮必加於女子。是則地氣致然。雖匹合無補於女德。如印度之哥亞。舊為波陀牙屬地。中用景教之制。夫婦匹合矣。而寄豭逃嫁。詭謀毒殺之事。時有所聞。脫取此以較諸突厥、波斯、支那、日本等國。其中婦女之潔清。則知防閑婦人。其在此俗。方之多婦者。為尤亟也。

雖然。此誠天時地氣之所為。非人道所能為力。向使生於北境如吾國者。其女子血氣和平。儀容貞靜。壹是若秉於自然。又安用其禁錮。發乎情者。自止於禮義。葳蕤自持。人而可勉。

是故男女交通。而不患其或至於淫者。此真吾國之幸福也。美容善心。有以為社會之華飾。而束身壹志。鍾情不過一人。女子得其自繇。男子得其喜悅。好色不淫。吾土之男女當之矣。

第十二節　守禮出於自然

女子不貞。則人賤之。此五洲諸種之所同也。天之所賦。非人之所設也。天與人以好色之欲矣。又與人以守禮之性。好色者情發於不自主也。守禮者羞惡之心勝也。人道有二大事焉。一曰自存。一曰傳衍。所以。為自存者。終其身者也。所以為傳衍者。一息而已。

故有以放誕無別為任天而動者。此無徵之說也。自吾觀之無別乃反於天性。此恬靜寡欲者。皆能見之。

以人為物之靈。故知苟簡失節為大辱。知辱者羞惡之情也。羞惡又天之所賦也。

是故男女之為欒。清貞有別其常。淫佚無別其變。是變也。天時之不齊。血氣之偏實致之。欲救血氣之偏。欲禦天時之不齊。使反於人道之本然。是則立法明民之家。所有事者矣。

第十三節　妬娼之情

妬娼之情。又人類所同有。顧所以為妬娼者有二。其一根於愛情者也。其一生於國俗者也。根於愛情者毗陽。憤火中焚。若不自遏。生於國俗者毗陰。嚴冷固執。而於所爭者。未必其有愛也。

故其一根於愛矣。而實為愛之變。而其一則由於禮俗。或起於法律。或原於宗教。

雖然。更推其源。則是二者皆因於形氣。抑因形氣之衰。而以是自救焉。

第十四節　東方家政

東方之諺。富則易妻。女子以所居之無恆。故不足以為家室主。是以貴人家政。往往付之閹奴。而一切之鎖鑰出入寄焉。聞之沙丹約翰曰。波斯婦人。其受衣飾。皆有時節。如吾人之兒女。由是可見。凡吾土婦職所專司。在彼皆非所有事。斯無論他端已。

第十五節　離異休棄之事

離異與休棄殊。離異者。夫妻相怨。各求決絕也。休棄者。其一厭惡而生離心。不問其一之願否也。

於是有至不公之法焉。往往夫之棄舊。為律所不禁。而妻之求去。為律所不從。不知女子遇人不淑。其求去有必不得已者。夫男子為一家主。所以制御其室者。為術萬方。喜則相歡。怒則不答。乃又與之以棄捐之全權。是益其不道而已。且以常道言之。女子寧有樂於求去者乎。盛年已去。容色方衰。所可恃於故夫者。念夙昔之恩情。永今日之餘愛耳。不幸而遭兇虐。雖下堂之後。別有所天。其身已為棄餘之物。尚敢望用愛專壹於後人者鮮矣。然則其不得去。固為不幸。就令得去。亦非幸已。

由是言之。則為國立法者。何忍取女子所僅存之生路而塞之。夫既許男子以棄捐。法當任婦人以辭去。不寧惟是。苟為法果良。則當念其俗。既以女子為男子翫好使令之奴隸。是宜與女子以休棄之特權。而男子則與以離異之律可耳。

妻妾既已眾多。而又分錮諸帷牆之內。如此則不宜以儀容之失而出之。蓋如是之失。其過常由於男子。至所謂以無子去者。是惟守匹合之制。而俗重嗣續者。為有說耳。若夫法既不禁眾妻矣。則無子奈何棄之。

摩勒地維亞律。許民復納已出之妻。而墨西哥之法大異此。有與已出之妻私者。厥罪死。吾黨衡於二法之間。覺墨西哥法。較摩勒地維亞法。為有說也。何以言之。蓋墨之法重。人知既離之不可復合。復斯謹其所以為離。非至不得已。不輕捐棄。而夫婦牉合。以此或得瓦全。若摩之法。將以覆水之可收。遂致仳離如兒戲。忽合忽分。由分忽合。而夫婦之道。滋以苦已。

又墨西哥法。許兩求之離異。不許獨用之棄捐。以離異之出於相怨而兩求。故律禁復合。其重如此。大抵棄捐之事。多出於一時之任情。而離異之為。則二人之心。所熟計而後決者。

夫妻離異。每與政界相關。而有時亦有其利用。自民事觀之。則以便夫婦之怨耦者耳。於其所生。又常不利也。

第十六節　羅馬離異休棄之律

羅妙魯之為羅馬立法也。許其民以出妻。外遇去。置毒去。藏偽鑰去。蓋殺盜淫為惡之大者也。獨女子則不得求去其夫。布魯達奇作傳。以此為至苛之法。宜哉。

唆倫之為雅典立法也。夫既可以休婦。婦亦可以棄夫。厥後羅馬。雖守羅妙魯之法。而女子棄夫。常有聞者。則知此雅典既入羅馬之後。其地代表。引唆倫專律。以入新朝。而其法遂著於十二章律矣。

觀凱克祿言休棄原本十二章律。可知男女休棄之律。非羅妙魯之舊矣。使夫婦各有休婚之權利。此出於十二章專條。或由他條推而得之。自男女各有休棄之權。則相怨者。以兩求而離異。更無論矣。

律兩求而離異者。不責自陳所以離異之故。至於休棄。則非言明其故不可。蓋休棄之意。起於一方。事或出於不義。而離異者。則以相怨為因。過此不必更推求矣。

羅馬三法家。皆言其國雖有出妻之律。然以其事不祥。法立之後。五百二十餘年間。無用之者。直至魯嘉以其配之無子。始不得已而用是律。雖然。此至難信說也。自情理之常論之。不應國有此律。而莫有用者。吾聞戈僚拉奴去國之頃。嘗誡其妻以更適矣。而十二章之律。與當年之禮俗。實廣於羅妙魯之初制。又所共見也。向使人人皆惡出妻。則國設是律。斯為贅矣。又使國人皆謂其事為不祥。彼立法者獨不惡之何耶。乃或言風俗之澆。由立法之不善。愈無謂矣。

雖然。觀於布魯達奇之所云云。知其事之無足訝也。前述羅馬王朝之法。許以三事出妻。脫非此而逐其妻。法責其人。必以其產之半。養其棄婦。於其餘半。亦不得享也。必貢諸主稷之神祠。故使其人而願受是罰。則無論何等。皆可出妻。此莫有行。直至魯嘉。乃以無子而逐其婦。依布魯達奇說。此羅妙魯立法二百三十年後事也。然則魯嘉棄婦。乃在布十二章之前七十一年。當此之時。休棄之律。尚無所推廣也。

依前所引諸家言。魯嘉伉儷固甚篤。而羅馬之申蘇爾。勒令立誓必去其妻。以其無出。不能為民主添丁之故。魯嘉從之。以此為國民所共疾。夫欲知國民之所以惡魯嘉。必先察其時人心國俗而後可。顧魯嘉雖去其婦。實未為國人所不齒。彼等於此事。固漠然也。而魯嘉實與申蘇爾立為誓言。以妻無出。不能為民主添丁。不得不去。而申蘇爾抑勒國民之意。則為通國所共知。大抵如是之政令。其常為國民所不附者。此吾於後章當更發明者也。(見後二十三章第三節。)若前數說。似布魯達奇所載。存乎事實。而他家之說。有意鉤奇。故矛盾耳。

第十七章　論國群奴隸與其風土之關係

第一節　國群奴隸

國群奴隸、其關於風土。殆不亞民間奴制。與家庭奴制二者。請於此篇論之。

第二節　諸國之民勇怯異等

前謂風氣炎燠之區。其民有精神疲懾之效。而水土高寒之國不然。形神交勁。有強毅剛果之風。故不畏難而輕冒險。此不獨異洲殊國而後然也。即一國同種之間。但使南北氣殊。其效驗莫不如此。支那之兵。北省號精練矣。而高麗南北。其民亦著勇怯之差。則知前說之不可叛矣。

然則炎國之雌弱。故常淪於奴隸。寒國之剛勁。其效有以保其自繇。不足異矣。蓋二者若異果。而實出於一因也。

此驗之美洲亦然。墨西哥、祕魯。舊皆專制之國也。則皆近於赤道。至其中以彈丸之地。而猶能享自繇之樂者。則近極者也。

第三節　亞洲風土

行客游記（神甫竺赫德著）言。原陸之大。無踰亞洲北部者。自北緯四十餘度。至於近極。由莫斯科洼邊境。東迤至海。其中皆極寒之地。名山大川西北流。區其北為錫伯利亞。而其南則韃靼之所繁育也。錫伯利亞窮髮之壤。水草所生。不過二三處而已。至於餘壤。殆人力所難施。雖俄人雜居伊爾狄各處。無所種植。野生草木。不外短小之叢。其土人猶康納達之穴居擊鮮。民種至劣。其土高寒。而南國北趨之山。迤極漸平。是以北風司令。蓬蓬萬里。羌無屏障。而西之那哇占卜拉。與東之錫伯利亞。遂彌望荒寒。無人跡矣。若夫歐北諸部。若瑞典。若那威。則以北境高原。列為垣衛。故斯托荷隆。雖處北緯五十九度之高。動植繁茂。而亞褒處六十三度之北緯。不獨以銀鑛致富。即種植樹藝。亦有可觀者焉。

又云韃靼諸部。雖處錫伯利亞之南。其荒寒相若。是以其地捨游牧而外。欲為耕稼。殆不能也。大木不生。惟餘灌莽。同於極北之愛斯蘭。迤南之部。西近印度。東入支那。乃可埶一宗之小米。麥稻嘉穀。非所生者。其地為支那西域。在北緯四十三四度間。其距赤道。雖與法國相若。顧法則溫和如春。而彼所經年輒有七八月沍凍。全部無大城郭。惟近東海及支那邊境。始有數處舊城。如布哈爾、如突厥斯坦、如契丹是已。察其土所以極寒。亦以地產硝鹽之故。不僅以去海面之高。又華比業神甫言。某地出長城八十餘里。為喀丸烏蘭水所發源。然較燕京出海。高三千尺有奇。以其高寒。雖為亞洲江河大水發源處所。常以少水為虞。不堪營駐。有水而凍。其於生計。無所便也。

惟亞洲之形勢如此。故其地無真溫帶之可言。惟有寒帶直接炎帶諸國。如突厥、波斯、印度、支那、高麗、日本是已。

復案。此章所謂亞洲。似專指葱嶺以西而言。與極東濱太平洋諸土。似無涉也。

至於歐洲諸部。乃大不然。雖風氣不齊。而皆在溫帶之域。斯巴尼亞與義大利。同為南國。那威與瑞典。同為北部。然其中風土無一同者。獨至由南趨北。緯度漸高。同一平行。寒暑差近。然其中無甚異可言者。則以溫帶所蒙。至為廣袤故耳。

是故亞洲諸國。剛勁之強國。直與柔脆之弱種為鄰。卵石相逢。其一處必勝之勢。其一在必服之列。而歐洲列國皆強。犬牙相制。西鄰之民。固健者也。而東鄰之種。亦非懦柔。凡此實歐亞二陸。所以分判強弱之真因。歐民之所以多自繇。亞民之所以溺奴隸。彼亞民雖亦有其自繇。然一定之餘。亙古無變。而歐洲自繇幸福。世盛世衰。視其時人事之何若。不佞凡茲所言。皆前人所未發者也。

復案。歐亞雖強分二洲。以地勢論。實同一洲。非若非美諸洲之斷然不得合一者也。顧東西風氣民德之異。後世學者。每推原於地利。謂其一破碎以生交通。其一完全以生統攝。交通則智慧易開。統攝則保守斯固。自舟車利用。競爭之局宏開。於是二工之優劣短長見矣。而孟氏之論。則一切求其故於天時。至謂二洲之自繇多寡。強弱攸殊。以一無溫帶。一皆溫帶之故。取其言以較今人。未見其說之已密也。總之論二種之強弱。天時地利人為。三者皆有一因之用。不宜置而漏之也。顧孟氏之說。其不圓易見。即近世學者地利之說。亦未為堅。何則。果如所言。則亞之南洋群島。美之中樞諸小國。其宜開化。而為世界先進久矣。何四千餘年。寂寂無頌聲作耶。是知人為有關繫矣。夫宗教哲學文章術藝。皆於人心有至靈之效。使歐民無希臘以導其先。羅馬以繼其後。又不得耶回諸教。緯於其間。吾未見其能有今日也。是故亞洲今日諸種。如支那。如印度。尚不至遂為異種所剋滅者。亦以數千年教化。有影響果效之可言。特修古而更新之。須時日耳。

又案。西士計其民幸福。莫不以自繇為惟一無二之宗旨。試讀歐洲歷史。觀數百年百餘年暴君之壓制。貴族之侵陵。誠非力爭自繇不可。特觀吾國今處之形。則小己自繇。尚非所急。而所以祛異族之侵橫。求有立於天地之間。斯真刻不容緩之事。故所急者乃國群自繇。非小己自繇也。求國群之自繇。非合通國之群策群力不可。欲合群策群力。又非人人愛國。人人於國家皆有一部分之義務不能。欲人人皆有一部分之義務。因以生其愛國之心。非誘之使與聞國事。教之使洞達外情。又不可得也。然則地方自治之制。乃刻不容緩者矣。竊計中國即今變法。雖不必遽開議院。然一鄉一邑之間。設為鄉局。使及格之民。推舉代表。以與國之守宰。相助為理。則地方自治之基礎矣。使為之得其術。民氣不必緣此而遂囂。而於國家綱舉目張之治。豈曰小補。上無曰民愚不足任此事也。今之為此。正以瘉愚。但使人人留意於種之強弱。國之存亡。將不久其智力自進。而有以維其國於泰山之安。且各知尊主隆民。為人人之義務。則加賦保邦之事。必皆樂於自將。設其不然。將一賦之增。民皆以為厲己。人心既去。事寧有可為者哉。觀於本書十九章之言。愈有以徵鄙言之無以易已。

以某札爾之雄心。俄羅斯貴族。誠已降為奴隸。雖然。其心憒憒不平。常欲一朝得去其君之羈紲。此其意象。固南國見制於人者之所無也。

觀其自成團體。立賢政政府。以暫抗札爾之威。可以見矣。北部尚有一國。今亦為人所制。無自治之權。然以其國之為北部也。吾知將復自繇。不若亞洲諸種。一失之餘。不可復也。（蓋謂波蘭。）

第四節　推言前因之效果

凡此所言。皆可求其驗於歷史。夫亞洲為人所勝伏者蓋十有三次矣。其十有一。得諸北方。其得諸南部者。僅二而已。其始三次。則北狄斯昔地亞之所為也。而見創於墨底思者一。席捲於波斯者亦一。其餘則希臘、大食、蒙兀、突厥、韃靼、阿富汗諸種皆勝家也。顧吾所言。僅及亞洲之西北。其所驗既如此矣。乃至東南。其為北人所蹂躪而創夷者。尤為眾也。

復案。此例特信於火器未興之前。科學未明之世。亞丹斯密於原富論之詳矣。當彼之時。文明之種。恆見伏於質野之民族。此東西二洲之所同也。至於今日。其勢大異。國非富不強。兵非巧不利。欲率游牧之民。以席捲工商之國。如青吉斯帖木斯之所為者。斷斷乎無此事矣。

其在歐洲。事正相反。自腓尼加希臘闢土殖民以來。所見之大變四。羅馬一統兩洲一也。峨特崛起以破羅馬二也。夏律芒興於高盧。號為西帝三也。最後則諾曼之侵襲四也。吾黨設取其事。而詳考其所終。將其事皆於歐民有大造。何則。激強立。布文明。所得當逾於所失耳。且羅馬之略地也。於歐則見其難。於亞當為其易。即北部之興。以破羅馬。其困苦險巇。夫人而見。夏律芒老於兵間。諾曼種常逢勁敵。大抵滅人之家。每為見滅之眾。而此豈可望於亞民也哉。

第五節　歐亞北部之民皆有戰勝之烈而其果大異

歐之北部。以平民而戰勝者也。亞之北部。以奴隸而戰勝者也。亞之北部。以其主之雄心。驅而使之摧服他部者也。

韃靼雖稱雄於亞洲。其種則未離於奴隸。於南部世有戰功。勝則君臣其國。置藩屬焉。雖然。彼非與民自繇也。不獨於所勝之南部為專制。即於所用以勝之本種。亦未嘗以平等國民待之。此在今日。其最可見者。莫若支那北族。與其所勝之支那。雖屬勝家。其對於皇帝。則與支那人同奴隸耳。

古支那於韃靼諸部。亦置漢族。然久則入與俱化。且由是而轉讐漢人者。往往有之。而諸胡以此得漢之文明與治制。

韃靼之種。常勝南人。數世之後。則轉為他部所勝。而種散國滅。蓋染所勝者之風。其奴隸之性質愈至。此中國史書。在在可證。與吾歐前世之事。蓋正同也。（自注。札斯直粘史言。斯昔地亞種三入安息。而三見逐。）

由此可見韃靼種性。雖與南人有剛柔強弱之殊。其為奴隸。則一而已。南人之治其種也。含箠杖無他術。而沙漠所用。則以鞭笞。吾歐精神。自古洎今。恆與此異。凡亞民所謂國法家法者。自吾人視之。直暴虐侮人而已失。（自注。此論與後二十八章第二十節所論日耳曼行杖等語。不相矛盾。蓋歐之民俗。以人擊人皆為陵侮。不計所用之為箠為杖為鞭也。）

復案。孟氏之言如此。向使游於吾都。親見刑部之所以虐其囚者。與夫州縣法官之刑訊。一切牢獄之黑暗無人理。將其說何如。更使孟氏來游。及於明代。覩當時之廷杖。與家屬發配象奴諸無道。將其說更何如。嗚呼。中國黃人。其亭法用刑之無人理。而得罪於天久矣。雖從此而蒙甚酷之罰。亦其所也。況夫猶沿用之。而未革耶。噫。使天道而猶有可信者存。此種固不宜興。吾請為同胞垂涕泣而道之。

韃靼者。亞種也。當希臘跨有兩洲之代。韃靼破之。而易其治為專制。淪其民於奴隸。峨特者。歐種也。當羅馬跨有兩洲之日。峨特毀之。而易其治為立憲。予其民以自繇。

盧特勃著書。名阿蘭狄加者。常美斯庚狄那（那威瑞。典公共之名。）種人矣。顧有一節。為其種所冠絕人倫而獨有者。吾不知盧特勃曾為指及否也。蓋歐洲自繇之風。為人類今日所同享者。實此種人為之倡耳。

峨特人約那得芝。嘗謂歐之北部。為鑄造人類洪爐之所在。自不佞言。非鑄造人類也。所鑄造者。乃破壞鉗軛之斧斤耳。剛健質直之民。實產北地。出於森林之中。背鄉里。馳四國。所至伐民賊。釋奴虜。布平等自繇之天律。曰惟天生人。各與是非之性。固平等。無相隸也。自今以往。舍所以為人類之福祉者。汝曹其無所服從。

第六節　亞之奴隸歐之自繇。所原於形氣者尚有他因

亞之勢。利為合。歐之勢。利為分。故亞之一統易成。而歐之混合難立。亞之地多大原。山海所分。皆成廣部。至其南國。河流易乾。雖有名山。上少積雪。川流較狹。不足以隔交通。是故專制霸力之治。乃亞洲之當然。向使所以壓制其民者不深。將群雄並立。地勢四分。而形氣之因果。不可見矣。

惟歐不然。其地勢便於分立。而立國無甚大者。其以法度治民。亦便於自存之故。蓋使法度不立。將腐敗立呈。而國為其鄰所兼并矣。

復案。歐之中原。所以合而為今之德意志者。溯其最初。不過百年業耳。往者小侯數十百。分土分民。逮拿破崙起而蠶食殆盡。普魯士名存而已。斯達英、向豪、涅白爾諸公。起而大變其法。寄軍令於內政。會有天幸。法軍蹶於莫斯科注。故數年之間。國勢復立。外免於并兼。內泯於革命。然而散者尚未合也。直至普法之戰。而後合邦。故畢相謂德之去分為合。乃以鐵血範成。而後能濟。嗟乎。處四衝難守之地。國之難立。為五洲最。君臣上下。百數十年壹意搏心。不忘目的。昔之至弱。乃今至強。夫非國有人才。而變法不後時之效歟。

以此。其民人自繇之性質久成。其國非異種人所可伏。將與其國交通。惟用公法事通商而後可。

亞洲之民。其性質之成反此。久之遂若與生俱來。雖有賢智。不克自振。往往吾人所羞稱。彼民轉視之為懿德。讀其歷史。欲覩無畏自立之精神。殆不一覯也。所可覩者。以隸相尊。為服從之太過而已。

第七節　所見於非美二洲者

非美之異。猶亞歐也。非之天時。與亞之南部無少異。故其民之性質亦同。若夫美。其舊種已為歐人所刓滅。乃今殖其地者。則歐非之民也。故美民性質。無可詳言。然觀其前代史書。其種性之發現。與吾例亦多合也。

復案。使孟氏之例而信。則北美舊種。法當以自力興。即不能。法當為支那。又不能。亦當為印度。顧紅種見滅殆盡者。是寒炎分種之例。不盡信矣。意者。其尚有他因之匯成。而為孟氏之所略歟。孟於此。乃權略其詞。足知其意之屈也。

第八節　建都

由前例觀之。知帝王建都。必審於擇地。而後其國可久安也。假其國南北氣殊。將都於南者。慮失其北。而都於北者。不憂其南之不服也。但不佞所言。關於大理。而特別者所不論矣。講機器者。有所謂澀力者焉。力理之例。莫不然也。顧為之得其術。則澀力之率可以減。而力理之例若呈其變焉者。治道之事。亦有其澀力也。

復案。此節所言。即名家雜因變果之說。何謂雜因變果。譬如水流趨下。此信例也。而過顙在山。則生於搏激之雜。重者不墜。又信例也。而氣毬上升。則以其輕於空氣。是以一例之立。雖有時若反。論者宜求其致此之雜因。不得遂疑舊例為不信。孟氏此篇之例。自知變果甚多。意恐學者疑所立者之非信例。故於結末。微言如此。

第十八章　論法之繫於土壤肥磽而異者

第一節　土壤之異其影響於法律者何如

息壤之民多惰。故息壤之民每為人所制伏。此徵諸任何國而然者也。其地著之民。緣畝者常居多數。顧其爭自繇常緩。而有怠棄權利之憂。蓋出作入息。辛勤之時日為多。舍自適本業而外。其他有不暇計及者。獨至其國富於積儲。衣食饒衍。而後有見奪之懼。不獨畏盜賊也。并執兵之眾而亦畏之。吾聞凱克祿之告阿狄孤曰。相彼國人。誰實成此眾者。其執耒之農乎。其行貨之商乎。子勿謂此等之民。樂民主而不願有君也。彼於治制。蓋無所擇。能保四境治安。斯已足矣。

是故君主獨治之規。多見於富饒之國。而庶建之民主。成於瘠壤者為多。以物產之不供。而民有自繇之樂。是亦無牙者使有角之道也。

徵諸希臘。則阿狄克之磽确。其政府為民主矣。賴思第猛之膏腴。其政府為賢政矣。其所以僅成賢政者。以當時希臘之民。無愚智皆以一君之政府為危道。而賢政則次於君主之治制也。

布魯達奇之傳啖倫也。載雅典既平士郎尼亞之亂。其民分析居市府間。各成徒黨。門戶之紛。猶其地土壤之為異。於是高原之眾。樂自治之民主。而處下澤者。則願貴族為之君。至於海畔居民。則又欲雜取二制之長。并用之以為政府也。

第二節　續申前說

必求其故。地下澤者。大抵膏腴。其民固由是而多賴。然亦以是之故。不能與彊權為爭。身家之顧慮既深。其勢自易於馴伏。而一經馴伏之後。自繇之意。強立之風。末由見矣。而居高原山國者不然。其所享有者誠微。然為其力之所易保。俗質而政平。其游於自繇日久。所出百死一生。以捍衛其祖國者。政為此耳。舍是而外。不足惜也。是故自繇之為物也。當若與山林質觳之民偕。而文物富厚之鄉。轉不多覯也。

且山林質觳之民。常易保其理平之治者。以其族未嘗為人所制伏故也。其國勢為守易固而攻者難。資糧兵械。來者所必賫。而常為無取之費。否則欲取於其地難矣。是故圖其國者。費廣力殫。而無可歆之酬。可操之算。此兵家之所不欲犯者也。由是他國所百方綢繆。求境圉之安。而生聚無恐者。在彼皆非亟亟者矣。

復案。右之所言。亦於古代治淺之世有然。至於今日大異。夫世界最為富厚文明之國。居今數之。非英歟。非法歟。非美歟。而自繇之盛。政理之平。殆與其富為比例。德意志者。百年新造之邦也。奧大利者。共主之故國也。其於前三者民為質矣。顧其民生。為政府所干涉者多。而任其民之自治者少。至於俄國。俗雜亞歐。氓庶蚩蚩。可謂質野。乃雖經十九稘之大啟文明。而其制尚無議院。雖電郵汽車。財政美術。一切形下之物。靡不與前數國者齊。乃其民之不自繇特甚。官吏之豪貪。刑政之不平。方之亞洲。殆過焉而無不及。由是言之。真無往而不與孟氏之言相反矣。雖然有說。蓋今日歐洲之列強。出宗法而入軍國之社會也。其出而不純者。特俄國耳。群雄地醜德齊。皆以保守封疆。維持利益。為莫亟之當務。非商不富。非兵不強。顧兵者純於節制者也。而節制者。與自繇常反對者也。又況養兵費煩。其征賦不能不重者乎。故美之自繇過他國者。以獨雄新洲。戰守之事。非所亟也。英之自繇。為天下首者。以為島國。既治海軍。可安枕也。（十八稘大陸騷然。而英獨安堵。拿破崙謀英十餘年。卒無成功。皆以此故。）若夫法之自繇。則別有原因。而不生於地勢。獨德之立國最難。而其籌戰守也亦最亟。是以伏烈大力第一之世。即行徵兵之令。凡農皆兵。而貴族皆將。免於鬮者。僅工商市府之民。然而未足也。法人革命軍起。拿破崙鞭箠群歐。

普魯士幾於不國。於是向豪等陰變軍政。通國男子。皆有執兵之義務。逮毛祿勝法之後。合群小為大邦。擁普王為共主。然則德者固以兵立國。以兵立國。斯所以為節制干涉者。不得不煩。而所以予民自繇者。不得不少。疆圉既固。而後講教育。勸商工。開航路。略遠地焉。故英美法者。既富而後強從者也。而德意志圖強而後為富者也。而各國干涉放任之差。亦緣此而為異。若夫俄。真專制之治耳。其民固無自繇。禁昌言。飾宗教。其政策純以塗民耳目。篤守舊俗為宗。雖無今日東方之敗衂。以文明風潮之日勁。雖不變法固不能。況近者情見勢屈。而本年歲首。又以戕殺無罪。致其民之公憤。其皇帝傾絕。特須時耳。此固不可與前四國者等而論也。(當日俄未戰之初。不佞於社會通詮復案。已言俄之易敗。年餘以來。不幸言中。然而戰爭尚未了也。)夫中國者。相其地勢。實與北美同形。惟牖戶綢繆之不蚤。致啟各國之戎心。雖然。其地勢之利。固自若也。脫有賢者。起而圖之。轉弱為強。旦夕事耳。故前者妄言。謂小己自繇。非今日之所急。而以合力圖強。杜遠敵之覬覦侵暴。為自存之至計也。

第三節　何種國土田野最闢

田野之闢不闢。不以壤之肥瘠。而以其國之自繇不自繇為斷。使吾人取天下之土壤。而以意為之分。將怪自古訖今。所荒蕪不耕者。多係至腴之所。而田野治闢。蔚成大國者。轉在天成磽瘠之區也。

自民情之常者而言之。其擇地也。必趨善而避惡。未有棄膏腴而居斥鹵者也。故鄰國侵地之事。往往見於繁殖富厚之鄉。惟侵故戰。惟戰故蕪。此所以息土轉少居民。而北方寒瘠。若不可居。而其地轉有生聚之實也。

舊史載斯庚狄那種人之南暨也。循達牛河而占居。此非戰而克之也。境虛無人。而彼得取而實之耳。沿河兩壖。其地至腴。其所以虛無人者。必因戰而徙者也。然而其事不可考矣。

雅理斯多德言。薩狄尼亞自其金石遺蹟考之。必為古希臘殖民地。其舊俗至富。而雅理士推著名善為田。為之立法制治。然而其國中圮。自加達支奄有其地。即取一切養民之業而毀之。且禁稼穡。違者至死。則無怪至雅理斯多德時。其地之元氣未復。蓋雖至今。尚不能稱富也。

餘則波斯、突厥、莫斯科洼、波蘭等。其中皆有腴富之區。然以中葉皆經韃靼所蹂躪。至今元氣。皆未全復也。

第四節　土地肥磽之果

磽确之地。往往能使民勤慎堅忍而剛強。由是而為任兵之眾。蓋生事所資。天既靳之。不得不以人力爭也。反是而觀。故膏腴之壤。能使人柔惰怯弱而貪生。往者日耳曼之徵兵也。其來自善地。自沙遜尼等處之農。其兵材常遜於他所。惟編伍之後。治練有法。而後此弊乃可袪也。

第五節　島民

島國之民。其愛重自繇也。常過於大陸。（自治云。日本之民不在此例。因其島之幅員甚大。又以習於奴制之故。）蓋島國地勢多褊狹。其一部之民。不足以鈐服餘部也。雖有霸者之興。附之者寡。強大之敵。為海所阻。故島民免於兵燹之災。常有以保其文物聲明。而法制無大變革。

第六節　國之純以人力興者

國之待人力而後可居。又待人力而後有粒食室處者。其國之政刑。不可以不平。如是之國。宇內有三。支那之吳會也。非洲之埃及也。歐洲之荷蘭也。

中國上古之帝王。非霸者而以力征經營也。其得位而有天下。以德而不以兵。吳會為其國最美之區。然必洪水既平。乃可安宅。是其有此。純以人力致之。西人到彼。先見此鄉。以其壤之腴。為形容所不能盡。乃謂支那全部。皆屬上腴。其實他所不如是也。然以其國處江流之衝。須人力常為保持。而後其美。可以長有。此非豪侈無慮之民之所能也。亦非純於專制。不立法度之君之所能治也。是故其國之刑政。勢不得以不平。猶西方向者之埃及。與乎今世之荷蘭。凡此皆所得於天者至美。又必以人力謹持之。而後有以不墜。

是故支那為國。以處炎方。其民人易成於奴性。雖幅員遼廣。所可慮者至多。幸其中首出為治之君。皆為聖主。為立至美之法。以垂無窮。其後世之興。欲不由之而不得也。

第七節 民力

地之山林川澤。非即可居者也。自民力之普存。政刑之齊治。而後樂土興而人類衍矣。舊者其地為藪澤。彌望沮洳。而今為河流之循軌。此人之所為。非天之所設也。特非天設。其人力亦無所施耳。昔者波斯。奄有安息之全境。民有欲導水源以溉無水之地者聽之。享如是之利益。至於五世。韜旅諸山。如是之泉源最眾。彼所以引導之者。不遺餘力。至今田園之中。百川交流。民食其報。有不知所自者矣。

是故殘暴之種。其致禍於人類也。往往世異而害存。勤奮之民。其為福於人道也。亦然。一時之業。百世賴之矣。

復案。吾游歐美之間。無論一溝一塍一廛一市。莫不極治繕葺完。一言蔽之。無往非精神之所貫注而已。反觀吾國。雖通衢大邑。廣殿高衙。莫不呈叢脞拋荒之實象。此真黃白二種。優劣顯然可見者也。雖然。是二種者。非生而有此異也。蓋吾國公家之事。在在任之以官。官之手足耳目。有限者也。考績之所不及。財力之所不供。彼於所官之土。固無愛也。而著籍之民。又限於法。雖欲完治其地而不能。若百千年之後。遂成心習。人各顧私。而街巷城市。以其莫顧恤也。遂無一治者。夫人於所生之地。祖父子孫之所釣游。田宅墳墓之所託寄。治善則身受其福。亂惡則世被其殃。以常情言。是宜有無窮之愛者矣。顧謀國者。以鈐制其民之私便。必使之無所得為於其間。乃轉授全權於莫知誰何視此如傳舍之人。使主其地。而又以文法之繁。任期之短。簿書而外。一無可施。嗚呼。如是之制。雖與之以五洲之名都。天下之雄邑。窮極治潔。如今日荷蘭瑞士之所有者。比及十年。未有不鞠為茂草者也。法之不臧。雖日督改良。仍虛語耳。且此所關係者。非僅耳目形象之際也。商旅以之不通。材產以之不盛。盜賊以之潛滋。教育以之荒陋。守圉則不堅。疾疫則時起。而最病者。則通國之民不知公德為底物。愛國為何語。遂使泰西諸邦群呼支那為苦力之國。何則。終身勤動。其所恤者。捨一私而外無餘物也。夫率苦力以與愛國者戰。斷斷無勝理也。故不佞竊謂居今而為中國謀自強。議院代表之制。雖不即行。而設地方自治之規。使與中央政府所命之官。和同為治。於以合億兆之私以為公。安朝廷而奠磐石。則固不容一日緩者也。失今不圖。行且無及。

第八節　法典關係民生大概

各國之民。生業各異。而所立法典之廣狹。有與為相劑者焉。為商賈習海之民立法。必繫於耕稼地著之民。為耕稼地著之民立法。繫於游牧行國之民。為游牧行國之民立法。繫於漁獵擊鮮之民也。

復案。社會通詮言。大地之民。最初為畋漁。其次乃游牧。其次耕稼。其次商工。此天演不易之先後也。通詮於四者之銜接蛻化。言之最為精確。顧孟德斯鳩生於十八世紀之間。已言之明晳如是。不可謂非命世鴻哲也。

第九節　亞美利加之土壤

前此之亞美利加。所以長為野蠻之國者。即以土壤絕腴之故。不待人功。而地不愛寶。生其土者。無衣食不足之虞。假有婦人。取所居茅屋之四周。略加耕種。可食嘉穀。隨之而生。其男子所樂。乃在漁畋。無有知積畜為遠慮者也。又況豪豬黑牛。隨地而有。非若非洲。為獅子豺狼之藪澤也。

向使吾歐所以治地者僅如此。未見土所自生者。能如是之充牣也。使歐洲而不耕。其所生者。捨森林橡檟而外。豈有他哉。

第十節　生齒與得食之難易為比例

將欲求如是之比例。則先觀不耕稼之國。其民數為何如。蓋不耕者之所出。與耕者之所出。二率之比例。即畋漁之民。與耕稼之民之比例也。至由耕稼而進於工商。則其用事之物差縣。比例之推。不如是之易易矣。

游牧之眾。欲以成大國難。民業游牧。則需地多而養人寡。至於畋漁以得食之不常。所養之數。愈無論矣。故種之以游牧強者。古尚有之。而以漁畋強者。未之有也。

漁畋之國。其山林必不啟。而又以土人治水之無術。故其地常瀦為澤國。其眾擇原阜而居之。往往成小屯聚。

第十一節　蠻狄二種之差

蠻與狄異。蠻穴居而峒處。其不能眾居。既言其故矣。惟狄不然。故能成國。蠻大抵皆畋漁之種也。而狄則游牧之行國。以進化論。狄之程度高於蠻也。

是二種者。於亞洲之北部皆見之。錫伯利亞之民蠻也。不能聚大權而居。聚則無所得食。韃靼之種狄也。隨畜逐水草善處。畜其輜重也。為穴。為峒。為社。為部。為旗。雖散其勢常可合。有豪者起。則會集而驅使之。既會有二事焉。或散而牧於所分之部落。或聚而趨於南國。穰穰無窮。而南人不安枕矣。

第十二節　蠻狄諸種之國際法

蠻狄土地。皆無疆界。故與其鄰多爭端。其爭棄地也。猶吾人之爭封國也。其為爭。或以獵。或以漁。或以牧地。或以虜其奴婢。惟其無疆界城郭。故其國有國際之法。而司域爾之民法。無足言者。

第十三節　蠻狄諸種之民法

司域爾民法。起於疆界產業者也。蠻狄諸種。無疆界。無產業。故雖有民法。亦簡而不繁。

且無所謂法也。直以為其俗焉可耳。

如是之種人。使其中有高年者。能稱述其既往。則常為其種之禮宗。而具甚大之權力。蓋如是之民。所以自異見貴於其種者。以產業之未興。非以財也。必以賢智多聞。必以勇健善戰。

或入山林而逐利。或隨牛羊而洊居。其男女雖有牉合。不能如城郭之民之有別也。城郭之民。以有定居。故女子謂嫁曰歸。游牧畋漁之眾。巢居幕處。每多野合。乃至易內聚麀。則無禮如禽獸矣。

復案。此孟氏想當然語耳。而徵諸事實不然。夫圖騰社會。自為禮俗。斯無論已。宗法以降。往往男女之別。見之最早。守之至嚴。多婦則誠有之。至於易內聚麀。不數覯也。

馬牛羊者。行國之輜重也。雖有急難。不能棄之。廬幕婦女。常以自隨。資其侍奉。此行國游於沙漠者之通制也。設其離之。常為敵國仇人所俘虜。則最不幸之事矣。

種人分所鹵獲。向有定法。如吾法向者沙栗之法典。其治盜竊最嚴。此後世產業法典之嚆矢也。

第十四節　蠻狄國俗

如是之種人。所享自繇。常最盛也。其國不地者。幕天席地。無城郭之拘。使其酋虐之。彼將棄而他適。即不然。亦攜其妻子。竄於山林。不受抑勒之苦。蓋如是之民。任天而動。有逍遙之至樂。故後世城郭之民。言及自繇。常以是為星宿海也。

復案。十八世紀著政論言民權者。多與孟氏此節之言。同其失實。自舟車大通。蠻夷幽夐之阻。皆為耳目之所周。然後知初民生事至劣。以強役弱。小己之自繇既微。國群之自繇更少。觀社會通詮所言蠻夷社會。可以證矣。往者盧梭民約論。其開卷第一語。即云斯民生而自繇。此義大為後賢所抨擊。赫胥黎氏謂初生之孩。非母不活。無思想。無氣力。口不能言。足不能行。其生理之微。不殊蟲豸。苦樂死生。悉由外力。萬物之至不自繇者也。其駁之當矣。且夫自繇。心德之事也。故雖狹隘之國。賢豪處之而或行。寬大之群。愚昧居之而或病。吾未見民智既開。民德既烝之國。其治猶可為專制者也。由是言之。彼蠻狄之眾。尚安得有自繇之幸福。而又享其最大者乎。

第十五節　有圜法泉幣之國民

於傳有之。雅理斯狄菩之見推入海也。隨波而抵一地。望見岸沙。畫一幾何形。因而狂喜自慶。知其地必為希臘人之所居。而非夷狄之國土。今使公等。他日以任何因緣。適一風教絕殊之異國。但使市間得見泉幣。則亦可決其地為文物之都。而非化淺野蠻之國矣。

蓋方一國之有圜法也。必其地之既耕。而交易之已起。且如是之程度。又必有無數之制作智慧先之。則可知其民之工巧。富於方術。而懷欲得願進之心。夫而後乃臻此。不然物價公量之泉幣。斷非其民所克有者矣。

金伏土中。以山水之激湍。以巖石之綻裂。乃呈諸人間。而為民初之所檢取。至於披鍊之後。其所以裨民用者閎。

復案。圜法有無。徵其民之文質矣。而錢幣之精粗純雜。尤可驗其政法之善楛。今五洲錢法。英為最善。其餘歐美諸邦。乃至亞東之日本。其三品皆無可議者。惟中國自周秦以來。九府三幣之法已立。顧至於今。猶雜亂紛紜。無劃一之定制。而量衡律度。亦降而愈紛。君子覩此。有以知其內政之腐敗。蓋徵兆顯然。無可諱匿者已。

第十六節　無泉幣則民法之為用微

國無泉幣。其民之所以相侵者。以強暴弱。以眾暴寡而已。而寡弱者亦相合以禦眾強。故其國有維持治安之國法。而無正亂禁非之民法也。自其國圜法之事興。而後狡者有奪愚之事。而人情之變。乃多方矣。欲作偽之不行。始不得已而立民法。民法者。以黠之侵愚。而後有也。

以其國無三品之泉幣。彼強暴所豪奪者。牛羊機器衣裳之類而已。凡此謂之可移之產。夫可移之產。物之相異而可識別者也。至於錢鈔。則所奪者。為物貨之代表。相似而無可識別者也。相異而可識別。故其姦難藏。而易摘發。相似而無可識別。故所以發其姦證其獄者。厥術宜大異也。

第十七節　無泉幣則平等之勢易成

雖然質野之民不耕稼而畋漁游牧。彼之所克享自繇。而無憂其失墜者。即以國無泉幣之故。入林而畋。即水而漁。逐水草而事其牧養。凡其所禽獲而有者。雖有聚斂。勢固不得以甚多。勢不得甚多。故雖富不足以濟惡。而賄賂相污之事。亦至微已。獨至國有泉幣。民之富者。不必備物。而所操在物之代表。事簡而為藏便。是以封殖之事。可以至深。其散而用之也。又惟其所欲。

且無泉幣之民。其嗜欲必寡。寡故易供。而人人之所得差平等。非能平等也。勢不能不平等也。平等故為其長上者。亦無繇以專制。

復案。歐美之民。其今日貧富之局。蓋生民以來所未有也。富者一人所操之金錢。以兆計者。有時至於萬億。而貧者旦暮之饔飧。有不能以自主。往昔民生差貧。或且謂機器與鐵軌行。人人將皆有生事之可操。生業將皆有倍稱之獲。衣食足而民驩虞。比戶可封之俗。刑措不用之風。非難致也。乃不謂文明之程度愈進。貧富之差數愈遠。而民之為奸。有萬世所未嘗夢見者。此宗教之士。所以有言。而社會主義。所以日盛也。此等流極。吾土惟老莊知之最明。故其言為淺人所不識。不知彼於四千餘年之前。夫已燭照無遺矣。

假使今人遊記。有可信者。則魯意思安那有那哲種者。真吾例之變者矣。那哲種人。貨財皆其酋之所有者。民之勤動作苦。皆其酋所指揮。其威權不減義大利古時之大酋。部民首領殆非己有。酋長既立之後。一部襁褓之兒。皆其奴隸。見者幾疑為埃及之塞穌圖黎。蓋雖處於茅茨土階。而威儀尊重。不異東方之皇帝也。

第十八節　使民迷信之作用

專制之君。欲保其尊。則必求其民有宗教之迷信。蓋迷信之束縛人心最深。惟迷信。而後其君為不可犯之神聖。夫其民既為顓固之蠻夷矣。其於專制凶威。必不能心知其所以。特身受之。覺壓力之甚重耳。譬如其民為火教。而崇拜太陽。使非相傳其君為日光之愛弟。而篤信弗疑。將謂與己同為血氣心知之人道。其威不見褻矣乎。

第十九節　大食之民自繇而韃靼之民奴隸

大食韃靼。同為游牧之行國。然大食之民。所居境地。正如前節上半之所言。此其所以自繇也。至於韃靼。所居特異。故其國種。常為人所羈縻。不佞於十七章五節既言之矣。然尚有他因之可論者。請今言之。

無城郭。無山林。僅有數處之大澤。其河流常冱凍。其所居為天下之廣野。則沙漠是也。種有分地。為牧者之產業。然無藏身之固。使戰而敗。無可退而保者也。是故與人同為可汗。一戰而服。則首領有不保者。其子孫亦然。一種之人。盡為勝家之所有。而勝者不錄之以為種人之奴婢也。彼無田可耕。無家室之服役。脫其收之。將為種人之累。是故隸屬其國。而不奴其民。此向所謂國群之奴隸是已。

夫數種之戰爭無已。其常相勝者勢也。一酋之死。其國已亡。如是之民。固無自繇之可論。何則。一方之中。無一種為未經他人所勝伏者也。由來戰敗之國。其可以議和定條約者。以其國之勢。猶足以圖存也。惟韃靼種人。國無四封之可守。故一敗之餘。其國威掃地而盡。

吾於前二章。謂耕稼城郭之眾。鮮自繇者。此說固也。然群胡為國固大異此。所以雖為游牧之眾。而國群之不得自繇。殆過耕稼而居於城郭者。

第二十節　韃靼種人之國際法

韃靼於其種人。尚猶親睦。至其待所勝之他種。則天下之至殘者也。得一城邑。往往取居民而屠之。如纍係略賣。或賜予執兵者。為之奴婢。則自以為天下之至仁者矣。

是故當其強盛。其力足以糜爛亞洲。自天竺盡大秦東封。罔不被其荼毒。若夫波斯以東之地。以彼所經過。盡成沙礫矣。

則韃靼之國際法。若自成其一宗。其故有可言者。以無城郭可以駐守。其為戰常鑱銳而不遲留。方其出兵。固期必克。若不能克。則自合於強者之師徒。以胡俗之如是。故所為常與國際迥殊。彼謂城邑之不足當其攻者。即不應起而沮其進趨之勢。且彼之視城邑也。非以為居民之成聚者也。乃設險作固。而專與其種之勢力為反對耳。至彼之仰堅城而圍之也。又不習乎所以為攻之術。遂致城下而所亡多。由是以多數既勝之餘。遂若與守民有深憾也者。此坑屠之事。所以常見也。

復案。古為將之最不仁。其白起項羽與諸殺已降者乎。韓尼伯之侵羅馬也。亦有殺降之事。此誠今世之所必無。有其行之。則犯公法之大不韙者也。蓋古之兵事與今異。古得敵國之降卒。固將使之反戈為顏行。然此事之至危者也。使降人有不可信者存。非其滅之。旋為害矣。至於今世不然。得一降人。勢必養之。無使執兵。轉為敵戰者也。至於為數誠多。則所費甚鉅。此於近者日俄之爭。大可見矣。

第二十一節　韃靼種人之民法

竺赫德神甫言。韃靼種人之家業。常傳其少子。非以愛憐獨摯也。蓋長者成丁。則分父牛羊。自成一隊之游牧。惟晚出之少子。與父母居。是故臨終。承其遺產。

吾聞英倫數部之間。亦有此俗。而吾法之布列顛尼、羅含等郡。至今猶然。吾意此俗之成。必不列顛人居留其地。因而流傳不廢。不然。則日耳曼諸種之所為者。凱撒與史家撻實圖皆言日耳曼種人。古不耕而游牧。

復案。吾於甲辰游歐。聞英倫南部庚特之俗。家產獨傳次子。至今猶然。不可復變。嘗叩其故。或言往者拂特之世。以爵貴之多漁色。壯年尤甚。故長男多非應法之子。而次子則成室而後有者。是故其俗如此。雖然。此難信之說也。以較孟氏所言。似孟說差近理。然何以解於獨傳次子乎。總之一律之成。其原因甚眾。至於民法。所謂司域爾律者。其特別尤多。司域爾律。本由風俗勒為法典者也。

第二十二節　日耳曼種人之民法

沙栗法典。舊為日耳曼一部。居來因河下流者之所用。其中有專條。為不耕之民、抑牧多耕少之民而設者。將舉而論之如左。

沙栗法典云。民有土田。有子女。身死之後。受其田者。後女而先男。

欲明沙栗土田之制。須悉拂箖種人（法民之先祖）未離日耳曼時。所用之禮俗。

艾查德嘗證沙栗之文出於沙拉。沙拉古猶言居也。是知沙栗之田。與居宅而並有。吾今者將進考此宅與所附而有之田制。蓋當日二者。皆在日耳曼界中也。

史氏撻實圖言。日耳曼種人。不耐城邑聚居。亦不耐居宅與人接鄰。故為室屋。其四周必留餘地以隔絕之。考撻氏此言。至為明確。近世所傳夷律。猶著條款。禁人毀此隙地用之。與侵入居宅。同有專條者也。

撻實圖與凱撒所紀。皆言日耳曼田制。其與民也以滿歲為期。屆期則其地為通國公產。須更授而後得耕。是故田非民產。所可指為產者。特其宅外四周之隙地。父子得以相傳。由是可知。雖欲以傳其女。勢固不能。何則。女子長則適人。別有屋宅。

然則所謂沙栗土田者。即日耳曼種人宅外之隙地。而居者即以此為其家之恆產。拂箖種人。既克其種之後。取其地而有之。即稱其地為沙栗之地耳。

當拂箖之猶在日耳曼也。以奴婢牛羊馬匹兵械為家產。其室宅與其外之隙地。則常以傳男。厥後拂箖有所征服。得地為多。則以為女子無分。於理不順。於是肇為新法。令民欲遺其女子以產業者聽之。蓋從此舊俗不行。而後立者為其常法。為法家所據引者矣。

吾見後立科條之中。有可異者。其中載云。凡祖父。得以遺命。令其孫男女。與所生男女均分產。此實與沙栗法典大異者也。顧吾嘗思之。蓋當彼之時。法典雖在。民不盡遵。或風俗既成。為女子者。遂視與男均分遺產。為當然之事。

且沙栗之法。乃順時勢。初無偏重男女之旨。至於傳守門戶。以永一姓主地之權。尤無此意。凡此皆當日日耳曼人。無所概於其意者。其為法也。純為生計之圖。令居室者長有此宅與地而已。如是之法。於居室者。固最便也。

歐洲中葉。有拂特之田。有阿洛閽之田。阿洛閽者。民之私田也。其相傳法。沙栗法典有之。近世法家。多知其名。而未嘗讀其書。不佞請今得略舉其大者。

其文曰。一。凡民死無後嗣者。其私產業。父母受之。二。無父母者。兄弟姊妹受之。三。又無兄弟姊妹者。其母之姊妹受之。四。其母又無姊妹者。其父之姊妹受之。五。使其父又無姊妹者。父族之最近者受之。六。凡沙栗之地。不傳於女子。必屬於其男。父死則男子襲而主之。

由此觀之。則可知沙栗常法。其土地本必傳於男子。此第六條之所載也。而前五條所言。專為民死無後者設也。

民死而無後。其法之意。於所傳之男女固無所偏。設其偏之。必有他故。如前五條之第一第二。平視男女者也。第三第四。優女而絀男者也。至於第五。則又絀女而優男。

其故則撻實圖嘗言之矣。曰日耳曼人之視其外甥也。實無殊其親子。且有時以此之系屬。為神聖而加嚴者。故其受質也。質其甥女。過於質其子。拂箖舊史。多載其王於姊妹及其所生最篤。然則舅之視甥。既如子矣。而姪之視姑。如其母者。亦人情也。

雖然。其視母之姊妹也。若重於其父之姊妹。此可於沙栗法典所載推知者也。使女子既嫁而寡。常法夫屬為之保護。然法若視夫屬女子之保護。過於其男。蓋女子雖嫁有家。然終與其家之女屬為稔。又當時之法。使男子殺人而有血鍰之罰。脫己財不足。其親屬必致其餘。所謂親屬。以次言之。則父也、母也、兄弟也、母之姊妹也。夫義務之先後既如是矣。斯權利之先後又可知矣。

沙栗法典又言。父無姊妹。則傳產者須以父族最近之男。然設其屬在五世以外者。不得傳業。由此可知。五世之女。可以傳業。而六世之男無此利也。至今黎布利拂箖民族。法猶如此。是蓋恪守沙栗之舊而立者。考其阿洛闍土田之律。可以見矣。

假其父有男子。則女子必不得以傳業。此沙粟法也。

雖然。依是法典。非云女子不得承父遺產。特有兄弟。乃不能耳。此實見於其法之文字。故既言男子得田女子不得矣。而又注云。此猶言為子者將為承受父業之人而已。不佞所可歷證前說者。此其一也。

二。沙粟法典。固有疑文。然得黎布利拂箖法典。則其意大明。蓋黎布利法典。亦有阿洛闍科條。與沙粟極相似也。

三。異於羅馬者謂之夷律。日耳曼諸種所用。即夷律也。其文互相發明。蓋其法意精神。常相類耳。如沙遜之律。即載二親之產。必予其男。勿以予女。然使無男有女。則全而受之者。固其女也。

四。考馬可福思書。載古事例二條。即引依沙粟律。有男、女不承產之文。此蓋男女並立。相持為論者也。

五。又見他書載事例一條。女子承產。而孫無之。可知女子不承親產。惟有兄弟而後然耳。

六。假使以沙粟法典之文。女子絕無承受親產之事。則一切舊史譜牒文書。所載女子主有土田之事。又將何說以通之。

有謂沙粟之地。為民所口分之公田者。其說誤也。今請更以六證明之。一、其律揭明為阿洛闍一宗。阿洛闍固私田也。二、古日耳曼公田。

無父子相襲者。三、馬可福思常訾沙栗律載女子無分。為背天理。向使地為公田。則男子且不得襲。何況於女。馬又安得而訾之乎。四、法家所引文書。以證沙栗之地為公田者。反益明其地之為私田也。五、公田之法。行於戰勝東漸之後。而沙栗舊俗。則見於拂箖未出日耳曼時。六、非沙栗法典。成公田之制。使女子承業。有界限也。乃公田之制。限女子承業。而整齊沙栗法典者也。

如前論。觀者將謂吾法王位。必傳男子者。或其源非出於沙栗法典矣。雖然。此實無疑之定點也。吾嘗取當時所有之夷法。而證其然。如沙栗法典。又白爾根邸法典。皆載女子不得與男子並受親業之條。於是二國之王冠。無及於女子者。而威西峨特法典。則載女子與男。並承父產。故其國女子。得踐王位。蓋此數種之民。其立國法制。皆緣當日民法而勒成者也。

且其緣民法而立之國法不僅此。如依沙栗律。男子兄弟。同承父產。而白爾根邸法典亦然。是故古拂箖、白爾根邸二國。兄弟同襲王冠。其不如此者。但見於白爾根邸篡弒之朝。

第二十三節　拂箖舊王之服飾

大抵未知耕稼之民。心腦之中。尚未識何者為奢侈。如古日耳曼民。至為敦龐簡樸。此見於撻實圖載記。其衣裳無後世之麗都。其容飾則依乎天質。酋長之族。雖欲自異於常民。其所致飾者。亦不外天生之身髮而已。故古拂箖、白爾根邸、維西峨特之王。其所以為冠冕者。惟其髮之加長也。

第二十四節　古拂箖王之婚娶

吾前者不云乎。蠻狄之人。於妃偶恆無定也。故一男子常有眾妻。而日耳曼之民為獨異者。以雖在蠻狄之世。常以一妻而適足也。故撻實圖曰。使其中有群雌而事孤雄。非以其淫縱也。實以其尊貴而後然。由此可知。初民之王。所以常擁眾妻之故。其多娶也。非其淫荒。乃以其貴。多妻。貴者之權利也。設其奪之。是奪其貴。惟貴而後多妻。故王爾。而民不可以則傚。

第二十五節　日耳曼王希特勒力之被逐

撻實圖又言。日耳曼種人極重嫁娶律。俗之所譏誚者。非淫行也。破人之節操。與失身於人者。於其俗不少概見。一種之中。夫專壹而婦潔清。其無別而亂夫婦之倫者寡。

復案。言其大概。歐人之為種三。曰條頓也。曰拉體諾也。曰士拉甫也。英德美之民皆條頓。而法國所謂拂箖者。亦出於日耳曼之森林。入後乃參以拉體諾種。若士拉甫。則蕃於俄西波蘭之間。審今日之勢。條頓種人最強。堅忍沈鷙。蓋中國古幽燕并隴之民也。觀撻實圖所述如此。知其民質之所由來遠矣。

又案。民俗淫佚。其敝必偷。而男女身材。必曰趨於短小。此察於英法二民之異。而略可見者。中國吳越今日之婦女。幾無一長身者。而日本之民尤甚。凡此皆有以致之者矣。故吾謂東方婚嫁太早之俗。必不可以不更。男子三十女子二十。實至當之禮法。誠當以令復之。不獨有以救前弊也。亦稍已過庶之禍。英法德之民。方當兵時。或猶在學校中。皆不娶。即學成之後。已治生矣。亦必積貲有餘。可以雍容俯畜。而教育二三子女俾成立者。而後求偶。此所以其業常有成。而門戶之聲不墜。其國民之自柬有遠慮如此。若夫吾民。則醵資嫁娶有之矣。不獨小民積福二三十千錢。即謀娶婦也。即閥閱之家。大抵嫁娶在十六七間。男不知所以為父。女未識所以為母。雖有兒女。猶禽犢耳。吾每行都會街巷中。見數十百小兒。蹣跚蹀躞於車輪馬足間。輒為芒背。非慮其傾跌也。念三十年後。國民為如何眾耳。嗚呼。支那真不易為之國也。貧而無食固病。得食而易尤病。嗚呼。支那真不易為之國也。

昔者其王希勒特力。即以是而被逐。因其所為。為嚴毅之民所共惡。其國俗之渾樸。雖為人所勝服。猶未足以濟之也。

第二十六節　拒簶王子成丁之年格

蠻狄之不地著者。其國無所謂五刑。而治之以士師司寇也。然敝種異族往來。則當有交通之律。是公法之濫觴也。舍此而外。則無所謂民法者。無士師。無民法。故其民之出也。常以兵自衞。撻實圖言日耳曼民。無間私會公集。未嘗去刀劍。其議事。出占定從違。則叩盾彈鋏為咈諾。童子勝兵。則見之於其眾。授戟使持。偏贊坐客。斯冠禮畢而成丁矣。向也為其父之一體。今也為其國之一民。

奧斯託洛之王曰。鷹之生子也。羽翼爪距既成。則弗更哺。其子自飛而攫肉。無俟他鷹之惠養也。使吾黨少年。既丁壯矣。猶不知所以自適己事者。是禽鳥之不若也。猶不可愧矣乎。吾峨特所謂丁年者。不獨形全。且德備也。

希洛德伯第二。當十有五之年。其伯父古禿蘭。即稱其成丁。而有自治之能力。依黎布利法典。勝兵丁壯之年。皆在十五。故其文云。凡黎布利亞人死子幼。非至十五。不得訟人被訟。必俟及格。乃可對簿。或遣抱告辯護。自擇代鬬之人。蓋必其人心力智慧足用。乃可自對法廷。又其肢體筋力長成。乃可與人對鬬。以分曲直也。此外白爾根邸之俗。其律許民對鬬以證曲直者。其成丁任事之年。亦十有五也。

復案。古歐折獄。有以格鬬分曲直者。此自是蠻夷之俗。無理解可言。且其俗相沿甚久。至今猶有私用之者。然以是之故。其民存強死之風。以避危難。陵寡弱。為生人至為可恥之事。此武德之所以隆。而國雖處眾強之中。有以不墜也。

吾國亞噶闍言。拂箖兵器稍輕。故勝兵之年。律定十五。以後其重日增。至於夏律芒之世而極。是以其時。民有分地。法須當兵者。皆至二十有一之年。始成丁壯也。

復案。中國民以十六歲為成丁。此即歐洲古法之十五矣。顧治化日繁。而文學武備。日益精密。民非弱冠以往。殆不可畀以自主之權。再者吾國冠禮之廢久矣。以人道責任之至重。此誠不可不復。而嚴恪將事者也。

第二十七節　續申前說

前言日耳曼人。非已及丁。不與會集。蓋未成丁壯之人。為其家之一體。而非其國之一民也。往者苦洛都迷為法北倭利安之王。而戰服白爾根邸者。以子姓年格未及。不與會舉。僅稱王子。不封拜為王。即用此例。至於勝兵。乃皆王爵。而先此之時。其祖母苦洛禮氏為居攝治國事焉。厥後為其諸父所戕。分篡國土。自是國王宴駕。諸子即立為王。無論年格之及不及。則鑒於倭利安諸子之禍。而變其俗者。即如希洛德伯第二。為希洛巴力所虐。於時公爵孔都華救之。雖在五齡。亦立布告為真王也。

雖然。法固變矣。而古之法意。則猶存也。蓋未及丁年。雖即王位。不治公事。拂箖舊法。凡遇此者。乃分兩宗。一所以待王者之身。一所以待王國之治。即在諸部封壤。亦分保傅之事。與民政之事。為兩宗也。

第二十八節　日耳曼收養假子之律

尚武之國。幾無事不以兵。前述以勝兵為丁年。以授戟為冠禮。乃其俗與人約為父子。厥禮亦然。當古禿蘭欲以其姪希洛德伯為己子也。告其眾曰。吾嘗授之以兵。此無異云傳以吾國也。又曰。吾兒長矣。若奉以為君可耳。又奧斯託洛之王氏倭多力將以額魯利之王為子。寓書曰。吾國之約為父子也。以兵為符信。此至貴之俗也。蓋我曹之子孫。必其有至德者。有至德之人。寧死不可屈辱也。吾今者即循此典。知爾之為壯士也。致帶版若干方。劍若干具。良馬若干匹。爾其為吾子。傳吾業焉。

第二十九節　拂箖王之渴血

孤路威者。拂箖之王也。嘗入高盧之境。然為此者。不僅孤路威而已。挫其眾以侵高盧。其親戚為不少矣。以其累勝。得侵地。多以畀從者。故拂箖人雲集。而高盧酋長。當之皆破。孤路威乃以計盡滅其種人。蓋既勝之後。又恐拂箖人貳於己。而別有所擁立也。此其所為。後嗣傚而行之甚力。於是一家骨肉。如兄弟。如叔姪。乃至父子。皆日為陰謀相屠滅。是故其國。以法言之。當日分也。而恐怖之情。乃使之不得不合。

第三十節　拂箖國會

不佞前不云乎。不地著之國。其民多自繇。此可證以日耳曼之事。撻實圖言日耳曼民。所以與其王者。權力甚小。而凱撒又言無事之時。官長幾所不設。鄉村之中。訟獄之事。王自為之。故孤列葛利謂拂箖未出日耳曼時。其眾為無王也。

撻實圖又云。雖有王者。其所裁決者。皆無關係事。若事關重要。則通國共理之。特國民所治者。其王亦治之而已。其制相沿。至於戰勝徙國之後。猶常守之。此可得之於其紀載者也。

撻實圖又云。日耳曼之治大獄。至於大辟。必與眾共棄之。此亦戰勝之後。所沿守者。故治桀奴之獄。皆會國民為之。

第三十一節　初民宗教之神權

蠻狄之祭司巫祝。皆具甚重之權。彼為宗教之代表。本有自具之權力。以此時之民。皆深迷信。其權力乃愈張。如撲實圖史載日耳曼種人。最重祭司。國民會舉之時。彼當為之主席。有所扑責。捆縛笞擊。惟祭司得以為之。此種非受之於王者也。亦非為國之士師主詰奸宄也。實以其權由於神授。此神於兵戰之頃。常陟降左右者也。

是故上古初民之世。即有所謂畢協者焉。治訟獄頒法律者彼也。長國會決從違者彼也。於國王之心。有左右操縱之權力。於社會之業產。彼受之又最多。凡此。苟知皆然。皆不足致訝者矣。

復案。巫祝瞽史。常為三古之所重。而一國之典章禮樂。彼實守之。此不獨中國然也。五洲皆如是。古之欲學。必於是四者求之。至若殷之巫咸。周之史任。皆王者之輔相。歐自中葉以往。皆舍教會無學術。故明以前外國之宰相。大抵皆教中尊宿。直至康雍之世。法之當國者。猶用紅衣翌教之流。可以見守權之久矣。歐之開化。始於古學復興之十六世紀。西史謂之荷黎諾生思。自是之後。學問之事。普及庶民。格致哲學日精。而宗教神權日墜。又以印書肇行。民之事學。方古為易。文明之運。所由沛然莫之能禦也。